基层自治的
法｜治｜之｜维

刘小妹◎著

中国社会科学出版社

图书在版编目（CIP）数据

基层自治的法治之维／刘小妹著 . —北京：中国社会科学出版社，2018.4
ISBN 978 - 7 - 5203 - 2517 - 2

I.①基… Ⅱ.①刘… Ⅲ.①基层组织—群众自治—研究—中国 Ⅳ.①D638

中国版本图书馆 CIP 数据核字（2018）第 088158 号

出 版 人 赵剑英
责任编辑 喻 苗
责任校对 冯英爽
责任印制 王 超

出 版 中国社会科学出版社
社 址 北京鼓楼西大街甲 158 号
邮 编 100720
网 址 http：//www.csspw.cn
发 行 部 010 - 84083685
门 市 部 010 - 84029450
经 销 新华书店及其他书店

印 刷 北京明恒达印务有限公司
装 订 廊坊市广阳区广增装订厂
版 次 2018 年 4 月第 1 版
印 次 2018 年 4 月第 1 次印刷

开 本 710 × 1000 1/16
印 张 17.25
插 页 2
字 数 282 千字
定 价 76.00 元

目　　录

下编 基层参与的法治之维

导　　论

一　基层自治之于中国

基层自治的曲折探索

"地方自治在政治理论上的构想，是否可以作为中国政治民主化的道路？"这样的一个问题，在中国的近现代之路上，凝结了一代又一代学人的思考和践行。概言之，中国基层民主自治的形成与发展经历了清末民初、民国时期、中华人民共和国成立初期和改革开放至今的四个重要阶段。

首先是清末民初。在为疗贫起弱寻找力量之源的各种方案中，"地方自治"成为朝野关注的聚焦点。梁启超在《新民说》"论自治"中主张，要有"一身之自治"，也要有"一群之自治"，并宣告"凡善良之政体，未有不从自治来也"，"以地方自治为立国之本，可谓深通政术之大原，而最切中国当今之急务"。① 在民间宣传地方自治的舆论推动下，出使法国大臣孙宝琦、刑部左侍郎沈家本以及受清廷委派出洋考察政治的五大臣等先后上书，主张实行地方自治。

据统计，1905 年前后，上海、奉天、南通、天津等地，或由士绅自发，或由官府督导，都曾自发创办过地方自治。1906 年 11 月，清廷上谕由军机大臣奕劻与各省督抚筹议实施地方自治的预备措施，次年 9 月正式谕令民政部"妥拟自治章程，请旨饬下各省督抚，择地依次试办"。1908 年，清政府颁布宪政编查馆拟定的《九年预备立宪逐年筹备事宜清单》，对地方自治的实施作出了规划，要求厅州县在七年内一律完成。此

---

① 梁启超：《饮冰室合集》（之四），中华书局 1988 年版，第 53 页。

时各省成立的名目不一，规模不等，机构不同，成效各异的自治团体和自治机构已有100多个。① 同年，一些有识之士向光绪帝呈奏了《城镇乡地方自治章程》，1909年1月，清政府正式颁布了《城镇乡地方自治章程》和《城镇乡地方自治选举章程》，这是中国基层民主自治的萌芽期。至民国初年，各地继续推行地方自治，并进而要求把自治范围扩大到省。袁世凯独揽政权后，借口各地自治机关"良莠不齐""妨碍行政"，于1914年2月3日下令停办各级地方自治，近代中国地方自治的第一幕就此落下。

第二次探索是民国时期的乡村建设实践。1915年，河北定县翟城村的"自治公所"成立，这成为中国基层民主自治过程中建章立制的一个标志。此后，阎锡山治下被誉为"实开吾国下层政治重心之先河"的山西"村治"②，以晏阳初、梁漱溟等为代表倡导的乡村建设运动，都是以复兴和建设中国农村社区、解决中国农村社区问题为主旨的社区改良运动。当初这批有志之士使用教育、动员、组织、示范等方法，在农村社区推行政治、教育、经济、治安、卫生、礼俗文化等建设，目的都是为破败的农村探寻一条出路。

在乡村自治的法治保障方面，1917年山西省率先制定《村治通行简章》等规范，对村组织设置、村公职人员选举和村民会议制度等作了具体规定，为推动山西"村治"的发展提供法律保障；1934年南京国民政府还制定了《改进地方自治原则》，对乡、镇、村自治都作了规定。

民国时期的乡村建设运动影响甚广，是我国最早的社区建设与社区发展实践，也是最早以基层试点探索中国政治民主化道路的尝试，只是由于当时的基层民主自治探索和实践各自为政，且带有较强的行政化色彩，因此未能在全国范围内推行。需要阐明的是，民国时期在南北和会无果后，为免去军阀割据之弊，而兴起的联省自治运动，虽也有"自治"之名，实则以联邦制实现国家的统一为目的，与笔者所论述的，旨在实现一定地域内的自我治理的地方自治、基层自治大相径庭，故而不予考察。

---

① 吴桂龙：《晚清地方自治思想的输入及思潮的形成》，《史林》2000年第4期。
② 吕振羽：《北方自治考察记》，《村治月刊》1929年第1期（创刊号）。

　　总体而言，以救亡图存、疗贫起弱为时代主题的晚清民国，关于自治的观念和制度实践，是在中国民族国家的塑造和现代化转型过程中，与国家主义话语贯通，是要把原子化的小农结合在国家主义旗帜下，其关注和信奉的就不是个人自由的价值，而是个人自由所释放出来的力量对于国家富强所具有的功用。这样的自治目的是要"加强那个孕育了他们的文化并造就了他们的地位的政治体系"[1]，且"只是在它能够进一步促进最终的权力集中和权力强化的范围内，才显示出意义"[2]，因此与"自我治理（self - rule）、自我统治（self - government）的权利"的基层社会自治原旨仍有隔膜，与现代自治所蕴含的个人概念和个人权利亦不相同。[3]

　　第三次探索是中华人民共和国成立前后的城乡政权建设。彭真是这一时期基层民主建设的重要倡导者和推动者。1940 年 4 月，彭真主持召开中共北方分局扩大干部会议，决定贯彻党中央提出的"三三制"政权原则，在全边区开展民主选举运动，对边区各级政权机构进行彻底改革。1940 年 7 月至 10 月间，在 1939 年村民主选举的基础上，彭真在晋察冀边区开展了声势浩大的基层民主选举，推行村代表会制，由村民大会选举村长，逐步建立起区代表会。在这次民主大选中，晋察冀边区各地参选民众平均占选民总数的 80% 以上，中心区则达 90% 以上，游击区也达 70% 以上，妇女参选者达 83.6%。1941 年 6 月，彭真在《晋察冀边区各项具体政策及党的建设经验》这份给中央的报告中总结说："建立区、村代表会。村政权是政权的基础组织。如果村政权不改革，则一切好的政策和制度，一到村级就往往变了质，顶好的善政变成顶坏的苛政。"[4] 他还强调："民意机关均按普遍平等原则由公民直接选举，行政机关由民意机关选举。原选举人或单位对所选人有撤换权。""民意机关及行政机关定期改选，使当权者不敢违反民意，不致因任期过久而忘本，变为旧官

---

　　① 孔飞力：《中国现代国家的起源》，生活·读书·新知三联书店 2013 年版，第 109 页。

　　② 孔飞力：《封建、郡县、自治、立宪：晚清学者对中国政体的理解与倡议》，中国社会科学院近代史研究所编译室编：《国外中国近代史研究》（第 27 辑），中国社会科学出版社 1995 年版，第 10 页。

　　③ 周庆智：《基层社会自治与社会治理现代转型》，《政治学研究》2016 年第 4 期。

　　④ 彭真：《关于晋察冀边区党的建设和具体政策报告》，中共中央党校出版社 1981 年版，第 23 页。

僚。""村代表由公民小组在村民大会上分组选举，比直接由村公民大会选举好。因为这样公民更容易行使撤换权，并易使各阶层人民均有机会选出其代表，以行使其公民权利。"①

中华人民共和国成立之初，为了巩固新生的政权，国家政权的组织建设基本上延伸到了社会的最基层。在农村，建立了村（行政村）一级的政权，即由村人民代表会议（或人民代表大会）与村人民政府组成的村人民政权。在城市，1950年从天津市开始，建立了具有一定政权组织性质的居民委员会。但是，这种状况持续的时间很短。随着国民经济的恢复和国家政权的稳固，国家政权的组织开始退出社会的基层，从而为基层群众自治的成长腾出了一定的空间。

基层群众自治制度在中华人民共和国的民主实践中，首先发端于城市。1951年4月，上海市人民政府召开上海市街道居民代表会议，将2000多个具有自治性质的联防服务队改为居民委员会，明确居民委员会是群众自治性组织，并按自然弄分批进行民主选举。至1952年11月，全市已建立了3391个居委会。② 基于这些实践探试，1953年6月8日，彭真以个人名义向毛泽东和党中央提交了一份关于《城市建立街道办事处和居民委员会》的专门报告，建议在城市基层建立居民委员会组织，并指出它的性质是群众自治组织，不是政权组织；它的任务主要是把工厂、商店和机关、学校以外的街道居民组织起来，在居民自愿原则下，办理有关居民的共同福利事项，宣传政府的政策法令，发动居民响应政府的号召和向基层政权反映居民意见。居民委员会应由居民小组选举产生，在城市基层政权或其派出机关的统一指导下进行工作，但它在组织上并不是基层政权的"腿"，不应交付很多事情给它办。③ 这一建议得到了党中央和毛泽东的认可。在彭真的推动下，1954年12月，第一届全国人大常委会第四次会议根据1954年宪法精神，审议通过了《城市居民委员会组织条例》，第一次以法律形式确认居民委员会是"群众自治性的居民组织"。此后，居民委员会建设在全国展开，从而迎来了1956年到1958年

---

① 《彭真文选（1941—1990年）》，人民出版社1991年版，第11、13页。
② 林尚立：《基层群众自治：中国民主政治建设的实践》，《政治学研究》1999年第4期。
③ 《彭真文选（1941—1990年）》，人民出版社1991年版，第240—241页。

的城市居民自治发展的"黄金时期"。

在农村，1954 年《宪法》颁布后，取消了村级政权，乡镇为农村的基层政权单位。乡以下的工作单位为自然村、选区或行政村，由乡人民代表互推产生的代表主任，协助乡政府负责这些工作单位的事务。由于代表主任一般由乡人民代表兼任，因而，乡以下的工作单位多少具有一些自治的因素。① 与城市相比，农村的这些自治因素并没有在制度上得到推广和发展。1958 年的农村公社化运动开始后，这些仅有的自治因素也随着人民公社体制的确立而荡然无存。1958 年之后，基于社会主义的性质，政权建设十分注重公民参与国家事务的管理。但这是从"参与革命"到"参与建设"的顺延，这种参与的运行机制不是个体自发自主性的参与，而是集体乃至国家通过动员技术来整合个人力量的手段，是解放个人能力以达到集体目的的工具。"为社会主义建设添砖加瓦"，一语中的，道出了以"奉献"为内涵的参与要义。因为，在人民公社甚至大锅饭的时代，私人利益是不具有合法性的，所以参与并不可能是边沁、詹姆斯·密尔所说的"保护性参与"② 。故此，在中国对研究"参与"，应该对"国家动员－群众参与"③ 的模式予以理性的认识。

中国基层自治的第四次探索，是改革开放初期的基层群众自治组织和制度建设。改革开放被喻为一场春风，孕育并生发了一系列的新制度，基层民主与基层群众自治制度便是其中之一。1980 年 1 月 19 日，国家重新颁布了 1954 年通过的《城市居民委员会组织条例》，从而使城市基层群众自治制度开始得以恢复和发展。两年后，1982 年宪法，将城市基层群众自治制度推广到农村，规定在农村和城市建立基层群众自治组织，实行基层群众自治制度。有了宪法的依据和保障，基层民主迅速兴起，成为当代中国民主发展的一道亮丽风景线。这场由党和政府倡导、亿万

① 参见白锡能、骆沙舟主编《基层社会管理与基层政权建设》，厦门大学出版社 1996 年版；浦兴祖主编《当代中国政治制度》，上海人民出版社 1990 年版。

② 保护性参与是指参与的基本功能就是起到保护性的作用：保护个人免受当选领导者的独裁决定的影响，保护公民个人的私人利益。

③ 参见杨敏《公民参与、群众参与与社区参与》，《社会》2005 年第 5 期；王义《中国城市社区居民政治参与的特点》，《攀登》2003 年第 3 期；刘岩、刘威《从"公民参与"到"群众参与"——转型期城市社区参与的范式转换与实践逻辑》，《浙江社会科学》2008 年第 1 期。

民众参与的"草根民主运动"极大地改变了当代中国基层政治生态，为探索中国特色民主政治发展道路提供了宝贵的经验。

基层自治的民主价值

民主不仅仅是一种价值观念，更重要的还是一种政治实践；只有通过民主政治的实践，才能了解中国社会可能发展出什么样的民主政治，以及如何进一步改进已有的民主政治实践。[①] 近代中国百余年基层自治实践之路跌宕起伏，恰与中国政治社会结构的几次重大转型吻合，反映了基层自治建设既是村居民自发的民主自治运动的必然要求，又有赖于高层领导人的倡议和推动，且与国家政权建设在功能上相互嵌入的特点。正因为基层自治不局限于基层区域内的民主自治运动，因此基层自治不仅对基层民主建设具有直接的推进作用，更对国家政权中的民主建设和民主要素培育发挥着"溢出效益"[②]。

在农村，如今村民自治、村民选举，从试点到全面推行，已经积累了30余年的实践经验，对农村基层政权建设和城市社区建设都具有重要的推动意义。首先，农村基层自治意味着农民对本地事务的积极政治参与。民主的意义正是在于，个人能够通过政治参与去影响与其利益有关的决策。农村居民因为与村务决策有着直接的利益关联，而对村务高度关注和广泛参与。广泛的基层政治参与，可为国家的民主化奠定可靠的基础。其次，乡村民主化提高了农村民众的民主素养。个人的民主素质如何，直接关系到一个国家民主政治的效能与效益能否提高，而这种素质正是在政治参与过程中培育和发展的。中国的农村居民已在乡村民主自治进程中，亲身投入民主程序并感受了民主的价值。

那么，农村基层民主自治可否成为中国政治民主化道路的阿基米德点呢？其发挥的"溢出效益"的限度如何？通过对历史的回顾，对现实的考辨分析，笔者以为农村社会在政治、经济、文化上所具有的局限性，

---

① 郑永年：《地方民主、国家建设与中国政治发展模式：对中国政治民主化的现实估计》，爱思想网，http://www.aisixiang.com/data/10773-3.html，2020年2月20日访问。

② "溢出效益"是西方经济学中的一个概念，指一国总需求与国民收入增加对别国的影响。这里借指对基层民主自身发展为更广阔、更高级的民主实践产生的推动和影响。

阻碍了农村基层民主自治建设"溢出效益"的生长空间。一是,村庄是相对封闭的社区,家族宗族观念根深蒂固;二是,乡村民主化受制于上级政府,乡镇政府绝大部分任务需要通过村委会去完成,实践中作为社会自治组织的村民委员会,接受政府的指导和委托承担了大量的行政性职能,成为政府在地方上的一条"腿";三是,民主选举产生的村民委员会受制于乡村中其他的政治组织或社会势力,难以充分发挥主导作用;四是,村民委员会在性质上,既是一个自治组织,也是一个经济实体,其与村民利益关联度更强的是它的经济实体功能;五是,农村的人口结构单一,由于大量人口进城务工,农村中留下的多是老弱病残和妇女。① 具体而言,因为农村社会的宗族结构,以及村民委员会与乡镇政府和村民所具有的政治经济联系,在对民主的简单的"多数决"理解基础上,村民委员会选举在现实中发生了"两重两层"异化。第一重是宗族势力干涉选举,第二重是金钱对选举的腐蚀。每一重异化都导致了更深层次的问题:宗族势力引发了黑恶势力的效仿;贿选加剧了获选的村委会的腐败。由此,村务自治、村民参与在农村社区内取得了不少成绩,但基于人员和经济、社会结构的限制,加之本身的异化及乡镇长直选的合宪性问题,而缺乏发挥溢出效益所必需的"政治效能感"②。实践中,村务自治也没有激发出村民参与更高层次政治事务的积极性。

然而,正如胡适所言,民主是幼稚的政治,"民治制度的本身便是一种教育。人民初参政的时期,错误总不能避免的,但我们不可因人民程度不够便不许他们参政。人民参政并不须多大的专门知识,他们需要的是参政的经验。民治主义的根本观念是承认普通民众的常识是根本可信任的。……只要他们肯出来参政,一回生,二回便熟了;一回上当,二回便学乖了。故民治制度本身便是最好的政治训练。这便'是行之则愈

---

① 参见王敬尧《参与式治理——中国社区建设实证研究》,中国社会科学出版社 2006 年版,第 7—8 页。

② [美]卡罗尔·佩特曼:《参与和民主理论》,陈尧译,上海世纪出版集团 2006 年版,第 45 页。政治效能感也称为政治能力感,是相信自己能力的一种政治态度。政治效能感与政治参与之间存在着一种积极的、正相关关系。

知之';这便是'越行越知,越知越行'。"① 毛泽东也在乡村民主初建时期,针对一些人认为"老百姓没有知识,不能实行民主政治","不能实行选举制度"的观点,指出:"在抗战中间,老百姓进步甚快,加上有领导,有方针,一定可以实行民主政治。例如在华北,已经实行了民主政治。在那里,区长、乡长、保甲长,多是民选的。"② 毛泽东也阐述了同样的道理:即便群众文化水平低,但只要有实行民主政治的决心,在选举的实践中有正确的指导,人民的民主意识和民主能力是可以逐步提高的。③ 也就是说,虽然农村基层自治的"溢出效益"有限,但它的广泛实践依然是培育公民民主素养的重要场域,是形成"越行越知,越知越行"良性循环的切入点。

与农村相比,城市社区建设起步较晚,但发展迅速。从1991年民政部在全国各大城市启动社区建设工作至今,城市社区居民的参与实践也经过了近三十年的发展,社区参与虽然具有"国家动员—群众参与"的路径依赖④,居委会的自治性也受到政权体制的局限制,但成功的门栋自治、楼群自治,以及正在兴起的社区公民对立法、行政和司法决策过程的参与,生发并培育了自发性、权利意识、政治效能感等参与要素,为向更高层次的政治民主化发展奠定了基础。

在西方,1960年阿诺德·考夫曼首次提出"参与民主"概念,随即广泛运用于社会各个领域。但是,最初参与民主主要关注社会民主领域,集中于校园活动、学生运动、工作场所、社区管理等与人们生活密切相关的领域。虽然微观领域的参与实践如火如荼,但参与民主理论一直未能形成与代议制民主理论并驾齐驱的政治理论。直到1970年,卡罗尔·佩特曼在《参与和民主理论》一书中,将工业民主上升到政治生活和国家层面,才标志着西方参与民主理论的正式出现。佩特曼认为,第一,

---

① 胡适:《我们什么时候才可有宪法?——对于〈建国大纲〉的疑问》,《新月》1929年第7期。

② 《毛泽东选集》第2卷,人民出版社1991年版,第588—589页。

③ 徐振光:《中国共产党人大制度理论发展史稿》,中国出版集团、东方出版中心2011年版,第61页。

④ 路径依赖是经济学家道格拉斯·诺斯在制度变迁理论中提出的,意指"今天的选择受历史因素的影响"。

当代主流民主理论过于受制于经验主义的分析而失去了将理论用于指导政治生活的价值；第二，实证的考察发现，工业领域的民主参与"训练"了公民个人参与更高层次的乃至国家层面的政治生活，所必需的所有个人态度和心理品质；第三，从工业领域参与民主的实践中，提炼出的具有广义的教育功能的参与民主理论，可以反过来作为指导政治生活的价值，推动一个参与性社会的形成。

我国的社区参与正是建设佩特曼所言的参与民主的一个实验的、训练的场域。然而，我国学术界虽然对各省市地域内社区参与模式的实证研究成果卓著，但却少有关于城市社区参与民主理论的研究，特别是放在政治生活和国家层面的民主发展道路背景下的理论研究。对参与民主的理论思考，应当建立在对社区参与的实证考察之上，而且应当具有可操作性的规则。因此，本文借用了许多地域型参与民主模式的田野调查数据和分析结论，同时也基于自己的理论预设和理论构架，对社区公民参与区县人大代表竞选、参与国家立法和行政决策过程等，通过具体事例进行了评述。以期在实证分析的基础上，考察社区公民参与的实际运行机制，解读社区参与的心理效应和政治效能感，发现问题，分析原因，并探讨对策。

综上，基层民主自治作为中国民主政治发展的"逻辑起点和现实基点"[1]，在整个政制体制中，在国家与社会的互动中，"由下往上"逐步推进，成果显然。与此同时，在现行的宪法规范下，在人民代表大会制这一根本政治制度基础上，以基层自治为切入点的基层民主改革，"往上"能推进到什么程度？即作为基层民主自治溢出效益两个基本手段的选举和参与，从村民委员会、居民委员会直接选举"往上"能推进到乡镇长选举、县长选举乃至更高级别的行政首长和人大代表选举吗？基层治理中的"参与"能扩展到什么范围和程度？如此便涉及选举民主的限度和扩大参与民主的范围问题。

基层自治的二元结构

对基层自治的考察需要从选举与参与、城市与乡村、理论与实践、

---

[1] 林尚立：《基层群众自治中国民主政治建设的实践》，《政治学研究》1999 年第 4 期。

民主与法治的多重视角，既展现基层自治对基层民主建设本身的价值，又在国家民主政治建设的大背景下，分析城乡基层自治对民主的"溢出效益"及其作用方式和范围。

一是，民主政治建设的"上""下"双重路径。政治体制改革，或者更直接地说，民主政治的发展总有一个路径问题，即以什么为切入点、以什么为目的、如何达致目的的问题。大体而言，民主政治的发展有自上而下和由下往上两种推进路径。从世界各国民主法治发展的历程来看，大部分走的道路是自上而下的，首先是在皇室、贵族、新兴资产阶级代表等层面实现民主，然后逐步从精英发展到大众，直至所有公民。这样的发展路径是否适合于中国的现实呢？

长期从事政治改革与基层民主理论和实践研究的李凡认为，从上往下的发展顺序不符合中国的现实，中国民主和政治改革的发展道路只能是基层民主在先，在基层的社会和政治中产生并推动民主和政治改革的制度建设，培育民主意识和参与能力，也从基层发展的过程中吸取有关的经验和教训。在基层的这种发展达到了一定程度以后，就会自然地产生对于中层和高层的影响，甚至是冲击，并进而引发中层和高层的变化，推动中层和高层的政治改革的发展。当然，政治体制是一个复杂的系统，其中基层民主途径、党内民主途径、自上而下改革途径、政府治理途径、法治改革途径、NGO发展途径和危机处理途径等，对于中国民主的发展和政治改革都是必要的，是发展的多种方面。[1] 强调基层民主在组织形态、观念意识、制度创新及参与方式等方面对基层政治改革的推动作用，以及其对中高层的政治改革和民主发展的重要影响，并不是说民主政治改革就只有单纯的基层民主建设，而是强调基层民主建设在整个民主政治体制构建过程中的基础地位和重要作用。[2]

也就是说，中国民主政治的发展是在两条路径上并行推进的，即自上而下的，以健全和完善人民代表大会制度为核心的政治体制改革，与由下往上的，以直接选举村民委员会、居民委员会和村居民自治为发端

---

[1]　参见李凡《中国政治体制改革的途径分析》，《领导文萃》2003 年第 3 期。

[2]　参见李凡主编《中国基层民主的发展报告（2003）》，法律出版社 2004 年版，第 25—28 页。

的基层民主制度改革。前文不惜笔墨地详细梳理了我国基层自治百余年探索之路的曲折历程，就是为表明而今投身基层民主自治建设和社区建设研究与实践的人，如同中国近代以来的乡村建设派一样，大都基于一个更为远大的理想：探索中国的民主政治之道，推动中国的民主政治建设。可见，基层民主自治有一个"由下往上"逐步推进的愿景，其本身既是目的又是手段，故此必须在"现实与理想""高层民主改革与基层自治建设"的双向维度上解读我国的基层民主自治实践及其价值。

二是，基层自治的"上""下"双向推动。基层自治本身也是一个"双重现象"，它既牵涉到市民社会的重新建构，又牵涉到国家权力的改造。① 实际上，中国基层自治的发展是政治、经济和社会条件所产生的一个实践性结果，也是一个中央政策选择的结果。从这个角度说，一方面基层自治是村居民自发的行动，但另一方面它又是高层政治决策的结果。中国基层自治曲折发展历程也印证了，基层自治既需要基层民主参与的推动，又需要国家政权的推动，两者缺一不可，缺了任何一个推动力，基层自治都发展不起来。值得注意的是，在"上""下"双向推动的路径下，基层自治制度以基层自治组织建设为"枢纽"来衔接"上""下"两重动力，并因此承载了基层自治与政权基层建设的双重功能，更决定了基层自治制度的建立和发展过程中，组织建设的优先性。

三是，选举民主和参与民主的共同发展。基层自治制度作为我国最为广泛的基层民主政治实践，既需要国家在宏观制度上的嵌入，也需要基层社会自身的发展。从国家层面来看，大部分制度建设都倾向于民主选举的程序及操作的建构上，这对于推进我国的基础民主政治实践具有巨大的意义；从乡村社会层面来看，伴随着农村治理方式的改革，中国村域社会从"选举式"治理，发展出自然村屯中的"参与式"治理，形成了如"社区理事会""农民议事会""党群理事会"等有效治理方式。

中国的基层民主制度改革始于村民委员会和居民委员会的直接选举。经过改革开放四十年的发展，基层自治制度功能由最初的民主实践转向

① ［英］戴维·赫尔德：《民主的模式》，燕继荣等译，中央编译出版社2004年版，第396页。

民主实践与治理效果的双重功能期待，进入了选举民主和参与民主并建，自治组织与自治行为并重的新阶段，既要不断完善基层民主选举的机制和程序，更要着力"民主管理、民主决策和民主监督"中的村民居民广泛参与，让村居民真正成为民主自治的主体，实现基层自治制度的自我管理、自我服务、自我教育和自我监督功能。正是因应这样的现实，下文亦以选举民主和参与民主的两分结构展开论述。

四是，村民自治与居民自治的二元格局。1982 年《宪法》对城乡基层群众性自治组织居民委员会和村民委员会虽然确立了不同的名称，但对城乡基层群众性自治组织的组成、产生方式、与基层政权的关系、下设机构、职责任务的规定乃至表述都是完全相同的，"带有城乡二元结构烙印的基层群众自治制度"① 是在把宪法规定具体化的过程中，即在制定村民委员会组织法和居民委员会组织法的过程中产生的。随着我国户籍制度改革和新型城镇化建设的快速推进，大量的"村改居"，以及统一居民户口制度的建立，相伴而来的针对村民和城市居民实施的差别管理也将趋于统一的居民管理，城乡二元结构正逐步被打破。由此，下文在基层自治建立和发展的历史梳理部分，采取城乡二元结构的方式分别阐述；对选举民主和参与民主及其具体自治行为分析时，则采取城乡一体化的方式论析。

二　文献回顾

（一）国内研究现状

从现有的研究文献看，对基层自治和社区参与的研究主要集中在社会学、管理学、政治学和法学领域。其中，尤以社会学视角，以及实证调研的研究方法最为普遍。主要包括以下几类研究：

1. 基础性研究

中国基层自治研究主要有三种研究路径，即社会自发研究路径、国家建构研究路径和基层治理研究路径。社会自发研究路径建立在社会中心主义的自发秩序理论基础之上，认为基层自治是国家治理体系的重要

---

① 唐鸣：《城镇化背景下基层民主的发展——对居委会组织法修改的一点意见》，《探索与争鸣》2013 年第 11 期。

组成部分，是定律规定的国家基本政治制度，因此中国基层自治的产生和变迁具有自发性，基层自治应以国家权力的退出和社会权利的扩张为导向。国家建构研究路径建立在国家中心主义的国家建设理论基础之上，认为国家一开始就将基层自治纳入中国现代国家建设进程中，并在基层自治变迁进程中发挥主导作用，未来基层自治发展也必须要有国家参与。基层治理研究路径是治理理论的运用性研究，它结合国家建构和社会自治的合理因素，以治理绩效为导向，将基层自治视为国家主导和社会参与的一项系统性工程。①

基础性研究是最为普遍，也是成果最为卓著的。研究内容广泛，涉及基层自治性质、功能和运行机制的分析；对基层自治中的社会组织和自治行为的实证考察和规范分析；对社区建设和社区自治中居民的社区意识和参与动机研究；居民参与的现状、组织结构、运行机制考察；功能阐释；城市社区参与的特点、困境与原因分析；对策研究等。最具代表性的是世界与中国研究所所长李凡主编的《中国基层民主发展报告》系列，见证并记录了包括社区建设在内的，中国基层民主的成长历程。

党的十七大将基层群众自治作为基本的民主政治制度纳入了中国特色社会主义政治制度范畴，十八届三中全会提出要加快形成科学有效的社会治理体制，2017 年党中央、国务院印发《关于加强和完善城乡社区治理的意见》，由此关于加强和完善基层群众自治制度，加强和完善城乡社区治理的研究也不断涌现，相关成果主要有：基层群众自治制度是中国特色社会主义民主政治的新发展；坚持和完善基层群众自治制度，尤其是村民自治制度，是建设社会主义新农村的必然要求和有力保障；基层群众自治是社会主义民主政治的基础性工程；促进城乡社区治理体系和治理能力现代化；党的领导与基层自治的关系，以及围绕政府、市场、社会等治理主体，探索社会治理创新的案例等。

2. 基层选举和参与的实证研究

对具体地域选举情况和社区参与模式的实证研究，是当前中国基层自治研究的主流之一。早在 2001 年，广西开始较大范围的社区居民委员会直选试点时，就有学者同步跟进，对地域范围内的社区民主进行了调

① 李龙：《中国基层自治的研究路径》，《教学与研究》2016 年第 2 期。

查研究：《直接选举：社区民主建设的新进展——广西武鸣县城厢镇 6 个社区居委会"直选"调查》；《论城市社区民主的制度结构——以武汉市江汉区社区建设实验为例》，等等。此后，地域模式逐步成为从官方到学者广泛使用的主流术语。至今，比较有代表性的研究成果包括：于燕燕主编的《北京社区发展报告》，对北京市社区民主发展的跟踪调研；林尚立对上海社区民主、社区选举的实证分析；王敬尧对武汉市江汉区社区建设的实证研究；王剑敏对苏南城市社区政治发展的考察；尹维真以武汉市江汉区社区建设实验为例所作的研究；郑杭生对武汉市百步亭社区建设经验的社会学分析；黎熙元等的珠江三角洲城市社区调查报告；傅剑锋对宁波市海曙区社区体制改革和社区直选模式的研究；翁卫军、杨张乔等对杭州市下城区社区建设的研究，等等。此外，还有大量对沈阳模式、北京模式、上海模式、江汉模式、青岛模式、温岭模式等的研究，这些成果细致展现了我国城乡社区民主和社区参与的现状，更不乏有见地的分析。2010 年《村民委员会组织法》修改后，对村民委员会的选举机制和程序有了一些新的规定，再次引起了对基层选举的规范与实证分析和实证研究。

3. 参与民主理论研究

目前理论研究还处于以翻译和介绍西方参与民主理论和民主参与理论为主的阶段。也有少量将西方参与民主理论和治理理论运用到中国基层民主建设实践中的著作，例如梁军峰的《参与式民主研究》、王敬尧的《参与式治理——中国社区建设实证研究》。至于，构建中国的民主参与理论方面的研究，尚付阙如。值得一提的是，杨敏博士对中国"群众参与"理论中，国家动员机制和动员技术、群众参与逻辑与参与策略以及国家与群众的复杂而微妙的互动过程的研究，具有重要的反思性和开创性意义。她认为，如果将地域、互动和认同视为社区的基本构成要素，如果社区应该承载共同体精神，那么我国城市社区建设运动中建构起来的社区不是地域社会生活共同体，而是一个自上而下建构起来的，实施城市基层行政管理和社会控制的国家治理单元。因为，当下中国的社区参与过程并没有改变居民的心理特质，没能使他们产生一种超越个体利益的公民精神和因参与了社会改造过程而生发的主体性，他们只是学会了如何与居委会干部更好地相处，通过私人关系更好地满足个人需求。

这些研究成果对本文具有极大的启发意义。

4. 法学研究

从法学和法治保障的角度进行基层自治研究的成果,主要集中于对《村民委员会组织法》、《居民委员会组织法》的利弊分析,对完善基层自治法律体系的建议,对村规民约等基层治理中的社会规范的论析等领域。全面梳理和研究基层自治法治保障各个维度的成果非常欠缺。比如在社区参与法治建设研究方面,仅白钢主编的《城市基层权力重组》一书中对社区建设法律依据做了有限的梳理;再者有少量论文从健全法律制度的视角论及了社区组织的性质、地位、职责以及社区组织与相关组织的关系、社区成员的权利义务等问题;大部分的研究成果主要是从执法和守法的角度探讨健全法制的问题。这或许是中国城乡社区法制不健全,以及现有的法律规范、法律条文缺乏具体针对性的一个重要原因,更是一个需要加强研究的领域。

综上,国内理论与实务界的相关研究主要体现在三个领域:一是对"参与"和"选举"的研究。主要是对西方参与民主理论和参与概念的介绍和分析;从合法性、正当性角度论述参与民主;对基层民主中的直接选举的实证考察和理论研究;对村(居)民委员会工作机制中的参与性问题的研究;对业主委员会中的参与问题的思考;对社区服务中的参与性问题的研究,等等。二是对"社区参与"的研究。这方面的论著多集中于研究社区中的组织结构、权力结构、参与主体以及村(居)民委员会工作机制;对社区公民参与的途径和程序的研究多有涉及,但相当零散;对公民参与动机的分析尚待深入;关于社区参与范围的问题,更缺乏全面和系统的梳理、分析,大量论著将参与的范围集中于参与社区自治。三是对"基层法治"的研究。多集中于对立法的梳理和分析、对执法和守法环节的讨论,疏于对法治视角综合的、全面的阐述。

(二)国外的相关研究

首先,西方学者对参与民主理论和现代治理理论的研究成果,以及在社区自治、社区治理、社区参与的组织结构、参与的范围和有效性、参与的技能等方面的研究成果,为本书提供了基本的研究术语和范式。

其次,西方学者对本土的地方社区参与和治理的研究为本书提供了有益的参照。理查德·C.博克斯在《公民治理》中翔实分析了美国地方社区治理模式变化的深刻政治、社会背景，论述了新型公民治理模式与社区治理中公民、代议者和行政管理者三方互动关系中的角色定位和作用的关系。该书提供的分析途径对于本文思考中国城市社区自治发展问题具有启发意义。乔治·S.布莱尔在《社区权力与公民参与》中，以美国基层政府为对象，分析了社区公民参与的范围和有效性。罗维与弗利尔在《公众参与方法》一书中详细梳理了社区公民参与的途径和方式。

再次，海外汉学家考察中国民主选举和政治参与的著作，主要集中于考察1979年以来，尤其是1987年中国正式推行村民自治后，中国农村民主进程的发展，如约翰·伯恩斯《中国农民的政治参与》。对中国城市社区民主的直接研究并不多见，比较有影响力的，例如德国学者托马斯·海贝勒教授在《中国的社会政治参与：以社区为例》一文中，考察了中国社区内的社会参与现状，指出社区内参与的发展方向是焕发居民自觉自愿的、摆脱依赖性的参与热情；美国学者唐（Tang'W. F.），在上海、西安、沈阳、武汉、广州和重庆等6个城市就中国城市居民的价值观和对社会政治生活中各种问题的态度进行抽样调查后，写就的《中国民意与公民社会》。

最后，要特别提及的是，国际知名政治理论家、美国艺术与科学院院士、前国际政治科学协会主席卡罗尔·佩特曼（Carole Pateman）教授的代表作：《参与和民主理论》。她关于参与在广义上的教育功能的阐释，以及将微观治理领域中的参与民主提升到政治生活和国家层面的宏大叙事，激发了我对中国城乡社区参与的联想和研究热情。可以说，本书就是在她构建的参与民主理论的引领下完成的。

总而言之，中外学者从社会学和政治学的角度研究参与民主理论、社区治理理论与实践、中国基层民主制度改革、中国城市社区建设理论与实践、扩大公民有序政治参与的政治体制改革等方面的研究成果相当丰富，这些研究成果为本书的研究奠定了相当坚实的基础。本书正是在这些研究成果的基础上，试图再结合法学的视角，从更为宽广和全面的谱系，阐述并分析中国民主政治建设和基层自治场域中，民主选举和参与的生发、现状、困境及其法治保障。

三 核心概念

基层自治

自治（autonomy）源自于希腊语的"autos"（其义为"self"即"自我"的意思）和"nomos"（其义为"rule，governance"即"治理"的意思）。因此，就字面意思说，自治就是"自我治理或自我做主的状态"。根据《布莱克维尔政治学百科全书》的解释，"自治是指某个人或集体管理其自身事务，并且单独对其行为和命运负责的一种状态。"[①] 由此，所谓自治，是指基于自身权力意义上的自我控制与管理。基层自治就是在"基层"地域范围内的地方自治或社会自治，是我国基层民主建设的重要内容。由此，对基层自治的界定应从地方自治、社会自治、基层范围和基层民主四个方面展开阐释。

首先，地方自治在内涵上有两种所指：一是"在一定的领土单位之内，全体居民组成法人团体（地方自治团体），在宪法和法律规定的范围内，并在国家监督下，按照自己的意志组织地方自治机关，利用本地区的财力，处理本区域内的公共事务的一种地方政治制度"（《中国大百科全书》）。二是"由中央或地方政府授予其下级政治单位的有限自主权或自治权。多民族帝国或国家所具有的一种普遍特点，对地方的活动予以一定的承认，并给予相当的自治权，但要求地方居民在政治上必须效忠于中央政府"（《简明不列颠百科全书》）。前者是一种权利性质的自治，后者则涉及中央与地方的纵向权力结构关系，属于宪法上国家结构的制度范围，是一种权力性质的自治。我国的基层自治，在地域层面上，是指基于自治权利的自治。这样定义地方自治，通常规定地方自治机关由居民选举产生，由自治机关管理地方事务。按照我国宪法和法律的规定，基层自治地方包括农村和城市的社区。

其次，社会自治是指社会共同体自治，即自我治理（self–rule）、自我统治（self–government）的权利，这些权利通过社会自治组织来共同行使。社会自治组织的特点，是国家和家庭之间的一个中介性的社团领

---

① 汪大海、魏娜、郇建立主编：《社区管理》，中国人民大学出版社 2006 年版，第 262 页。

域，这些组织由社会成员自愿结合而形成，并以保护或增进成员的利益或价值为目的，在同国家的关系上享有自主权。即，自治的个人通过社会自治组织实现其自治权，后者的功能是在国家权力与个人自治权利之间起到中介和保护作用，形成"国家—社会—个人"的联系和互动关系。① 因此，社会自治属于现代国家建构范畴，是伴随现代国家建构过程呈现的新的社会身份，并通过对社会成员权利和相互关系的界定而形成的自治自律团体及其奉行的自治原则、权利主张和自治精神。② 社会自治也是国家善治（good governance）的基本要素和必要条件，是对政府治理的一种补充。自发的、有组织的社会自治组织的存在和壮大，是一个社会良性发展不可或缺的条件。③ 按照现行制度规定，自治自律的社会共同体包括居委会、村委会和工会、农业团体、行业协会、业主委员会等。

再次，何谓"基层"？根据党的十七大报告，"基层"的范围包括城乡社区、企事业单位、乡镇政权和社会组织四个方面。与此对应，基层民主自治的范围就是：（1）把城乡社区建设成为管理有序、服务完善、文明祥和的社会生活共同体；（2）完善以职工代表大会为基本形式的企事业单位民主管理制度；（3）深化乡镇机构改革，加强基层政权建设，完善政务公开、村务公开等制度，实现政府行政管理与基层群众自治有效衔接和良性互动；（4）发挥社会组织在扩大群众参与、反映群众诉求方面的积极作用，增强社会自治功能。基层民主的内容，从制度建构的角度称谓"四个民主"，即民主选举、民主决策、民主管理和民主监督；从实现自我的角度是指"四个自我"，即自我管理、自我服务、自我教育和自我监督。这里的基层是一个广义的基层含义，而基层自治的"基层"是狭义的，特指第四方面的基层群众自治制度意义上的，"村居"范围内的自治。

最后，基层民主实际上就是宏观民主政治制度在微观领域实践过程的一种表征方式。民主是个内涵丰富而纷杂的概念，本书将民主界定为构建权威并使其负责的一种政治方法，由此，任何民主政治都包括权力

---

① 周庆智：《基层社会自治与社会治理现代转型》，载《政治学研究》2016 年第 4 期。
② 同上。
③ 周庆智：《论基层社会自治》，《华中师范大学学报》（人文社会科学版）2017 年第 1 期。

归属、权力行使以及权力行使效果三个层面。权力归属于人民，毋庸置疑的是一切民主国家的最基本共识。民主制度分歧的关键在于，如何贯彻和体现"权力归属于人民"的原则，即是以权力行使过程还是以权力行使结果为实现人民主权原则的重心？在权力行使过程中是以选举民主还是以参与民主为核心？不同的选择，将构建不同的民主制度。

恰如萨托利所说："在关键时刻，权力取决于行使，不是取决于有名无实的归属。"然而"对于广大公众来说，人民的统治很少是指人民应当实际掌权，它只意味着对人民的愿望和需要的满足，……即权力的决策效果：谁得到了什么"①。以中国民主和西方民主作比较，以利益多元化为逻辑起点的西方民主，将重心置于权力行使过程，认为竞争性的选举是建构民主政治的充分条件，但是中国民主，基于身心交换的传统政治文化以及革命论的近代法治发生语境，形成了对"利益一致性"的预设和对权利的利益化理解，由此民主的重心便安放在了权力行使效果上，即民主意味着满足人民的愿望和需要是一切政治的出发点和旨归，为此人民要以各种途径和形式参与国家和社会事务的管理。

改革开放以来，中国共产党一直强调扩大基层民主，并要求通过丰富民主形式来保证公民有序的政治参与。目前，改革开放已走过四十年的历程，在这四十年里，全国各地进行了积极而有效的探索，农村、城市社区和企事业等各个层面的基层民主都在良好有序的发展。虽然乡镇和县一级基层民主的发展起步艰难，但已走出了开创性的一步，中国的基层民主建设也取了一系列重大成就。当然，中国基层民主建设也存在一些值得注意的问题，仍然任重道远。

由上所述，本书所研究的基层自治，是一个狭义范围的基层自治，特指基层群众性自治制度下的村居民自治。具体而言，基层群众性自治制度是指基层群众性自治组织形式及其运作方式，包括两方面的内涵：一方面，基层群众性自治组织是依法设立的，由城市居民、农村村民通过民主选举、民主决策、民主管理、民主监督来实现村居民自我管理、自我服务、自我教育和自我监督的基层自治社会组织；另一方面，基层

---

① ［美］乔·萨托利：《民主新论》，冯克利、阎克文译，东方出版社1998年版，第263页。

自治行为是指基层群众性自治组织、自我管理、自我服务、自我教育、自我监督的方式、方法、程序的总和，是人民直接参与管理国家事务和社会事务的一种形式，是社会主义民主制度的一个重要方面。

基层自治包括基层选举和自主治理两个方面，前者以村民委员会和居民委员会的选举民主为关键，后者以村民居民直接参与社区治理为要旨，前者是更为正式的选举民主，后者则是灵活的、多元的、微观的参与民主，也被学者形象比喻为"微自治"①。在村民自治活动中，村民理事会尤其是村民小组理事会等自治组织的成立是对村委会的补充和超越。在村民自治初期，人们将自治聚焦于村委会，但后来发现村委会很难管理一个大的村庄，尤其是由几个自然村组成的行政村，于是许多地方将视野集中在村民小组，由村民小组通过选举成立村民理事会，从而推动村民自治向"微自治"发展。在城市，"微自治"体现在社区的"院落和门栋"自治上。早在1998年，武汉市江汉区满春街小夹社区民族路5号，就由电控门的安装开始实行了门栋自治。

在中国特殊的政治结构中，村居自治与政府管理的关系甚为复杂，包括在党组织系统内部，乡镇党委、街道党工委与村居党支部之间的上下级领导关系；在国家行政事务管理上，乡镇、街道政权与村民委员会、居民委员会自治组织之间的管理与被管理关系；和在村居自治范围内，基层党政机构对村居党组织和自治组织的指导与被指导关系。这三种关系是一个有机整体，互有内在联系，同时关系到乡村关系的正常发展。② 由此，基层自治是社会治理和国家治理体系的重要组成部分，特别是实现社会治理的现代化转型，有赖于社会自治的实现与高度发展：第一，基层政府权威治理模式的现代化转型；第二，市场治理模式的主体和体系的重构；第三，把经济权利和政治权力还给社会，不断促进社会自治能力的发展与提高。可见，基层社会自治对实现社会治理的现代转型具有重要意义。

公民参与

从历史经验来看，民主政治的内涵不仅仅在于制度的构建，还在于

---

① 赵秀玲：《"微自治"与中国基层民主治理》，《政治学研究》2014年第5期。

② 范忠信、武乾、余判飞等：《"枫桥经验"与法治型新农村建设》，中国法制出版社2013年版，第55—56页。

制度的实践。因此，长久以来，"参与"一直是政治性研究的核心概念，政治参与亦被视为是政治民主的基本形式，与此对应，公民政治参与程度被认为是政治民主化和社会现代化的重要指标。同时，"参与"又是一个内涵极其广泛的概念，加之日常化的使用，更模糊了作为学术概念或政治术语的"参与"的边界。

笔者以为，无论怎么对"参与"下定义，都不可能兼顾周延和准确，因此"描述性"的界定是一个不错的替代方案。

第一，在最低限度上，参与意味着个人在团体活动中的存在。① "在场"是参与的基本条件，可以包括身体的在场和意见的在场。

第二，参与是指人们影响与他们有关的决策的机会。所有受决策影响的人，都应该参与决策制定过程中的利益博弈。虽然，影响力的大小也是一个具有弹性的概念。

第三，参与也可以指影响决策的执行和管理。Garson 与 Willianms 提出，"公民参与是在方案的执行和管理方面，政府提供更多施政回馈的渠道以响应民意，并使民众能以更直接的方式参与公共事务，以及接触服务民众的公务机关的行动"。概括地说，公民参与就是公民通过一定的参与渠道，参与或影响政府公共政策或公共事务的执行过程。

第四，参与能够成为引导和扩展自我利益的工具，也能够成为纯粹的公共善的工具。②

以上是对参与的抽象描述。

第五，在具体的方面，根据参与方式和参与程度的递进序列，参与式民主的概念可以指一些不同的事情：（1）从兴趣、注意、信息和能力方面说的参与；（2）为支持"发言权"而参与，即从示威式民主的角度追求的参与；（3）分享权力，这是真正有效的参与决策；（4）同真正的直接民主相等的参与。③ 我国现行宪法文本规定的公民参与是第一和第二

---

① ［美］卡罗尔·佩特曼：《参与和民主理论》，陈尧译，上海世纪出版集团 2006 年版，第 65 页。

② ［美］本杰明·巴伯：《强势民主》，彭斌、吴润洲译，吉林人民出版社 2006 年版，1990 年版，序言，第 5 页。

③ ［美］乔·萨托利：《民主新论》，冯克利、阎克文译，东方出版社 1998 年版，第 276 页。

层意义上的参与；第三层意义上的参与宪法没有直接规定，但可间接推导和涵盖，这正是基层民主改革在宪法上的空间所在；第四层意义上的参与，更多的是一种参与的理想，现行宪法没有规定，也无须规定。

社区参与

"社区"概念是由德国社会学家滕尼斯于1887年首次提出的，认为社区是在亲族血缘关系的基础上结合成的一种社会联结。[1] 因此社区不单是一个地域概念，它更是一个带有自然生长和发展性质的社会生活体系。在共同生活中，社区中的人具有了共同利益和共同意识，并在此基础上衍生出个人的认同感、归属感以及支持其行为和关系的结构。社区居民进而利用这一体系和结构，解决由于居住在一个可界定的疆域内不可避免产生的带有共同性的问题，满足共同的需求。[2] 与此同时，社区还应当与"国家的生活合为一体，并对国家的进步克尽最大的贡献"，[3] 国家亦需要因应新的社会结构和社会组织方式，建立以社区为基本单位的新的社会调控、整合和沟通体系，并应努力把社区转化为国家政治建设和政治发展的积极资源，从而全面保持国家与社会的协调发展。[4]

根据1960年以来西方国家政治、经济以及城市发展的实践经验观察得知，政治发展是与民主化进程相关的，公民参与在这个时期成为重要的环节，而社区则被视为一个推动公民参与的实验场域。[5]。在中国，"社区"的概念早在1933年就由费孝通借汉译"community"而引入，[6] 但直至1986年，随着改革开放和市场经济的建立，以工作单位为社会

---

① ［德］斐·迪南·滕尼斯：《共同体与社会》，林荣远译，商务印书馆1999年版，第2—6页。

② 参见常铁威《新社区论》，中国社会出版社2005年版，第一章；蔡禾主编《社区概论》，高等教育出版社2006年版，第2—4页。

③ 联合国经济和社会理事会1956年年度报告。

④ 参见林尚立主编《社区民主与治理：案例研究》，社会科学文献出版社2003年版，第314页。

⑤ 黎熙元、童晓频、蒋廉雄：《社区建设——理念、实践与模式比较》，商务印书馆2006年版，第21—22页。

⑥ 费孝通：《当前城市社区建设一些思考》，新浪财经网，http://finance.sina.com.cn/economist/xuezhesuibi/20050425/22571548980.shtml，2020年2月29日访问。

基本组织形式的社会结构开始分化，"社区"的概念方正式进入官方话语。① 中国社区建设起步虽晚，然幸逢经济、政治改革大潮，更遇合基层民主制度改革的星火燎原之势，故发展迅速，而今社区已逐步上升为社会结构的基本单位和现代社会发展的根基。可见，社区民主，或更准确地说，社区中的参与民主，已成为中国政治民主化发展的一个重要维度。

社区参与是一个动态的、历史的、实践的社会概念，在具体时空语境下具有特定的社会意涵，因此，对社区参与相关问题的讨论应当置于具体的社会背景和制度之中。

社区参与到底是在国家公共政策决策领域生发的，还是在社区自治、社区建设、基层民主建设过程中，延伸或叠加而来的，抑或是一种双向发展的过程？根据西方政治和社会中的权力运行机理，最早是国家层面的代议制民主加地方自治，随着社会发展，公民的权利意识和民主意识加强，代议制民主在反思中逐步得到参与式民主的补充和纠正，参与民主也成了衔接地方自治和国家代议制民主的桥梁。同理，社区参与也成了沟通社区自治与国家政治生活的介质，是一个双向的发展过程。

在这个意义上，社区参与是"为社区所有成员创造机会，让更广泛的社会成员能够积极贡献与影响发展过程，平等地分享发展成果"。由此，社区参与必须与国家的发展情况结合，涵盖了两个层面：第一，就社区民众而言，希望为他们创造一种能够追求自主的平等机会；第二，就整个社会民众而言，希望能对国家的发展过程有所帮助。② 中国城乡社

---

① 1983 年民政部在召开第八次全国民政会议前后，开始酝酿城市社会福利工作的改革，至 1986 年，民政部于沙洲会议上第一次正式提出在城市开展社区服务工作的构想与要求。社区与单位同为中国城市社会管理结构的重要组成部分，二者既各成体系又紧密互动，其主体性和互动性构成了城市社会的基层面貌及其演进轨迹：20 世纪 50 年代，社区与单位齐头并进；60—70 年代，在社区单位化和单位社区化的双向发展过程中，单位社会进入全盛时期，社区几乎下降到城市社会的边缘地位；80—90 年代，城市中的单位社会逐渐萎缩，大部分单位的社会功能都主动地或被动地转移到社区。因应社会发展的需要，作为改革的一部分，民政部于 20 世纪 80 年代末开始倡导社区的创建，目的是接管传统上由单位承担的社会福利职能。参见常铁威《新社区论》，中国社会出版社 2005 年版，第 68—71 页。

② 汪大海、魏娜、郇建立主编：《社区管理》，中国人民大学出版社 2006 年版，第 313、308—309 页。

区参与是在政治体制改革和基层民主建设的背景下生发的，同样也是国家和社区双向发展的交汇点。实践中，社区参与既包括对社区政治性与非政治性事务的参与，又衍生出了对国家政治事务的参与。

　　具体而言，社区参与概念的界定，大都是用阐释的方法，界定这样一种行为的主体、客体、程序、心理动机、目标等，即概念就是对谁参与、参与什么、怎么参与以及为什么参与等问题的答案的凝练。举如："社区参与是指社区主体（社区组织、社区单位和居民）依照宪法和法律的有关规定，通过一定的组织或渠道，参与社区政治、经济、文化和社会生活，影响社区公共权力运行，维护自身权益，增进社区福利的过程。"①

　　目前，研究社区参与的学者，大部分都是用这样的方式界定社区参与，只是不同人给定的概念会强调或忽略其中的某个或某些方面。所有这些定义中存在的一个共同的问题是，对参与的范围讨论限定在"社区各种事务"。如前所述，无论是从理论上还是实践中，我国的城市社区参与都包含两个层面：一是，"社区居民"参与各种社区事务，即参与社区建设和社区自治；二是，"社区公民"参与各级政权层面的公共事务，包括行政、立法和司法领域。遗憾的是，笔者可见的研究文献对社区参与范围或社区参与客体的研究，都集中于对前者的阐释。最让人不解的是，一些著作在给社区参与下定义的时候虽然还考虑到了其他两个参与层面，但对社区参与客体的讨论很快就回归到了"各种社区事务"。② 然而，恰恰是被忽视的后者，反而更体现了社区参与的中国特点，其存在的条件、背景及存在的合法性、有效性等诸多理论和实践问题都有待进一步的研究。

---

　　① 刘铎：《社区参与是建设和谐社区的根本》，于燕燕主编：《2007 年：北京社区发展报告》，社会科学文献出版社 2007 年版，第 37 页。

　　② 张宝锋主编：《社区管理》，郑州大学出版社 2006 年版，第 151—152 页。

第 一 章

改革背景与法治语境

中国在民主政治之道上已经探索了百余年，改革开放也卓有成效地推进了四十年，当下正是一个反思和发展的关口，即以反思来进一步寻求新发展的关键时期。如此，近年来新兴的基层自治、社区参与，便是发展社会主义民主政治的一个值得审慎考量的维度；与此相应，对社区参与理论和实践的思考和探索，也必须置于改革开放四十年来的政治体制改革背景中，置于中国的政治结构框架下。

第一节　民主政治改革与基层民主建设

中国的改革开放历经了从经济体制改革到政治体制改革，从中央到地方、从领导体制改革到民主政治建设，从农村基层民主改革到城市社区建设，从社区选举到社区参与的过程。当然，改革是一项系统工程，这样的脉络是概略而言的，具体到每一项改革都处于多重因素的交织与互动中。

一　民主政治改革

1978 年中共十一届三中全会是我国历史上的一个转折点，会议在总结经验教训的基础上，提出"没有民主就没有社会主义现代化"，并强调为了保障人民民主，必须加强社会主义法制，使民主制度化、法律化，使这种制度和法律具有稳定性、连续性和极大的权威。[①] 1980 年 8 月 18

---

① 《三中全会重要文献选编》（上册），人民出版社 1979 年版，第 10—11 页。

日邓小平在中共中央政治局扩大会议上作了《党和国家领导制度的改革》的重要讲话，这是关于进行政治体制改革的纲领性文件。他在这篇讲话中，系统地总结了中国党和国家领导体制和领导制度方面的经验和教训，科学地分析了诸如权力过分集中、机构臃肿、人浮于事、干部人事制度存在重大缺陷以及民主和法制不健全等弊端及其产生的原因，提出了政治体制改革的目标、方向和任务。① 随后，1981 年 6 月，党在总结历史经验和教训的基础上，在《关于建国以来党的若干历史问题的决议》中第一次把"建设高度民主的社会主义政治制度"作为根本任务之一，并明确提出要"在基层政权和基层社会生活中逐步实现人民的直接民主"。之后的每次党代会，中共十二大、十三大……直至十九大，都反复强调要搞好社会主义民主政治建设，进行政治体制改革，并在实践中取得了积极的成果。

1982 年党的十二大报告明确地为基层政治参与提供了政策保障："社会主义民主要扩大到政治生活、经济生活、文化生活和社会生活的各个方面，发展各个企事业单位的民主管理，发展基层社会生活的群众自治"。之后，包括新宪法在内的立法得到全国人民的极大重视，立法进程明显加快，干部队伍的新老交替开始有秩序进行，政治体制改革实际上开始启动。但是，由于经济建设和经济体制改革的紧迫性，也由于政治体制改革的复杂性，从稳妥出发，中央没有对政治体制改革进行全面部署。② 1986 年 9 月，中共中央成立中央政治体制改革研讨小组，研究政治体制改革的总体方案。1987 年 10 月中共十三大召开，提出政治体制改革总体设想。报告将"完善社会主义民主政治的若干制度"列为七项改革措施之一，指出"进行政治体制改革，就是要兴利除弊，建设有中国特色的社会主义民主政治。改革的长远目标，是建立高度民主、法制完备、富有效率、充满生机和活力的社会主义政治体制"。

1989 年后，改革的重点从解决权力过分集中、强调党政分开、下放权力、改革干部制度等转向完善人民代表大会制度、完善共产党领导的

---

① 《邓小平文选》（第 2 卷），人民出版社 1993 年版，第 322 页。
② 陈述：《回首 30 年：中国绘就政治体制改革路径图》，中国网，http://www.china.com.cn/news/txt/2008 – 11/28/content_ 16867300. htm, 2020 年 2 月 29 日访问。

多党合作和政治协商制度、建立和健全民主的科学的决策机制、加强基层民主等。十三届四中全会提出民主法制建设要抓紧进行，随后六中全会通过的《中共中央关于加强党同人民群众联系的决定》中强调："在深化政治体制改革中，推进社会主义民主和法制建设。"党的十四大提出，要积极推进政治体制改革，使社会主义民主和法制建设有一个较大的发展；要"加强基层民主建设，切实发挥职工代表大会、居民委员会和村民委员会的作用"。党的十五大一方面强调"在坚持四项基本原则的前提下，继续推进政治体制改革，进一步扩大社会主义民主，健全社会主义法制，依法治国，建设社会主义法治国家"；另一方面又要求"城乡基层政权机关和基层群众性自治组织，都要健全民主选举制度，实行政务和财务公开，让群众参与讨论和决定基层公共事务和公益事务，对干部实行民主监督"。

2003年10月，党的十六大报告强调要继续积极稳妥地推进政治体制改革，扩大社会主义民主，健全社会主义法制，建设社会主义法治国家，并强调指出："发展社会主义民主政治，最根本的是要把坚持党的领导、人民当家作主和依法治国有机统一起来。"报告强调，在全面建设小康社会阶段，扩大基层民主，是发展社会主义民主的主要目标和基础性工作。提出："健全基层自治组织和民主管理制度，完善公开办事制度，保证人民群众依法直接行使民主权利，管理基层公共事务和公益事业，对干部实行民主监督。完善村民自治，健全村党组织领导的充满活力的村民自治机制。完善城市居民自治，建设管理有序、文明祥和的新型社区。坚持和完善职工代表大会和其他形式的企事业民主管理制度，保障职工的合法权益。"报告阐明的这些大政方针，为我国基层民主建设的发展进一步指明了前进的方向。

2005年10月，国务院新闻办公室发布《中国的民主政治建设》白皮书，不仅介绍了当前中国开展民主政治建设的基本情况，更系统阐述了中国政府在民主问题上的基本观点。白皮书指明城乡基层民主是"当代中国最直接、最广泛的民主实践"，并认为"扩大基层民主是完善发展中国特色社会主义民主政治的必然趋势和重要基础"。

2007年10月，党的十七大报告一改在综论政治体制改革时论述民主政治建设的体例，直接以"坚定不移发展社会主义民主政治"冠题，这是对政改核心问题深入认识的成果。报告指出："人民民主是社会主义的生命"，

"要坚持中国特色社会主义政治发展道路，坚持党的领导、人民当家作主、依法治国有机统一，坚持和完善人民代表大会制度、中国共产党领导的多党合作和政治协商制度、民族区域自治制度以及基层群众自治制度"。这是"基层群众自治制度"首次写入党代会报告，正式与人民代表大会制度、中国共产党领导的多党合作和政治协商制度、民族区域自治制度一起，纳入中国特色基本政治制度的范畴。报告还提出，"要健全基层党组织领导的充满活力的基层群众自治机制，扩大基层群众自治范围，完善民主管理制度，把城乡社区建设成为管理有序、服务完善、文明祥和的社会生活共同体。"报告更是多次落墨于"参与"①，如此一方面明确了发展基层民主的重要性，另一方面认识并强调了参与是民主的重要形式。

2011 年胡锦涛《在庆祝中国共产党成立 90 周年大会上的讲话》中，进一步把"基层群众自治制度"与人民代表大会制度、中国共产党领导的多党合作和政治协商制度、民族区域自治制度放在一起，并列为我国的四大基本政治制度。基层群众自治制度在我国整个政治架构中的重要地位，得到了更加明确的阐述。

党的十八大报告指出："在城乡社区治理、基层公共事务和公益事业中实行群众自我管理、自我服务、自我教育、自我监督，是人民依法直接行使民主权利的重要方式。要健全基层党组织领导的充满活力的基层群众自治机制，以扩大有序参与、推进信息公开、加强议事协商、强化权力监督为重点，拓宽范围和途径，丰富内容和形式，保障人民享有更多更切实的民主权利。全心全意依靠工人阶级，健全以职工代表大会为基本形式的企事业单位民主管理制度，保障职工参与管理和监督的民主权利。发挥基层各类组织协同作用，实现政府管理和基层民主有机结合。"中央对基层民主自治的定位，意味着人民群众在具体事务中以制度

---

① 如"坚持国家一切权力属于人民，从各个层次、各个领域扩大公民有序政治参与，最广泛地动员和组织人民依法管理国家事务和社会事务、管理经济和文化事业"；"要健全民主制度，丰富民主形式，拓宽民主渠道，依法实行民主选举、民主决策、民主管理、民主监督，保障人民的知情权、参与权、表达权、监督权"；"推进决策科学化、民主化，完善决策信息和智力支持系统，增强决策透明度和公众参与度，制定与群众利益密切相关的法律法规和公共政策原则上要公开听取意见"；"发挥社会组织在扩大群众参与、反映群众诉求方面的积极作用，增强社会自治功能"；"尊重和保障人权，依法保证全体社会成员平等参与、平等发展的权利"等。

化的方式参与基层社会治理已经成为必然的发展趋势，而且明确了自治权利发展的重点范围是扩大有序参与、推进信息公开、加强议事协商、强化权力监督。这标志着，基层自治制度建设将从以组织建设为重心，走向组织建设与自治行为建设并重的新阶段。此后，党的十八届三中全会进一步拓展和深化了基层民主、基层自治的体制机制建设和法治保障。党的十八届四中全会、五中全会对加强和创新社会治理、推进基层治理法治化作了战略部署，指出"全面推进依法治国，基础在基层，工作重点在基层"，提出要"推进社会治理精细化，构建全民共建共享的社会治理格局"。2017 年 6 月，中共中央、国务院发布《关于加强和完善城乡社区治理的意见》，着力推进城乡社区治理体系和治理能力现代化。

2017 年 10 月，党的十九大召开，标志着中国进入了一个新的时代，经济、政治、文化、社会、生态建设的方方面面都有了更为深远的战略布局。党的十九大报告强调，在坚持党的领导、人民当家作主、依法治国有机统一的前提下，"扩大人民有序政治参与，保证人民依法实行民主选举、民主协商、民主决策、民主管理、民主监督"，"巩固基层政权，完善基层民主制度，保障人民知情权、参与权、表达权、监督权"；强调以打造共建共治共享的社会治理格局为目标，"加强社会治理制度建设，完善党委领导、政府负责、社会协同、公众参与、法治保障的社会治理体制，提高社会治理社会化、法治化、智能化、专业化水平"，"加强社会治理体系建设，推动社会治理重心向基层下移，发挥社会组织作用，实现政府治理和社会调节、居民自治良性互动"；强调为实施乡村振兴战略，"加强农村基层基础工作，健全自治、法治、德治相结合的乡村治理体系"。由此，加强党对基层自治组织的领导，加强基层自治的法治建设，将进一步融入我国基层自治建设的实践之中。

总之，改革开放四十年，社会主义民主政治建设在不断的改革与实践中取得了较大进展，但与此同时，我们还应当意识到，中国的政治体制改革仍任重道远，还需要不断探索推进民主法治发展的新路径，这正是本书研究基层自治、参与民主及其法治保障的初衷。

二　基层民主建设

经济体制的革故鼎新，带动了中国社会阶层结构的深刻变化，必然要求政治体制特别是行政管理体制与之相适应，其中最具有代表意义的莫过于中国基层民主的兴起和发展。

基层民主的兴起是中国改革开放四十年民主政治建设的一大亮点。这场意义深远的改革发端于 20 世纪 80 年代初。随着家庭联产承包责任制的推行，中国的农村走在了市场化改革的最前列，农民开始有了生产经营的自主权，并有了自己独立的经济利益，农村社会结构也逐步趋于多样化。在这种背景下，广西部分农村自发组建村民委员会，自行选举产生村委会的领导人，由村委会负责本村的社会治安、纠纷调解。随后，经 1982 年宪法的确认，基层群众自治有了正式的组织载体——村民委员会和居民委员会。1987 年在村民自治的实践基础上，全国人大常委会制定颁布了《村民委员会组织法（试行）》，对村民委员会的性质、产生、职能、与乡镇政府的关系等做出了明确规定。并要求各省、自治区、直辖市的人民代表大会常务委员会根据该法和本地区实际情况，规定实施的步骤和办法，村民自治开始有了法律的保障。1990 年 9 月，国家民政部发出通知，要求在全国农村开展村民自治示范活动，选择工作基础比较好的村委会进行试点，通过典型示范，逐步推广，由此一场几亿农民参与的基层民主拉开了序幕。1994 年 2 月，国家民政部发布《指导纲要》，对村民自治示范活动的目标、任务、指导方针、具体措施等作出全面系统的规定，并首次明确提出要建立民主选举、民主决策、民主管理、民主监督等四项民主制度，使全国的村民自治示范活动开始走向规范化和制度化。1998 年 11 月，全国人大常委会正式颁布了《村民委员会组织法》，结束了长达十年的试行，村民自治进入了快车道。[①]

基层民主在 1998 年掀起了高潮。一是，重新修订了村委会组织法，将"海选"放进去了；二是，四川南城乡、步云乡先后进行了乡镇长直选，将基层民主的发展推到一个新的阶段。随后，1999 年深圳大鹏镇的"三票制"选举镇长，山西卓里镇"两票制"选举乡镇主要领导；2001 年全国都实行了村委会的选举；2002 年湖北杨集镇的"两推一选"镇党委书记、镇长；2003 年 4 月至 2004 年 2 月，江苏省宿迁市用"公推竞

---

① 参见肖立辉《基层群众自治：中国基层民主的经验与道路》，《中国行政管理》2008 年第 9 期。

选"办法产生 37 名乡镇长；2003 年 8 月，重庆市城口县坪坝镇进行了选民直接选举镇长的试点；2004 年，云南红河州石屏县的 7 个乡镇实现直选乡镇长。除了民主选举上的改革与突破外，乡镇及县一级的政务公开也在推行，乡镇一级的机构改革在试行，同时对县乡级的人民代表大会的制度改革也在探索之中。2003 年，深圳、北京、湖北等地都出现了"独立候选人"竞选人大代表的事例，这些"独立候选人"包括私营企业主、律师、学生、农民等。由"独立候选人"竞选引发的争议直接导致了 2004 年的《中华人民共和国全国人民代表大会和地方各级人民代表大会选举法》的修改，这次修改提出的"引入预选，鼓励竞选"，具有积极和深远的意义。①

除了选举式民主的发展之外，"参与式民主"在 2005 年也有新的突破。浙江省温岭市在新河镇人大预算审查监督程序中引入民主恳谈，让人大代表和普通民众参与政府年度预算的审查，对政府的"花钱计划"发表意见并促成预算的修正和调整。经过几年的探索、完善和提高，2008 年温岭市人大将预算民主恳谈进一步推广至五个镇，同时对交通局 2008 年部门预算及预算执行实施"民主恳谈"，预算民主恳谈逐步走向深入。②

在农村基层民主改革的影响下，城市社区建设和居民自治也于 20 世纪 90 年代开始实施，其具体情况下文将详细介绍，此不赘述。

中国的民主制度改革，首先要置于分配正义的原则之下，正是在利益分配有失公正的地方，作为权力行使过程元素的选举民主和参与民主改革才容易滋生。其次，在中国政党制度的和人大制度下，竞争性选举、直接选举的适用范围和强度有严格的体制和制度界限，因此权力行使过程领域内的民主改革除直接选举外，更需要参与民主为其注入活力。最后，民主规模的发展是一种质变，故而小范围的、基层的直接选举和参与民主，是培育和训练中国民主政治元素的重要场域，但不具有直接的"溢出效益"。

---

① 参见李凡《动员式民主的实践与发展》，爱思想网，http://www.aisixiang.com/data/28821.html，2020 年 2 月 29 日访问。

② 参见何陪根、林应荣《引入民主恳谈机制强化预算监督效果——关于实施预算民主恳谈的几点思考》，《人大研究》2009 年第 3 期。

正如萨托利所说:"在关键时刻,权力取决于行使,不是取决于有名无实的归属。"然而"对于广大公众来说,人民的统治很少是指人民应当实际掌权,它只意味着对人民的愿望和需要的满足,……即权力的决策效果:谁得到了什么"①。正是在上述意义上,基层民主政治成为我国社会主义民主政治的重要组成部分,是中国特色社会主义民主政治建设的基础,是我国整个民主政治建设的切入点。实践中,最高决策层亦在"有秩序的民主秩序"的构想下,有意识地选择推进村民自治、居民委员会自治,发展基层民主,以此作为中国民主政治的突破口。② 如今,基层民主建设已开展了近 40 年,极大地改变了当代中国基层政治生态,并在健全民主制度,丰富民主形式,拓宽民主渠道,保障人民的知情权、参与权、表达权、监督权等方面,已经取得了很大的成就,更为探索中国特色政治发展道路提供了宝贵的经验。

第二节 选举民主和参与民主共同发展

一 基层选举及其生长空间

(一) 村居选举及其溢出效益

中国的基层民主制度改革始于村民委员会的直接选举。这一基层选举民主不仅自身取得了瞩目的成果,更难能可贵的是,在它的带动和影响下,民主的范围再次扩大,激活了城市基层民主的发展,并进而把影响扩大到基层政府。1998 年 12 月 31 日,四川省遂宁市步云乡进行了乡长直接选举的试验,其后,又有了重庆市城口县坪坝镇的镇长直接选举、浙江省温岭市的民主恳谈制度、安徽省舒城县干汊河镇的"小城镇公益事业民营化"、上海市南汇区惠南镇的"实事工程",等等。③ 农村地区的基层民主由村民自治组织到乡镇政府、人大的"升级",大大拓展了我国基层民主政治的生长空间。

---

① [美] 乔·萨托利:《民主新论》,冯克利、阎克文译,东方出版社 1998 年版,第263 页。

② 王义祥:《当代中国社会变迁》,华东师范大学出版社 2006 年版,第 133 页。

③ 参见陈奕敏《基层民主化与民主基层化》,《中国改革杂志》2007 年第 9 期。

由此，从事基层民主制度改革研究和实践的人士大多认为，民主一旦运作起来，就具有很强的生长性，会自觉地寻求新的生长空间，从而逐渐蔓延到基层农村之外，进入更高、更广的发展空间。① 我们将基层民主的这种向外扩展性称为溢出效益。确实，基层民主的溢出效益是一个经验观察的结果，是一个事实存在，问题在于，基层的直接选举民主改革能往上发展到什么限度？是像不少学者预测的那样，直接选举的范围在横向上可从对基层群众性自治组织的选举向对政府官员的选举扩展，在纵向上可以向县、市、省乃至中央这五级政府逐步延伸？② 还是认为民主的发展和进程要受到政治、经济、社会和文化等多方面因素的制约，虽然当前基层民主在实践中的发展进行得比较好，但是指望基层民主会一级一级向上发展也是不现实的？③ 笔者颇为赞同后一种观点，认为基层选举民主的溢出效益应当限定在乡、镇、区、县等基层政权层面，为此本文拟从宪法、选举法以及民主含义、民主集中制原则等视角分析三个问题：第一，村民委员会的直接选举可否向乡镇长直接选举或竞争性选举扩展；第二，乡镇长竞争性选举可否在五级行政管理体制内逐步上推；第三，基层选举民主能否带动县级以上人大代表选举改革。

（二）乡镇长选举

从 1998 年迄今，四川、山西、广东、河南等省的个别乡镇已分别尝试着改革了乡、镇政府或党委、人代会负责人的产生方式。④ 基层民主的这一溢出效益引起了各界民主人士的广泛关注和积极回应。在 1999 年 3 月召开的中国人民政治协商会议九届二次大会上，政协委员提出了三份

① 参见林尚立主编《社区民主与治理：案例研究》，社会科学文献出版社 2003 年版，第 322 页。

② 参见阿计《城市基层民主的路径选择》，《公民导刊》2006 年第 1 期。

③ 参见李凡主编《中国基层民主的发展报告（2003）》，法律出版社 2004 年版，第 26 页。

④ "公选镇长，遂宁开了先河"，《成都商报》1998 年 12 月 29 日；"中国直选第一乡：步云乡第 12 届人民政府乡长漫笔"，《遂州报》1998 年 12 月 31 日；"去岁最末一天，万余公民冒雨参加直选"，《华西都市报》1999 年 1 月 3 日；"谁当乡镇长，人民说了算"，《绵阳日报（城市版）》1999 年 1 月 5 日；"直选乡长"，《南方周末》1999 年 1 月 15 日；"中国第一个直选乡长产生"，《法制日报》1999 年 1 月 23 日；"大鹏镇将诞生中国首位民选镇长"，《羊城晚报》1999 年 4 月 28 日；"中国第一个民选镇长上午产生"，《深圳晚报》1999 年 4 月 29 日；"首批'民选乡官'在河南产生"，《新华日报》2000 年 4 月 2 日等。

提案，均建议"逐步把农民对村民委员会的直接选举扩大到乡镇这一层的主要干部，在一些有条件的乡镇可试行允许农民直接选举乡镇长"，他们认为，"乡镇一级的直接民主选举可以巩固村民自治和农村基层民主建设的成果"。① 然而这些提案并未得到官方的正式回应，在随后的实践中，乡镇长产生方式经历"直选"变为"公推公选"的曲折，基层民主改革中选举的推进程度已经显示出减缓的势头。

第一，不符合现行宪法和法律的规定。从"村官"直选过渡到乡长直选，尽管步云乡乡长直选的规范程度接近真正意义上的选举政治模式，但是却不符合现行宪法和地方组织法规定的乡镇长产生方式。《宪法》第101条规定："地方各级人民代表大会分别选举并且有权罢免本级人民政府的省长和副省长、市长和副市长、县长和副县长、区长和副区长、乡长和副乡长、镇长和副镇长。"《地方各级人民代表大会和地方各级人民政府组织法》第9条第（七）项规定："乡、民族乡、镇的人民代表大会行使选举乡长、副乡长、镇长、副镇长的职权。"可见，乡镇选民只能根据选举法的规定直接选举乡镇人民代表大会代表，而乡镇长则需由乡镇人民代表大会主席团或者代表联名提名候选人，通过代表大会无记名投票选举产生。正因为如此，步云乡乡长直选之后，查庆九便撰文批驳其违法性，认为中国民主政治建设的当务之急是切实保障广大选民充分行使民主权利，而不是在直接选举问题上抛开宪法和法律的规定去另辟"蹊径"。②

尽管对乡镇长直选的合法性已经有了理性的分析，但是中国自古以来对实质正义的偏爱，使得大家对这一及时而冷峻的提醒并没有太在意，并一味地认为"合法与否不应成为直选乡镇长的障碍"③。于是，在随后的1999—2000年，社会各界一方面反复呼吁修改宪法和地方组织法相关

---

① 乡镇论坛杂志社、民政部基层政权和社区建设司农村处编：《1999年度农村基层民主政治建设资料汇编》。转引自深圳大学管理学院当代中国政治研究所课题组《中国大陆乡镇长选举方式改革研究》，爱思想网，http：//www.aisixiang.com/data/3323.html？page＝4，2018年2月29日访问。

② 查庆九：《民主不允许超越法律》，《法制日报》1999年1月19日。

③ 高福生：《合法与否不应成为直选乡镇长的障碍》，光明网，http：//www.gmw.cn/content/2006－09/06/content_475048.htm，2020年2月29日访问。

条款，另一方面毫不停顿地于在全国各地掀起了乡镇长直选的热潮。大量的乡镇长直选引起了上级政府部门的重视，并通过组织体制对其违法性予以了批评。于是，经过调研和实践摸索，基层工作者智慧的来了个"名"与"实"的转换。2001 年步云乡乡长换届选举时，"程序与 1998 年直选基本一致，所不同的是，最终产生的是乡长候选人；候选人再由人大主席团提名，由乡人民代表大会依法进行选举"。①

民主的发展离不开法治，根据手段与目的的辩证关系不难得知，如果民主的发展以折伤法治为代价，那么最终也必将折损自身。乡镇长直选毕竟是不合法的，步云乡乡长历经两次直接选举后，2004 年 3 月随着直选乡长谭晓秋的一纸调令，"直选第一乡悄然回归传统"。虽然，2004 年 4 月云南省石屏县发动了，被认为是截至当时为止我国最大规模的乡镇长"直推直选"试验的乡镇长选举改革，但是紧随其后，2006—2007 年县乡人大同步换界选举中，中央政府在部署工作时明确要求严格依法选举产生乡镇长。至此，乡镇长直选在昙花一现后，因为不符合宪法和法律的规定而难以为现行政治体制框架所接纳，不得不暂且告一段落。

乡镇长直选作为一种事实上的存在，尽管不符合现行宪法和法律的规定，但仍然产生了两个方面的溢出效益：一是，着力推动对宪法和地方组织法相关条款的修改；二是，促成了"公推公选"的党政领导干部选举、选拔程序。推动宪法和法律的修改不是一面呼吁修宪，一面进行乡镇长直接选举实践，而是说宪法和法律的修改是乡镇长直选的前置程序，所有致力于推进乡镇长直选的改革人士，应该将智识和参与热情投入对宪法和相关法律修改的研究和推进上。至于"公推公选"虽然离民众的直接选举尚有距离，但相对于以往的领导干部选任方法已经是极大的进步，这也是基层选举民主激发出的公民精神、民主理念和权利意识进一步将民主改革向上推进的结果。

第二，难以保证民主的质量。"民主就是多数统治"这是当下中国对民主的一种通俗的、耳熟能详的理解。这样的表述是一种意蕴深远的简

---

① 《直选第一乡悄然回归传统》，星岛环球网，http：//www.stnn.cc/china/200812/t20081231_953272_1.html，2012 年 5 月 30 日访问。

化，在近代中国历经了多次转折，足以涵盖反民主性质的元素。① 加之，民主选举有着固定甚至是加强现有社会结构的倾向，表现为民众往往受制于地方强人，一个强人手中可能控制着一个很大的票仓，进而候选人为了取得和稳固政权就不得不采取有利于这些强人的政策，其结果是巩固了强人政治。实践中，农村的基层选举民主为宗族势力乃至黑恶势力做了嫁衣的事例比比皆是，贿选和选举中的暴力事件也时有发生。② 例如，目前中国乡村民主选举中出现的恶霸和强人操纵选举，以及大姓之间的矛盾因民主选举而重新出现和增大等问题，显示传统农村的社会结构和问题重新浮出了水面。再如，在推行民主化之后，台湾的政治形势使得外省人和本地人之间的裂痕（特别是在大选的时候）重新扩大。③

民主的直接选举并没有收到预期的民主统治（民主管理）之效，这是为什么呢？

问题出在对"多数"的理解上，即什么样的"多数"才符合民主的要义？熊彼特对西方民主给予了最简单又最得其精义的界定"竞争性选举"，所谓竞争性预示着今天的少数可以成为明天的多数，或者说今天被排除预示着明天被包括。也就是说"多数"是一个变动的多数，民主的前景亦取决于多数可以变成少数和少数能够变成多数。如果多数标准异化成了绝对的多数统治，如果民主竞争中有个永远的多数，民主便不再有民主的前景。萨托利在《民主新论》中对多数的绝对统治权的反民主性质进行了分析，他反对把民主等同于单纯的，从而是绝对的，多数统治，指出"民主就是多数统治这一口号是不正确的"，反复强调"多数原则要求的是可以改变的多数"。④

回到基层选举民主的现场。当民主的多数标准被理解成了"摆脱了

---

① 参见刘小妹《中国近代宪政理论的特质研究》，知识产权出版社 2009 年版，第 74—76 页。

② 关于宗族势力对村委会选举的制约已有不少研究文献。黑恶势力干扰村委会选举不仅屡见报端，2009 年 5 月中共中央办公厅、国务院办公厅更印发了《关于加强和改进村民委员会选举工作的通知》（中办发〔2009〕20 号），明确了坚决查处贿选，严打利用黑恶势力干扰换届选举的精神。

③ 赵鼎新：《民主的生命力、局限与中国的出路》，《领导者》2007 年第 18 期。

④ 参见［美］乔·萨托利《民主新论》，冯克利、阎克文译，东方出版社 1998 年版，第 27—36 页。

质量特征的数量标准"①，民主便失去了质量特征，剩下的也就是个"人头"尺度，因此不管是以金钱贿赂、暴力威胁，还是利用历史的、血缘的宗族势力，只要占了村庄人口的多数，便能通过最为民主的方式选举自己担任"村官"，进而为自己所在的群体牟取利益。其实这样的情景，对于近代中国来说并不陌生，民国时期走马观花式的选举，甚至被调侃以"猪仔议员""贿选宪法"的词牌，比当下有过之而无不及。正因为如此，民主的数量与质量问题成为一个值得深刻反思的现象。

西方的民主政治制度下，对民主的质量要求体现在对民主权利，特别是少数人的权利的保护上。在中国的宪法体制下，保障民主的质量特征不仅仅体现在人民的民主权利上，更有赖于"民主集中制"原则的保驾护航。这是一个值得探讨的问题，但不属于本书的研讨范围。在这里要表述的是，我国农村社会结构中存在的宗族势力与黑恶势力，借助"民主就是多数统治"的简单化理解，使选举民主的结果发生异化，干扰并限制了选举民主的发展。

（三）县级以上选举

乡镇长直接选举尽管因为宪法和民主质量的限制减缓了发展进程，但其毕竟是一种事实上的民主发展结果，今后也可以通过宪法和法律的修改以及对民主的多数原则内涵的重构而复兴。如此，我们不仅联想，可否借宪法、法律的修改及其他配套改革，进一步将直接选举或者竞争性选举向区长、县长乃至一府两院的选举推进？或者在另一个维度上，向县级以上人大代表选举扩展呢？

首先，是县长的选举。县长直选虽为很多乡村建设派所呼吁，亦具备一定的选举技术条件，但是基于宪法和政治体制的限制，县长选举的民主性在现实中只能以"公推公选"的方式来体现。

学者于建嵘认为县长直选可以分为两步走：其一，按照现行体制，真正按民主的原则来进行县级人民代表大会的代表选举，并使县级人民代表大会的代表专职化，再由县级人民代表大会的代表选举县行政长官；其二，经过五到十年，通过修改宪法，过渡到直接由全县选民直接选举

---

① ［美］乔·萨托利：《民主新论》，冯克利、阎克文译，东方出版社1998年版，第154页。

县行政长官。① 农村问题研究专家李昌平以自己多年的基层工作和研究经验认为"县长直选是必然趋势"。② 也有学者提出"通过直选县长及全国人大代表来根治腐败提高民主"的观点，认为"中国的县、市长民选亟宜早行"。③ 从现实条件来说，如今的县级人大代表直选为县长直选搭建了现成的技术平台，但是，与乡镇长直接选举一样，县长直选也缺乏宪法和法律的依据，其实际推行尚待宪法和地方组织法的修改作为前提条件。实践中，2003 年 11 月在江苏徐州市沛县以"公推公选"方式选出了全国第一个民选县长，可谓奏响了县长直选的前奏曲，④ 但是从"公推公选"到直接民选尚有很大的差距，基层选举民主的溢出效益到这里已经遭遇瓶颈，我们只能期待政治体制改革来进一步拓展选举民主的发展空间。

其次，是县级以上政府首长的选举。根据宪法规定的行政体制，从中央到省、市、县、乡，共五级政府层层领导。这些层级也会对选举民主产生限制。在选举政府首长方面，每往上推进一层都涉及宪法对整个政治体制的安排问题。从实践而论，基层民主选举撇开法律和体制的限制，其实际影响已经触及县级，但是若以为五级行政管理体制就像多米诺骨牌一样，只要敲动了乡镇长直选这第一块骨牌，推动力就会逐步传递到各级地方政府乃至中央政府，则不过是个浪漫主义的联想。县级已经触碰了制度的天花板，再往上便很难有扩展的空间了。

最后，是县级以上人大代表选举。在选举人大代表方面，因为人口规模等的限制，根据宪法和选举法的规定，直接选举目前仅推进到县级，那么往上"县人大间接选举市人大代表——市人大再间接选举省人大代表——省人大再间接选举全国人大代表"，共要历经三次间接选举。那么，代表的意志与人民的意志如何保持一致呢？

① 于建嵘：《保持司法对中央负责 推进县长直选》，新浪网，http：//news. sina. com. cn/pl/2009 - 02 - 05/104617154354. shtml，2020 年 2 月 29 日访问。

② 李昌平：《县长、乡长直选是必然趋势》，世界与中国网《背景与分析》第三十一期。

③ 满山红叶：《中国的县、市长民选亟宜早行》，中国选举与治理网，http：//www. china-elections. org/newsinfo. asp? newsid = 40757，2012 年 5 月 30 日访问。

④ 金冈：《全国首个公选县长将在沛县诞生》，江苏国税网，http：//www. js - n - tax. gov. cn/page/newsdetail. aspx? newsid = 36262，2012 年 5 月 30 日访问。

这两种意志是不可能完全一致的,这是一个基于理性和常识的经验判断。问题是如何应对这种不一致?卢梭对代表意志的怀疑是最彻底的,因此在他的解决方案中构建了充满浪漫主义色彩的"普遍意志",以此来消解"代表的意志"。然而,考虑到现代国家的规模,间接民主是唯一现实的方案,"代表的意志"亦是一个无法回避的现实存在,因此西方主流的应对方案是"精英论+参与民主",即以精英论来论证代表独立意志的正当性和有效性,再以参与民主补充间接民主的局限性。为了应对这种不一致,中国也秉承了西方民主理论的基本思路:论证正当性并辅以参与民主。当然,中华人民共和国是无产阶级革命夺取政权后建立的、以人民民主专政为国体的民主法治国家,对正当性的论证自然不可能走"精英论"的路线。我们是以"利益的一致性"来弥合意志的差异性。党、国家和人民的根本利益是一致的,即便代表与人民的意志不能完全一致,亦殊途同归于人民的利益。当然,随着经济体制改革和经济的发展,私有财产和私有财产权已经为宪法和法律所确认和保护,个人的利益开始多元化,但只要根本利益是一致的,代表的间接选举就有正当性,同样县级以上人大代表选举改革就没有现实紧迫性。如此,对于经济发展导致的个人利益的多元化,比较好的政治应对方法就是发展参与民主。

二 扩大有序参与

民主是一种制度,更是需要一直在现实的利益博弈中学习和培养的能力。一方面,基层民主的积极推进培养了公民的民主精神,并将随着市场经济的发展和社会治理的成长成熟,不断推动中国民主向更高、更广的空间发展;另一方面,乡镇长直选遭遇了合宪性问题,正当性与合法性之间的张力使基层民主改革进退两难,而参与民主恰好是对选举民主限度的有益补充,"扩大公民有序政治参与"便是基于这样的背景而兴起的。

2000年10月,中共中央关于"十五"计划的建议,第一次以党的文件形式,在基层民主建设中提出"扩大公民有序的政治参与"。2001年3月,九届人大四次会议批准的"十五"计划纲要正式确立:"加强城乡基层政权机关和群众性自治组织建设,扩大公民有序的政治参与,引导人民群众依法参与经济、文化和社会事务的管理。"和"加强社区民主建设"。此后，党的十六大、十七大、十八大和十九大继续推进政治体制改革，一如既往地强调了在基层民主建设中"扩大公民有序政治参与"的重要性，按计划、分步骤为公民参与政治决策、民主管理和民主监督提供条件，并在扩大公民参与的广度、深度和效率方面作了许多部署。

扩大公民有序政治参与是基层民主自治的重要组成部分，是基层选举民主的有益补充。准确理解"扩大公民有序政治参与"的含义，一是要如上文所述置于基层选举民主溢出效益的限度以及其与参与民主的互补关系中，二是要注重"扩大"与"有序"的相互促进关系。

第一，要正确理解"扩大"和"参与"的内涵。"扩大"是指在完善现有的政治参与方式的基础上，要不断探索出新的政治参与途径和政治参与形式，扩展政治参与的主客体范围。科恩将民主定义为"是一种社会管理体制，在该体制中社会成员大体上能直接或间接地参与或可以参与影响全体成员的决策"。他由此将衡量民主的尺度分为三个方面：广度、深度与范围。民主的广度是由公民是否普遍参与来确定的，属于民主的数量问题；民主的深度是由公民参与是否充分来确定的，它与民主的性质相关；民主的范围则是指全社会实际参与决定问题的多少及其重要程度，以及所起作用的大小，牵涉到的是民主的效能问题。① 由此，扩大包括"量"和"质"两个方面，前者是指扩大政治参与的途径和主客体范围，后者是指扩展参与的效果，即参与者表达的意见对决策的实际影响程度。②

"有序"是社会主义国家公民政治参与发展进程和速度的内在尺度，③它是指"通过国家的引导，把公民的政治参与行动整个地纳入到民主和法治的轨道上来，通过有效的制度设计和公民教育保证公民政治参与在民主和法治的制度框架下良性运行"④。具体包括党的领导、高起点、依法、秩序、程序、适度、手段等基本特征。⑤

---

① ［美］科恩：《论民主》，商务印书馆 2004 年版，第 10 页。

② 参见王维国《公民有序政治参与的途径》，人民出版社 2007 年版，第 177—178 页。

③ 吴自斌：《政治参与：社会主义政治文明的重要内容》，《西南民族大学学报》（人文社会科学版）2004 年第 5 期。

④ 林尚立：《上海政治文明发展战略研究》，上海人民出版社 2004 年版，第 239 页。

⑤ 朱贵平：《论政治文明视域中我国公民政治参与的有序性要求》，《理论探讨》2005 年第 3 期。

第二，"扩大"需要"有序"来做保证。扩大公民政治参与的深度和广度，提高参与的质量要以宪法和法律规定的政权结构和程序规范为保障。"有序"就是建立和遵守法治，即合法化、理性化和程序化。"有序"给出了我国公民参与民主政治的基本条件和程度限定，要求政治参与主体依照有关法律法规，有秩序、分步骤地参与政治过程，这是社会主义民主政治的本质要求，也是现代民主政治的一种具体体现。① 因此，一方面扩大公民政治参与要求加快政治参与秩序方面的立法步伐，另一方面随着民主建设水平的提高，民主对秩序确立本身的决定力度也应提高，即秩序或者说宪法和法律规范的合法性、科学性和有效性也需要通过扩大公民参与的范围和程度来体现和加强。

第三，扩大公民有序政治参与中的参与民主有个规模和范围的限制，即基层民主。萨托利在《民主新论》中把参与定义为亲自参加，并认为参与民主在本质上是在讨论工业民主和其他各种微型民主。由此他提出了参与的规模问题，认为参与的确切性和有效性应由比例来表示：1∶10；1∶100；直到1比几千万，因此参与民主不带有普遍性，不能扩大到巨型民主。② 他进而提示，对参与进行毫无节制的赞美，"有可能使公民想入非非，造成一种他试图建立的原则在其中毫无用处的境况。"③ 佩特曼在其代表作《民主和参与理论》中同样认为，"公民参与政治最恰当的领域是与人们生活息息相关的领域，如社区或工作场所，因为这是人们最为熟悉也最为感兴趣的领域。"④ 本书将对当前中国政治体制中的公民参与研究限定在城乡社区的范围内，也正是基于这些学术前辈的研究成果和忠告。再者，从党和国家的政策文件来看，"扩大公民有序政治参与"也是首先在加强基层民主建设的主题下提出并付诸实践的。

第四，是基层参与民主的溢出效益。如前所述，参与民主是对选举民主的一个补充，但其本身也涉及一个规模问题。民主规模的发展是一

---

① 参见王维国《公民有序政治参与的途径》，人民出版社2007年版，第178—179页。

② 参见［美］乔·萨托利《民主新论》，冯克利、阎克文译，东方出版社1998年版，第179页。

③ 同上书，第276页。

④ ［美］卡罗尔·佩特曼：《参与和民主理论》，陈尧译，上海世纪出版集团2006年版，第9页。

种质变，故而小范围的、基层的直接选举和参与民主并不能简单地向上层的五级政府扩展。虽然如此，参与民主理论的先哲科尔仍认为，可以通过微观领域的参与民主的"侵蚀控制"作用，来实现社会的民主化转型。① 阿尔蒙德、维巴以及佩特曼等实证主义民主理论家通过卓有建树的研究表明，基层的、微观的参与民主，乃至非国家政权组织结构内的、非民主权威结构内的公民参与对于更广泛的、更高层的国家政治领域的民主化可能产生的影响和推动作用。佩特曼更在《参与和民主理论》一书的最后表达了对参与性社会以及全国性政治体系上的参与民主的理想："当把参与问题以及参与在民主理论中的地位置于比当代民主理论说提供的更为广阔的环境中时，以及将实证材料与理论问题结合起来时，很显然，寻求更多的参与，以及参与民主理论本身，并非如人们所通常认为的，是建立在一种危险的幻觉之上，也不是建立在过时的、非现实的理论基础之上。我们仍然拥有一种现代的、富有生命力的、以参与理论为核心的民主理论。"②

佩特曼对工业领域参与民主的研究方法及结论，对当下中国的城乡社区参与民主建设具有相当实用的借鉴意义。一方面，从宪法和法律的现行规定为城乡社区公民参与以及这种参与民主的溢出效益的可能性提供了空间。如现行《宪法》第2条开宗明义："中华人民共和国的一切权力属于人民。……人民依照法律规定，通过各种途径和形式，管理国家事务，管理经济和文化事业，管理社会事务。"立法法第5条规定："立法应当体现人民的意志，发扬社会主义民主，坚持立法公开，保障人民通过多种途径参与立法活动。"此外，大量的单行法律和行政法规规定了公民参与行政权力行使过程的制度和程序，最典型也是最为有效的就是听证制度。此外，党的十七大报告强调："坚持国家一切权力属于人民，从各个层次、各个领域扩大公民有序政治参与，最广泛地动员和组织人民依法管理国家事务和社会事务、管理经济和文化事业。"虽然党的文件

---

① 转引自［美］卡罗尔·佩特曼《参与和民主理论》，陈尧译，上海世纪出版集团2006年版，第56页。

② ［美］卡罗尔·佩特曼：《参与和民主理论》，陈尧译，上海世纪出版集团2006年版，第103—104页。

不具有直接的规范效力，但在中国的政治体制中无疑具有引领的作用。另一方面，实践中，随着改革开放的深化，特别是市场经济的蓬勃发展，政治、社会、文化领域也发生了一系列深刻变化：公共领域和私人领域得以初步分离，人的独立性和自主性得到肯定和强化，社会组织正在孕育成长，体制外的民主因素开始萌动，体制内的民主因素被逐步激活。基于经验的观察，不难得知这种民主进程在序列上是从基层向高层逐步推进的，党和国家对这种自下而上的民主要求予以了积极回应。① 因应经验的观察，一些研究中国基层民主制度的当代学者，将基层群众自治视为中国民主政治发展的重要的逻辑起点和现实基点。② 在城市社区，公民除了参与社区自治和社区建设事务外，还或在政权机构的动员下或积极主动地参与立法、行政领域和部分司法领域的决策过程的部分参与，后者成为独具中国特色的社区公民参与形式。

需要强调的是，基层参与民主的溢出效益虽然在理论上、宪法和法律规范上是可能的，在实践中也有鲜活的实例并正呈发展的势头，但我们对参与民主向上扩展的进程和范围不可简单乐观和盲目冒进。因为，根据上述学者的规范分析和实证研究，参与民主溢出效益的机理是通过参与的教育功能、参与的政治效能感以及参与所培育的公民品格和技能塑造的一种社会风气。这是心理的和文化的影响，必定是一个缓慢而渐进的过程，对此我们必须有清醒的认识。

第五，是参与民主与选举民主的互补关系。萨托利提示我们"民主过程正是集中体现在选举和选举行为之中"，同时，"我们也要记住，选举是一种无连续性的初级行为，在各次选举之间，人民的权力基本上一直处于休眠期，大规模选举中的选择同具体的政府决策之间，也存在着巨大的断裂带。"③ 因此，我们一方面可以说，无论参与在民主理论和实践中如何重要，它也无法取代选举民主在大规模民族国家中的基奠作用；

---

① 张定淮、涂春光：《当代中国政治发展的战略与策略》，李惠斌、薛晓源主编《中国现实问题研究前沿报告（2005—2006）》，华东师范大学出版社 2006 年版，第 237 页。

② 林尚立：《基层群众自治：中国民主政治建设的实践》，《政治学研究》1999 年第 4 期；李元书：《政治现代化过程中的基层群众自治》，《学习与探索》2000 年第 4 期。

③ ［美］乔·萨托利：《民主新论》，冯克利、阎克文译，东方出版社 1998 年版，第 97—98 页。

另一方面，选举不制定政策，选举只决定由谁来制定政策，参与民主是对选举和具体的政策决策之间断裂带的有效弥合。

第三节　基层自治的法治语境

一　基层自治的法治之维

党的十八届四中全会提出全面推进依法治国，要坚持法治国家、法治政府、法治社会一体建设，这是对法治中国全方位建设的顶层设计和整体部署。其中法治社会主要指相对于国家公权力的政党和其他社会共同体行使社会公权力的法治化，① 既需要法治国家、法治政府的保障，又是法治政府、法治国家建设的基础和条件，是建设中国特色社会主义法治国家的重要组成部分。基层自治制度是社会主义民主最广泛的实践形式之一，也是社会法治建设最重要的场域之一。笔者拟在全面推进依法治国的法治建设目标和语境下，基于多年的大量调研，通过理论分析和实地考察，阐述基层自治制度作为社会法治建设的重要组成部分的多重法治维度：既是社会法治建设的直接体现，又参与和促进法治国家、法治政府建设；既需要国家法治建设的有力保障，又为法治建设提供坚实基础和培育发展要素。

首先，基层自治是国家治理体系的重要组成部分，从全面实施依法治国方略，实现国家治理体系和治理能力现代化，实现国家长治久安的高度，应为基层自治提供更全面、更有力的法治支撑和法治保障。包括加强宪法基层自治条款的贯彻实施，完善基层自治法律体系建设，加强对基层自治权利的司法救济和保护等。从目前的法律规范体系来看：一是，现行宪法在篇章结构上，将对基层群众自治组织的规定置于第三章"国家机构"中的第五节"地方各级人民代表大会和地方各级人民政府"之中，这与居民委员会、村民委员会社会自治组织的性质、功能和特征并不吻合。二是，《居民委员会组织法》《村民委员会组织法》作为基层群众自治的基础性、支架性立法，法律规定滞后于当前社会发展的需要。《村民委员会组织法》2010 年修改后对村民委员会选举、村民自治、村务

---

① 姜明安：《论法治中国的全方位建设》，《行政法学研究》2013 年第 4 期。

监督等作了完善，但依然与村民自治制度的现实需求存在差距；《居民委员会组织法》颁布于 1989 年年底，在经济社会 20 多年的快速发展后，已经不能适应社区治理和社区建设的需要，社区发展中出现的许多新的现象和新的问题亟须修改《居民委员会组织法》来加以规范。三是，基层自治法缺位。基层群众自治在经历了组织构建和制度成形两个阶段后，目前已进入功能实现阶段。① 在组织构建和制度形成阶段，组织法的立法是重点，目的是明细政府行政权力与基层自治组织自治权利的边界，规范不同自治组织之间的关系；在社区治理功能实现阶段，立法的重点在自治权的法律保障，即明确社会自治权以及公民与国家之间、不同层次的自治体之间的权利内涵和边界。因此，笔者认为基层自治法律体系建设，应与基层自治的二元结构相对应，采取村（居）委会组织法二元立法与自治行为统一立法相结合的路径，构建保障基层自治有序发展的法律规范体系。因此，制定一部在城乡统一适用的"基层自治法"，② 成为基层民主自治建设法治保障中的一项紧迫任务。四是，相关立法、配套立法应及时衔接、协调统一。与居民委员会、村民委员会职责相关的国家立法，以及居委会组织法、村委会组织法在地方的实施立法，是一个庞大的法律规范体系，其中立法之间不协调不平衡的、立法滞后的情况大量存在，比如《城市街道办事处组织条例》仍是 1954 年制定的，与居委会组织法的规定严重脱节。2009 年废止后，又没有新的街道办事处立法与居委会组织法衔接。

其次，基层自治是法治社会建设的重要组成部分。治理法治化是治理现代化的内在要求，城乡社区治理的法治化建设是我国国家治理现代化的基础。对社会自治来说，法治的意义在于：一方面，社会自治组织的规约是法治的基本要素之一，如"市民公约、乡规民约、行业规章、团体章程等社会规范在社会治理中的积极作用"，"发挥人民团体和社会组织在法治社会建设中的积极作用"，亦即，社会自治由法律、法规以及社会规范体系来规范和约束。另一方面，社会自治必须是自治的并不受外力的控制，只服从于宪法法律的规范和约束，"自治意味着不像他治那

---

① 林尚立：《基层群众自治：中国民主政治建设的实践》，《政治学研究》1999 年第4 期。
② 蔡辉：《关于〈基层自治法〉的立法设想》，《岭南学刊》2015 年第6 期。

样，由外人制定团体的章程，而是团体的成员按其本质制定章程"。①

据此，《村民委员会组织法》第 10 条明确规定："村民委员会及其成员应当遵守宪法、法律、法规和国家的政策，遵守并组织实施村民自治章程、村规民约。"党的十八届四中全会通过了《全面推进依法治国若干重大问题的决定》，明确提出"增强全民法治观念，推进法治社会建设"的目标，强调"推进多层次多领域依法治理"，要求"发挥市民公约、乡规民约、行业规章、团体章程等社会规范在社会治理中的积极作用"。党的十九大报告也强调要"加强农村基层基础工作，健全自治、法治、德治相结合的乡村治理体系"。正是因为软法可以规避硬法在基层治理中的僵化刻板，代之以小范围共识规范，柔性约束，高度灵活性等特点，更适应我国幅员辽阔、南北差异大的国情，所以在法治国家、法治社会建设中，需要进一步提高乡规民约、村规民约的地位，高度重视乡规民约、村规民约的价值，全面发挥乡规民约、村规民约的作用，并在乡村治理中充分运用乡规民约、村规民约。目前，在国家法律和政策的推进、支持和保障下，我国农村地区已经普遍制定了村规民约，实现基层自治和社区建设中硬法与软法的综合规制，实现政府治理和社会调节、村居民自治良性互动，打造共建共治共享的社会治理格局，取得了积极的成效。

最后，法治要为基层自治"溢出效益"的发挥提供保障，即要为村居民参与国家法治建设的行为提供规范和保障。比如公民参与立法、参与行政决策、参与司法、参与公共预算等的参与机制、参与程序、参与的效果等都应该制度化、规范化，用法律保障公民参与国家法治建设的权利，建立意见反馈机制，提高公民参与的政治效能感。进而发挥基层自治为法治建设提供坚实基础和培育发展要素的作用，促进法治文化的形成。

总而言之，基于对中国政治的民主化道路的不断思索和兴趣，促成了本书的选题和研究。"基层群众自治制度"，是依照宪法和法律，由居民（村民）选举的成员组成居民（村民）委员会，实行自我管理、自我

---

① ［德］马克斯·韦伯：《经济与社会》（上卷），林荣远译，商务印书馆 1997 年版，第 79 页。

服务、自我教育、自我监督的制度。基层群众自治制度与人民代表大会制度、中国共产党领导的多党合作和政治协商制度、民族区域自治制度一起，都是我国的基本政治制度。从改革开放四十年基层治理的实践来看，由于缺乏现代民主理论的指导和行政干预的存在，基层自治运转形式化严重，民主自治的效能效益未充分发挥。

一方面，基层自治兴起前缺乏充分的理论准备，兴起后缺乏足够的理论支持，由此造成了基层自治理论与实践严重脱节和滞后的状况。① 另一方面，国家政权既是推进基层自治的重要动力，同时又不断提升社会控制和动员能力，由此社会结构在发生变化的同时，政权控制也在不断强化。"权力机构挤占社会空间，吸纳社会资源，但却并不能生产出自组织的公民社会，以及真正意义上的社会生活"②，其结果，社会分化和利益群体的多元化不能在法治与自治的规制下各安其位，而是引发出大量社会纷争和群体性事件，这深刻反映了基层自治实践中法律实施受到阻滞而促发了"法律反功能"③ 扩大化。

由上，本书拟在中国基层民主自治改革和法治建设语境下，基于对基层选举民主和社区参与民主的实践考察，一是通过对参与民主理论，特别是城乡社区中的群众参与理论的梳理和分析，思考构建中国式的参与民主理论的路径；二是梳理基层自治的法律依据，探究基层自治领域法治建设的多重维度和具体途径。

二 基层自治的规范依据

发展和完善符合中国现实国情的基层自治，是切实实现基层民主权利和政治权利的保障，也是中国民主建设和人权事业发展的重要途径和内容。在现行法律框架下，基层自治的法律依据主要由四个部分构成：一是《中华人民共和国宪法》，这是基层自治的根本法依据；二是《城市

---

① 徐勇：《中国农村村民自治》，华中师范大学出版社1997年版，第15页。

② 郭于华：《解析共产主义文明及其转型——转型社会学论纲》，《二十一世纪》2015年第6期。

③ 付子堂：《法律功能论》，中国政法大学出版社1999年版，第56页。"法律的反功能是指法律的实现将引发社会内部的关系紧张，分割社会体系内部的协调、稳定局面，降低社会系统的活力。"

居民委员会组织法》和《村民委员会组织法》，这是基层自治的基础性、支架性法律；三是《物权法》《物业管理条例》等涉及基层自治规范内容的相关法律和行政法规；四是《城市居民委员会组织法》《村民委员会组织法》的配套性实施立法，主要是各部委和地方立法机关为落实宪法和居民委员会组织法、村民委员会组织法，而制定的部门规章和地方性法规、地方政府规章。关于基层自治法律规范依据的详情，请参阅第二章关于"基层自治的法律体系建设"中的阐述。

小　结

从选举式民主由农村到城市再到基层政权的发展，从基层参与式民主的出现到深入发展，从由基层公共预算改革到基层政治体制改革的实践，中国基层民主自治的发展逐渐从社会层面走向政治层面，从单一模式走向多样化。中国基层民主自治的发展，首先离不开各级政府面对经济和社会变化而进行的主动调整和创新，同时也离不开专家学者的介入推动和人民群众的积极参与，唯有各方的良性互动与通力合作，中国基层民主自治的发展才会持续进行下去。而民主作为一种保障公民权利与自由的程序和机制，如果能够由基层持续深入发展，也必将为中国的进一步发展奠定良好的基础。

在基层民主建设中，选举民主和参与民主是一种互补的关系。基层直接选举改革由于体制和法律的限制，很难，甚至在宪法和法律修改之前都不应该向上层政权延伸，因此也就更不可能对国家层面的民主政治建设和改革起到示范或带动的作用；参与民主则由于其本身及法律规定所具有的灵活性和宽泛性，可能通过对政治效能感的培育和对公民参与技能的训练，从心理上、文化上带动整个国家和社会的民主建设和民主转型。

"参与"从来都不是抽象的，而是建立在特定体制、意识形态以及文化因素之上的；同理，社区参与亦是一个动态的、历史的、实践的社会概念，在具体时空语境下具有特定的社会意涵，因此，考察具体的社会背景与政制语境有助于我们理解"参与"的概念，更裨益于对"社区参与"相关问题的检视与思考。

社区是公民参与公共生活和公共事务管理的实验场，因此在很大程度上，社区民主的培育和发扬，其意义并不仅在于构建城市的和谐秩序。更重要的是。如同乡村民主生成了一个世界上最大的"民主训练班"，进而彻底改变了中国农民的政治角色，城市居民经由社区民主的训练，其公民精神、民主理念和权利意识也势必发生质的飞跃。而这种扎根于城市基层的民主种子，也为更广阔、更高级的民主实验提供了可能性。如果说，中国农民曾经为基层民主做出了破冰式的贡献，那么，在未来的岁月里，我们有理由期待中国城市能厚积薄发、后起直追，为民主前行带来更多的突破和惊喜。①

---

① 阿计：《城市基层民主的路径选择》，《公民导刊》2006 年第 1 期。

第二章

改革开放40年基层自治的
法治化历程

虽然中国早在晚清民国就有了基层自治的萌芽和实践，但当前在农村和城市践行的基层民主自治则发生于改革开放的新时期。1980年年初，中国进入改革开放新时期不久，广西河池合寨村（合寨大队）村民在当地党组织的领导下，大胆冲破体制束缚，以差额选举的方式产生了中华人民共和国第一个村民委员会，组织村民讨论制定《村规民约》，率先实行村民自治。从此，中国基层民主进入了村委会发展的重要时期，广大基层普遍开始实行以民主选举、民主决策、民主管理、民主监督为主要内容的基层群众自治制度。

与中国近代历史上的乡村建设和地方自治相比，改革开放以来广泛建立的基层群众自治具有鲜明的特点：

一是，基层自治的主体更加广泛。即它在改革开放的时代主题下，突破了长期以来的"阶级斗争"的观念，以建设和发展为目标，赋予了更广大的人民群众以更大的自治权，这是中国历史上任何时期都无法比拟的。

二是，基层自治的范围更加广阔。"忽如一夜春风来"，从合寨村建立第一个村民委员会，几乎在一夜之间，中国基层尤其是广大农村的每个村落都进入了轰轰烈烈的基层民主自治建设和发展进程。

三是，基层自治的民主基础更加切实。改革开放以来的基层自治是以民主选举、民主决策、民主管理、民主监督为内涵的，去行政化的、权力下放的新治理理念和治理模式。邓小平说："把权力下放给基层和人民，在农村就是下放给农民，这就是最大的民主。我们讲社会主义民主，这就是一个重要内容"；"农村改革是权力下放，城市经济体制改革也要权力下放，下放给企业，下放给基层，同时广泛调动工人和知识分子的积极性，让他们参与管理，实现管理民主化"；"调动积极性是最大的民主"、"调动积极性，权力下放是最主要的内容。我们农村改革之所以见效，就是因为给农民最多的自主权，调动了农民的积极性"。[①] 可见，改变政府职能，尤其是改变以行政命令为主的中国基层治理体制，让人民群众自己管理自己，即实行真正的民主自治，是邓小平基层民主思想的核心。[②]

第一节　基层群众自治制度的建立

基层群众自治是民主的一种重要形式。在我国，基层群众自治区别于地方自治、民族区域自治和特别行政区的高度自治，是指在基层社会生活中人民群众广泛参与公共事务管理，实行直接民主的一种制度，属于国家与社会的分权。具体而言，它包括农村村民自治和城市社区居民自治，其组织形式在农村为村民委员会，在城市为居民委员会。农村基层群众自治，是指广大农村群众以相关法律法规政策为依据，在农村基层党组织领导下，以自然村或几个相邻自然村为基本范围，依托农村基层群众自治组织，直接行使各项民主权利，实行自我管理、自我服务、自我教育、自我监督的民主制度。基层群众自治是我国特有的自治形式，基层群众自治包括村民自治、城市居民自治，经历了一个从萌芽到发展的过程。

一　村民自治制度的发展历程

作为农村基层民主的重要形式，村民自治开启了新时期民主政治建设的序幕，激发出了发展民主政治的理论探讨空间和实践探索舞台。关于村民自治制度的发展历程，以现行宪法颁行、1987 年《村民委员会组

[①] 《邓小平文选》（第 3 卷），人民出版社 1993 年版，第 180、242、252 页。

[②] 赵秀玲：《"微自治"与中国基层民主治理》，《政治学研究》2014 年第 5 期。

织法（试行）》颁行、1998 年《村民委员会组织法》颁行、2010 年《村民委员会组织法》修改为关键节点，有学者认为村民自治的历史发展，可以划分为四个阶段，即起源阶段、试行阶段、全面推行阶段和深化发展阶段。[①] 也有学者认为村民自治制度的演进历程大致可以分为三个阶段：从 1978 年年末到 1982 年村民自治的入宪是村民自治制度的萌芽阶段；从 1982 年到 1998 年《村委会组织法》的正式颁布实施是村民自治制度的形成阶段；从 1998 年至今及以后相当长的一段时期是村民自治制度的发展阶段。[②] 笔者基于村民自治立法的历程，结合农村基层群众自治制度的实践发展，将改革开放近四十年来的村民自治制度分为以下三个阶段：

1. 初创阶段：改革开放初期至 1987 年《村民委员会组织法（试行）》颁行

乡村不仅成为经济改革的策源地，而且也是政治改革的策源地。中华人民共和国成立后，人民公社制度通过自上而下的国家强力介入实现了对乡村社会体制的整合，这是适应全能主义国家整合乡村社会需要的一种治理体制。同时，由于人民公社制度在运行过程中存在如过于强调集体利益，忽视农民的个体利益，村民对公社有着较强的人身依附关系等问题，制约了村民政治参与自主性的提高和乡村社会经济的发展，不利于培养村民的民主、平等、自由以及契约精神。人民公社体制虽然能够将分散的农民整合到国家政权体系中来，但它在改善农民生活质量、赋予农民民主权利方面作为较小。随着农民经济上的贫困化，累积的社会矛盾越来越多，乡村社会出现严重的治理危机。人民公社化制度解体后，带来农村社会秩序混乱、思想道德滑坡甚至出现了无政府主义的倾向，使得农村在一段时间内出现了权力的真空。我们在摧毁了不适合生产力与生产关系的人民公社制度后，广大农村迫切需要产生的新的制度来实现农村的有效治理，填补农村的制度治理的空白。

20 世纪 70 年代末期，我国以家庭联产承包制为核心的农村第一波次

---

① 刘义强：《村民自治发展的历程、经验与机制探讨》，《华中师范大学学报》（人文社会科学版）2008 年第 6 期。

② 李开钦：《我国村民自治制度的演进》，《濮阳职业技术学院学报》2014 年第 5 期。

改革启动之后，极大地提高了农民生产的积极性，但是"政社合一"的人民公社制度退出历史舞台，也导致了乡村管理的权力真空，带来农村社会秩序混乱、思想道德滑坡甚至出现了无政府主义倾向等问题，广大农村迫切需要产生新的适应现代国家整合乡村社会需要的组织和机制，来实现农村的有效治理，填补农村治理的空白。正是在这样的时代背景下，国家启动了村民自治制度建设。

马克斯·韦伯曾指出，无论从法律上或实际上来看，中国的农村都具有了地方自治体的行动能力。① 1980 年 2 月，中国进入改革开放新时期不久，广西河池合寨村（合寨大队）村民在当地党组织的领导下，大胆冲破体制束缚，以差额选举的方式产生中华人民共和国第一个村民委员会，组织村民讨论制定《村规民约》，成立村民委员会，率先组织农民自我管理、自我教育和自我服务，实行村民自治。② 这一创举迅速得到党和国家重视和支持，也标志着中国基层民主进入了村委会发展的重要时期。此后，国家公权力开始从农村"抽离"，农村土地、劳力和资本的最高决策者、支配者和收益者不再是政府，而是由农户自主经营和决策，支持和承认了农民的自治权利。③

1982—1987 年，是村民自治组织普遍建立阶段。如上文所述，1982 年现行宪法，总结了各地农村改革的实践经验，用国家根本大法的形式首次载明："城市和农村按居民居住地区设立的居民委员会或者村民委员会是基层群众性自治组织。居民委员会、村民委员会的主任、副主任和委员由居民选举。居民委员会、村民委员会同基层政权的相互关系由法律规定。"宪法的规定，确立了村民委员会的法律地位，明确规定村民委员会是我国农村基层社会的群众自治组织，进而指明了农村社会实行村民自治的发展方向。

1982 年中共中央下发的第 36 号文件，要求全国各地开展建立村民委员会的试点工作。1983 年 10 月，中共中央、国务院下发《关于政社分开

---

① ［德］马克斯·韦伯：《儒教与道教》，洪天富译，江苏人民出版社 1993 年版，第 111 页。

② 徐勇：《伟大的创造从这里起步——探访中国最早的村委会的诞生地》，《炎黄春秋》2000 年第 9 期。

③ 贺海仁：《村民自治：中国民主政治实践的重要组成部分》，《人民论坛》2016 年 9 月（中）期。

建立乡政府的通知》，正式宣告工农商学兵"五位一体"的人民公社体制的终结，要求在改革"政社合一"的农村管理体制的同时，建立乡政府，并按村民居住状况设立村民委员会。《通知》明确要求在农村建立由村民选举产生的村民委员会，并对村民委员会的设立、职能、产生方式进行了初步规定。此后，全国普遍撤销生产大队设立村民委员会。据有关部门统计，当时每年全国建立的村委会分别是：1983 年为 31 万多个；1984 年为 92 万多个；1985 年为 122 万多个，1986 年为 86 万多个（数据对比见表1）。到 1985 年年底，村委会全部取代了原先的生产大队，村委会的设立工作在全国范围内基本结束，村民自治的组织载体和制度初步形成。

表1　　　　　　　　　1982—1985 年全国农村生产大队、生产队、

村民委员会的数量①　　　　　　　单位：万个

年份	1982	1983	1984	1985
生产大队	71.9438	55.0484	0.7046	0
生产队	597.7	457.5	12.8	0
村民委员会	试点	19.9657	92.6439	94.0617

1987 年 11 月，全国人大常委会制定《村民委员会组织法（试行）》，把宪法所确立的村民自治原则具体化，标志着村民自治的初创时期的圆满结束。村民自治的初创时期主要解决了以村民委员会为载体的组织建设问题，明确了村民委员会的群众自治组织性质，并初步探索了如何用民主自治办法选举村委会干部、管理村级公共事务的形式。自此，以建立村民委员会为标志的村民自治活动，在全国范围内开展起来。我国农村走上了一条在家庭联产承包制基础上组织领导农民、发展农村基层民主的新路子。这个时期，对村民自治的认识和实践实现了从思想分歧较多到逐步统一，从示范探索到基本普及。

2. 全面推行阶段：1987—1998 年《村民委员会组织法》颁行

《村民委员会组织法（试行）》颁布后，村民自治由农民群众的自发

---

① 数据来源：《中国统计年鉴》，1983 年、1984 年、1985 年、1986 年，第 148、131、237、147 页。

活动和局部探索，步入了法制化建设阶段。不仅如此，《村民委员会组织法（试行）》还和 1954 年全国人大常委会制定的《城市居民委员会组织条例》相配套，标志着我国基层群众自治制度的形成。实行基层群众自治，办好村民委员会和居民委员会，是国家政治体制的一项重大改革，对于扫除封建残余的影响，改变传统习惯，实现人民当家作主，具有重大而深远的意义。

1988 年，民政部推动全国 1093 个县级单位进行了贯彻《村民委员会组织法〈试行〉》的试点工作，20 多个试点省（区）颁布了本省（区）的实施办法。1990 年中央组织部、民政部等多个部门在山东莱西市召开全国村级组织建设工作座谈会，总结了莱西经验，有力推进了村委会选举的进程，初步明确了村民自治的基本内容。1991 年起，民政部在全国范围内开展村民自治示范活动，以推动全国的村民自治工作。村民自治示范工作取得了巨大进展。到 1994 年，全国大多数省份配套制定了《村民委员会组织法（试行）》实施办法。各地的积极探索使得村民自治活动从抽象到具体，村民自治的机制日渐制度化和体系化，村民自治的形式越来越丰富，如吉林梨树的海选、山西河曲的两票制、山东招远的村民代表会议、山东章丘的《村民自治章程》，等等。经过示范探索，以"民主选举、民主决策、民主管理、民主监督"为主要内容的村民自治制度框架逐步建立。1997 年，"四个民主"写入中国共产党的十五大报告。1998 年通过和实施的《村民委员会组织法》对"四个民主"又作了具体规定。

在这个阶段，村民自治从基本普及到全面展开，从综合均衡推进"四个民主"到开展农村社区建设，建设社会主义新农村，村民自治的制度体系逐步完善，自治组织逐步健全，民主形式更加多样，民主自治理念更加深化，技术程序愈益完备，在改善农村社会治理，促进民主政治发展方面都发挥了重要作用。1998 年，党的十五届三中全会对村民自治给予高度评价，指出"扩大农村基层民主，实行村民自治，是党领导亿万农民建设有中国特色社会主义民主政治的伟大创造"。

总体上来说，经过近 20 年的艰苦努力，村民自治制度逐步内化为亿万农民群众不可剥夺和不可转让的民主权利，我国农村社会和农民经由村民自治的政治实践和训练，实现了农村社会的组织重建；村民自治也在政治上初步解决了现代化进程中如何将乡村改造和社区重建有机结合起来的难题。

3. 深化发展阶段：1998 年至今

随着 1998 年以来《村民委员会组织法》正式通过和全面贯彻实施，全国 31 个省（区、市）全部制定了村民委员会组织法实施办法，一些省还制定了《村民委员会选举办法》和《村务公开办法》等地方性法规和实施细则，为村民自治提供了法律保障和制度保障。与《村民委员会组织法（试行）》相比，《村民委员会组织法》在体例结构上更加完善；村民自治的内容更加丰富；村民委员会组织的建制和职责也有了新的规定；对村民委员会选举进一步强调民主化、程序化和规范化；同时增加了村民代表会议的内容，赋予其合法性；对村务公开制度也作了具体规定。《村民委员会组织法》这一系列新内容的"正式"颁布，标志着村民自治工作正式进入一个依法建章立制、全面提高村民自治水平的新时期。如果说"试行"更多地体现在地方特色、地方性建设，那么村民自治的深化发展阶段主要体现在村民自治的正规化、普及化、标准化。在这个阶段，不少省份农村进行了大规模、制度化、规范化的换届选举工作，大大激活了村民的民主热情。同时，村民自治在依法治国的原则下，呈现出行政推动和法律制度建构双强推动的格局。

以 1998 年《村民委员会组织法》为标志，村民自治组织体系建设的初级阶段已完成，进而发展到组织体系内部的职权分工阶段；而且，随着农村社会的发展，村民委员会之外的其他组织被赋予了越来越多的职责，这一现象也成为村民自治向纵深发展的一种体现。就当下村民委员会的功能而言，村民委员会"只不过是基层自治的一种组织形式而已"①，更准确地说，村委会是基层自治的执行组织，其本身并不足以完全体现作为村民自治基本精神的"四个民主"。在一些涉及全村重大利益的事项上，村民委员会必须提交到村民会议或村民代表会议上进行讨论，换言之，村级民主决策的组织形式应该是村民会议和村民代表会议，民主决策的主体并不专指村民委员会。至于民主管理，一般指的是村民自治章程与村规民约等村级规则的制定，这一行为的主体，也是村民会议或村

① 刘茂林：《中国宪法导论》，北京大学出版社 2005 年版，第 385 页。

民代表大会，村民委员会只是一个组织者的角色。而民主监督的承担者，则是村级民主监督机构，村民委员会属于被监督对象。由此可见，1998年《村民委员会组织法》一个最为严重的问题就是关于民主管理、民主决策与民主监督的主客体身份的颠倒，这势必会造成对村民自治权的狭隘理解和对村民自治制度的以偏概全，从而引发了理论与实践的一系列偏差。

　　2007 年，党的十七大报告史无前例地把基层群众自治制度确立为我国社会主义民主政治的四项制度之一和中国特色社会主义政治发展道路的重要内容，村民自治的地位得到极大提升。这一阶段的主要特点是在强化国家对乡村社会的公共服务能力和社会保障制度建设的基础上，运用多种资源促动村庄社会内部的社会组织发育，以建构支撑村民自治制度运转的公民文化和组织体系。一方面，村民自治属于直接民主形式的自治。村民自治符合社区直接民主制度存在的基本条件：地域狭小、人们相互间比较熟悉、事务简单易于讨论和表决等。[1]　其中，不同的村民自治组织承载着村民自治权不同维度的价值，它们各自的职权分工及相互之间的多重关系才是村民自治制度的主线，才是村民自治权的核心。另一方面，从最新的经验出发我们会发现，村民自治一直备受诟病而且困顿难行的原因在于其治理的组织单元过大，而治理单元的细化和下沉，"微自治"[2] "小社区自治"是其进一步发展的方向之一，其优势在于对现有村民自治条件下无法解决的公共服务、集体发展、社会秩序、社会关联和民主权利等方面的难题的化解提供了新的思路。由产权相同、利益相关、血缘相连、文化相通、地域相近"五个因素"共同决定的"农村基层治理的基本单元"，[3]　其因为治理单元小、集体行动易于达成、利益关联密切和激励及时有效等特点，在农民组织化、农民公共利益和农民公共生活的创建等方面都大有作为。[4]

---

　　[1]　《顾准文集》，贵州人民出版社 1994 年版，第 73 页。

　　[2]　赵秀玲：《"微自治"与中国基层民主治理》，《政治学研究》2014 年第 5 期。

　　[3]　邓大才：《中国农村村民自治基本单元的选择：历史经验与理论建构》，《学习与探索》2016 年第 4 期。

　　[4]　刘强、马光选：《基层民主治理单元的下沉——从村民自治到小社区自治》，《华中师范大学学报》（人文社会科学版）2017 年第 1 期。

村民自治不仅有利于农村社会的稳定和发展，而且可以切实保障农民的民主权益，并对现代化的社会主义民主政治建设产生良好的基础性作用和示范作用。2010年《村民委员会组织法》修改，从篇章结构、规范内容的角度回应了上述《村民委员会组织法》实施过程中突显出来的问题，进一步为农村基层自治中的"四个民主"的落实，为基层自治制度从组织法律制度建设，向自治组织与自治行为法律制度并建提供了基本法律依据，为村民自治制度的健康运行和发展完善奠定了基础。

二 居民自治制度的发展历程

中华人民共和国的基层群众性自治组织最早发育于城市。1951年4月，上海市人民政府召开上海市街道居民代表会议，将2000多个具有自治性质的联防服务队改为居民委员会，明确居民委员会是群众自治性组织，并按自然里弄分批进行民主选举。至1952年11月，全市已建立了3391个居委会。1954年12月，第一届全国人大常委会第四次会议根据1954年宪法精神，制定并通过了《城市居民委员会组织条例》，第一次以法律形式宣布居民委员会是"群众自治性的居民组织"。于是，居民委员会建设在全国展开，从而迎来了1956年到1958年的城市居民自治发展的"黄金时期"。1958年之后，尤其是"文化大革命"期间，以居民委员会为代表的基层群众自治制度受到严重破坏。[1]

虽然改革开放前的城市居民委员会作为法定的基层群众性自治组织，对于基层民主和社区自治建设有积极的推进作用，但在由市、区、街道和居委会组成的城市行政管理体制结构中，居委会作为街道办事处的工作基础，在实践中执行街道下达的各项具体任务，具有半官方组织的性质。即便是上海，直至20世纪80年代，其对城市生活的调节和治理始终是通过它所健全的这个行政管理体制来完成的。[2] 事实上，更具基层民主建设意蕴的城市社区建设，是伴随着改革开放后的政治、经济体制改革，尤其是社会主义市场经济体制的建立以及国有企业经营管理体制改革、城市住房体制改革才逐步发展起来的。

---

① 林尚立：《基层群众自治：中国民主政治建设的实践》，《政治学研究》1999年第4期。

② 费孝通：《费孝通九十新语》，重庆出版社2005年版，第94页。

改革开放后，1980 年 1 月 19 日，国家重新颁布了 1954 年通过的《城市居民委员会组织条例》，1982 年更以宪法规定农村村民委员会和城市居民委员会为基层群众性自治组织，从而在宪法和法律的高度为以社区居民自治为核心的城市基层民主建设重获发展提供了保障。但是，就实践而言，城市基层民主建设的全面启动相较农村村民自治较晚。直至 1986 年，以工作单位为社会基本组织形式的社会结构开始分化，民政部才首次把"社区"概念引入城市管理，提出要在城市中开展社区服务工作。1987 年，民政部召开"全国城市社区服务工作座谈会"，提出城市社区服务应从老人服务、残疾人服务、优抚对象服务、困难户服务、儿童服务、家庭服务以及其他便民服务做起。1989 年 9 月，民政部在杭州召开"全国城市社区服务工作会议"，要求在全国普遍开展社区服务工作。这一时期，中国的社区建设以社区服务为主，以民政服务为重点。① 进而，一直到 1991 年，民政部才开始在全国各大城市启动社区建设工作。

1991 年 7 月，在启动社区建设工作之前，民政部基层政权建设司向全国发出了《关于听取对"社区建设"思路的意见的通知》，听取各界意见。通知发出后引起了很大反响，杭州市下城区，天津市河北区、河西区，上海市长宁区、普陀区，大连市中山区，沈阳市沈河区，长春市宽城区，更率先进行了社区建设的探索和实践。之后是在民政部组织下反复的经验总结和理论探讨，并于 1996 年党的十四届五中全会后，在上海、石家庄、杭州、青岛等市相继出台了相关的政策和规定，制订了比较规范的社区建设实施计划，社区建设开始在一些城市中逐步推广开来。②

1998 年，民政部"基层政权建设司"变更为"基层政权与社区建设司"，社区建设被纳入国家行政职能范围。1999 年年初，民政部宣布在全国城市中选择北京西城区、重庆江北区、南京鼓楼区、杭州下城区、青岛市南区和四方区、石家庄长安区、海口振东区、沈阳沈河区 8 城市的 9 个区为试验区，探索城市社区建设的内容、形式和运行机制的工作全面展开。这是民政部继在全国农村全面推进基层民主政治建设后，对城市

① 向德平、华汛子：《中国社区建设的历程、演进与展望》，《中共中央党校（国家行政学院）学报》2019 年第 3 期。

② 参见韦克难《社区管理》，四川人民出版社 2004 年版，第 67—77 页。

基层管理进行社会化改革的重要举措。这一年，民政部制定了《全国社区建设实验区工作实施方案》，明确了社区建设的总体要求、基本原则、工作步骤以及工作内容。《工作实施方案》第一次以政府文件形式，明确提出了社区自治概念，并强调城市基层管理体制要由行政化管理体制向法治保障下的社区自治体制转变。为实施此方案，民政部陆续在沈阳、南京、武汉等城市的 26 个城区，建立了国家级社区建设实验区，着手社区自治的试点。最终，经过实践探索，社区建设突破了社区服务的范畴，具有了更丰富的内涵与内容，形成了以强化行政主导为特征的上海模式、青岛模式与杭州模式，强化社区自治功能的沈阳模式、武汉模式，政府与社区双重强化为特征的深圳模式等各具特色的新形式，[①] 在全国引起巨大反响，为此后的社区民主建设的全面推进提供了可资借鉴的经验。

2000 年 10 月，党的十五届五中全会通过的《中共中央关于制定国民经济和社会发展第十个五年计划的建议》第一次明确提出了"加强社区民主建设"，指出"加强城乡基层政权机关和群众性自治组织建设，扩大公民有序的政治参与，引导人民群众依法管理自己的事情"，是发展社会主义民主政治的内在要求。11 月 19 日，中共中央办公厅、国务院办公厅发出的《关于转发〈民政部关于在全国推进城市社区建设的意见〉的通知》（简称"中办发〔2000〕23 号文件"），将社区界定为"聚居在一定地域范围内的人们所组成的社会生活共同体"，指出城市社区的范围是"经过社区体制改革后做了规模调整的居民委员会辖区"，揭示了社区建设的本义，社区建设开始大规模的展开。

大体而言社区建设在实践中有两个方向，一个方向是强化政府的行政管理职能，加强政府对社区的管理和控制，如上海的"两级政府，三级管理，四级落实"；[②] 另外一个方向则是强调社区的自治功能，进行居委会的直接选举。[③] 2002 年，在青岛、上海、南京、广西等地进行的居委会直接选举试验基础上，北京九道湾社区的居委会直接选举得到媒体的

---

① 陈建新、李文彬、吴克昌：《论加强我国城市社区建设与管理的对策》，《华南理工大学学报》（社会科学版）2008 年第 1 期。

② 费孝通：《对上海社区建设的一点思考》，《费孝通九十新语》，重庆出版社 2005 年版，第 185 页。

③ 彭兰红：《中国基层民主发展概述》，《民主与科学》2005 年第 6 期。

广泛报道，产生了较大的影响，被认为是基层民主从农村走向城市的重要标志。[①] 2003 年，北京、上海、武汉、哈尔滨、济南、长沙、银川、宁波等大中城市参加社区直选试点工作，宁波市海曙区成为第一个社区居民全面实行直选的行政区。[②] 中国社区直选逐渐由点到面，由大城市向中小城市，由东部发达地区向西部发展中地区全面展开，并向深层次推进。

城市社区选举民主的发展催生了居民参与意识的萌发，由此，进入 21 世纪后，社区参与民主和社区业主的维权运动逐步兴起，成为与社区居民委员会选举并举的基层民主、民权建设的组成部分。社区参与民主体现在社区公民对国家立法、行政、司法事务的参与，举如对城市规划和环保项目的参与；社区公民对各级人大立法过程的参与；聘请社区公民担任司法协理员，协助人民法院化解矛盾等。社区业主维权虽然大多被划入体制外的非制度性参与，但现实中层出不穷的维权案例恰恰体现了与社区联系最为密切的居民权利与利益诉求，展现了社区参与发展最为根本的原动力，是社区建设以及社区居民民主参与改革与发展进程中应当予以规范化、制度化的重要内容。

相较于农村村民自治，中国城市社区建设起步虽晚，然幸逢经济、政治改革大潮，更遇合基层民主制度改革的星火燎原之势，故发展迅速，而今社区已逐步上升为社会结构的基本单位和现代社会发展的根基。可见，社区民主，或更准确地说，社区中的参与民主，已成为中国政治民主化发展的一个重要维度。

三 党的十八大以来基层自治的新发展

2012 年，党的十八大报告提出要加快形成党委领导、政府负责、社会协同、公众参与、法治保障的社会管理体制，加快形成政社分开、权

---

① 《直击：8 月 17 日意义特殊 北京社区首次居民直选》，中新网，http：//www.chinanews.com/2002 - 08 - 17/26/213076.html，2020 年 2 月 29 日访问；《北京社区居民直选当家人》，中国网，http：//www.china.com.cn/chinese/2002/Aug/190272.htm，2020 年 2 月 29 日访问。

② 解红晖、陈雯翠：《社区直选制度：推进城市基层民主建设的重要路径——"宁波模式"的实践与分析》，《三江论坛》2011 年第 1 期；《社区居民委员会全面直选的行政区诞生》，中国网，http：//www.china.com.cn/chinese/2003/Dec/457919.htm，2020 年 2 月 29 日访问。

责明确、依法自治的现代社会组织体制。2013 年，党的十八届三中全会进一步提出"推进国家治理体系和治理能力现代化"，要求通过推进基层群众自治来加快社会治理创新，进而达到公民对政府及社会事务的参与监督和公共利益最大化保障的目标。这标志着我国在社会建设上由"管理"进入到"治理"的时代。由此，广大城乡社区结合各地实际，开始积极探索"一核多元"的基层治理新模式。"一核"是指坚持和加强党对基层治理的集中统一领导；"多元"要求充分吸收国家、市场、社会等多方力量共同参与，且各治理主体应各司其职、各负其责、合理分工、协同推进，打造共建共治共享的社区治理新格局。

具体到乡村领域，就是以乡村振兴为目标，健全党支部领导下的议事会决策、村委会执行、监委会监督、经济和社会组织协同参与的"一核多元"乡村治理工作机制，充分发挥村民议事会、村务监督委员会、农民合作社等各类村级组织的作用，将群众参与村级社会事务管理的知情权、决策权和监督权等权利落到实处。在城市社区，就是构建以社区党组织为治理核心，各社区自治组织为治理主体，驻区单位参与服务，社区企业提供帮助的"一核多元"社区治理模式。

"一核多元"的治理模式正契合了推进国家治理现代化的需要，是适应新形势、新任务、新要求的基层治理模式。2017 年，党的十九大报告进一步提出，要完善党委领导、政府负责、社会协同、公众参与、法治保障的社会治理体制，提高社会治理社会化、法治化、智能化、专业化水平。从社区治理发展的趋势看，推进"一核多元"治理体系，一是要加快推进行政体制改革，理顺政府、市场、社会的关系，做到政府管理不越位、自治组织不错位、社会力量不缺位；二是要推进自治、法治、德治"三治合一"，在制度规范框架下实现多元主体的共同参与，用法治思维和法治方式实现共建共治共享；三是要在各治理主体之间形成协调、互动机制，要明确各治理主体的职责分工，相互配合，整合资源，形成合力；四是要让居民参与、决策、管理、监督社区公共事务，不断培育和提高社区组织和居民的自我治理水平和能力。①

---

① 参见姜秀敏《社区治理：典型模式及"一核多元"新模式构建》，《天津行政学院学报》2019 年第 1 期。

第二节　社区自治组织的法治化沿革

我国城市社区一般指居民委员会治理下的聚居区域。根据我国城市社区的历史演进和现实状况，社区自治组织法治化历程大致可以划分为三个阶段：①

一　产生与中断

1954 年 12 月，在总结天津、上海、广州等城市管理经验的基础上，第一届全国人民代表大会常务委员会第四次会议通过了《中华人民共和国城市街道办事处组织条例》和《中华人民共和国城市居民委员会组织条例》，这两个条例的颁布，为我国城市街道办事处和居委会组织建设走上规范化道路提供了法律依据。其中，《居民委员会组织条例》以法律形式宣布居民委员会是"群众自治性的居民组织"。1958 年人民公社化，特别是"文化大革命"期间，街道和居委会遭到冲击，上述条例并没有发挥其应有作用。

二　恢复与整顿

1980 年 1 月，全国人大常委会重新公布了《居民委员会组织条例》《人民调解委员会暂行通则》《治安保卫委员会暂行组织条例》，从而使城市基层群众自治制度开始得以恢复和发展。然而，这一时期的社区治理活动并不活跃。总结我们国家三十多年来实施基层群众自治制度的经验和教训，1982 年宪法首次以根本大法的形式明确了居民委员会的性质、任务和作用。此后，全国各地纷纷根据宪法的规定，对居民委员会进行了全面的组织整顿和改造，建立健全了居民委员会的组织机构和规章制度。

20 世纪 80 年代后期，随着我国经济体制改革的深入推进，城镇的政治、经济、文化以及社会结构均发生了深刻的变化，城市建设加速，城

---

① 铉玉秋、胡志宏：《社区法治在法治进程中的价值》，《行政与法》2007 年第 10 期；赵公弼：《改革开放三十年中国基层民主建设进程》，《宁德师专学报》（哲学社会科学版）2009 年第 1 期。

市规模迅速扩大，原来企事业单位承担的社会职能急速向社会转移，农村人口大量涌入城市，由于旧房改造和购买新的住房，城市居民频繁搬迁，等等，增加了城市社区管理的复杂性，迫切需要加快城镇社区法治建设的步伐。与此相适应，一些全国性的法律、法规、规章和规范性文件相继出台。1986 年 12 月，民政部在河北省石家庄市召开了中华人民共和国成立以来第一次全国性的城市街道居民委员会工作座谈会，总结和交流了居民委员会建设和工作的经验，明确了居民委员会在我国新的历史时期的地位、作用和主要任务，并认真研究和制定了解决居民委员会工作中存在的实际困难和问题的措施、办法。1987 年 6 月，国务院以国发〔1987〕56 号文件批转了《民政部关于加强城市街道居民委员会工作的报告》。

1989 年 12 月 6 日，第七届全国人大常委会第十一次会议通过《城市居民委员会组织法》，对改革开放条件下城市居民自治的性质、任务、组织形式及其他相关制度作出了全面规范，并第一次把"开展便民利民的社区服务活动"明确作为居民委员会的一项主要职责。1954 年的《城市居民委员会组织条例》被同步废止。国务院及其所属部委、有立法权的地方人大及其政府也先后结合实际制定了相关配套法规、规章，初步奠定了城镇社区法治建设的规范基础。

三 发展与探索

步入 20 世纪 90 年代，社区治理逐渐成为全国性实践，《居民委员会组织法》也于 1990 年 1 月 1 日开始施行。为了贯彻《居民委员会组织法》，1990 年 9 月贵州省制定了全国第一个省级《〈居民委员会组织法〉实施办法》，随后全国各省、市、自治区都结合本地实际，制定了配套的实施办法。到 1997 年，已有 25 个省、自治区、直辖市人大制定了《〈居民委员会组织法〉实施办法》或《居民委员会工作条例》。[①] 同时，许多城市依法进行了居委会整顿和建制改革，调整社区规模，健全居委会组织机构，完善工作制度，初步理顺各方面工作关系，法治取向的社区治理活动和探索普遍展开。

---

① 潘小娟等：《城市基层权力重组》，中国社会科学出版社 2006 年版，第 22 页。

进入 21 世纪，城市社区法治的一个新发展是业主自治的法治化。2003 年 6 月国务院制定《物业管理条例》，明确规定了业主委员会作为小区内自治组织的产生方式和运行机制，开启了事实上的业主自治。2007 年 3 月全国人大制定《物权法》，同年 8 月国务院根据物权法对《物业管理条例》进行修订，进一步明确规定，业主委员会是旨在维护业主和非业主使用人的合法权益的群众性自治机构。

第三节　基层民主法治建设现状

一　基层群众性自治组织的宪法地位

1982 年 12 月通过的现行宪法，正式确立了居民委员会、村民委员会作为基层群众性自治组织的法律地位。根据现行宪法第 111 条的规定，村民委员会、居民委员会是基层群众性自治组织，应当"设人民调解、治安保卫、公共卫生等委员会，办理本居住地区的公共事务和公益事业"。因此，一方面居民委员会、村委会居委会实现了直接选举，是宪法规定的基层群众性自治组织，代表居民行使自治权利；另一方面，居民选举出来的居民委员会、村民委员会仍然要协助基层政府及其派出机构开展工作。基层群众自治组织的这种双重功能，从宪法规定基层群众自治制度的篇章结构就可窥见一斑：宪法第 111 条属于第三章"国家机构"中的第五节"地方各级人民代表大会和地方各级人民政府"，这样的条文编排，容易让人产生居民委员会和村民委员会是我国地方国家机关的一种，是国家政权组织的组成部分的错觉。

另外，从法理上讲，居民的自治权毫无疑问是包括居民委员会、村民委员会这一自治组织在内的整个基层自治制度的逻辑起点。居民自治的核心问题应是居民自治权的行使，这是相关立法的基础与出发点。新修订的《村民委员会组织法》便对农村居民的自治权予以了确认，其第 1 条规定："为了保障农村村民实行自治，由村民依法办理自己的事情，发展农村基层民主，维护村民的合法权益，促进社会主义新农村建设，根据宪法，制定本法。"可以看出，该法的立法目的在于保障和实现村民的自治权。但是，从宪法第 111 条规定的内容来看，居民自治权并没有在宪法中明文规定，因此尚需对宪法第 111 条的内涵进行学理解释和有权解释。

二 村民委员会组织法的制定与修改完善

村民委员会组织法是关于农村村民自治的法律。1987 年 11 月 24 日经第六届全国人大常委会第二十三次会议审议形式通过并公布《村民委员会组织法（试行）》，于 1988 年 6 月 1 日起施行。1998 年 11 月 4 日第九届全国人民代表大会常务委员会第五次会议通过，2010 年 10 月 28 日第十一届全国人民代表大会常务委员会第十七次会议修订《村民委员会组织法》，并公布施行。

1. 1987 年制定《村民委员会组织法（试行）》

彭真亲自主持了 1987 年村民委员会组织法的起草制定，先后 7 次发表重要讲话。他指出，抓村民自治的目的是要恢复干部和群众的鱼水关系，恢复共产党群众路线的优良传统；同时，他提出村委会是个最大的民主训练班。

1987 年 3 月，村民委员会组织法草案再次提交审议时，彭真发表了即席讲话，他说："旧中国留给我们的，没有什么民主传统。我国民主生活的习惯是不够的。这个问题怎么解决？还是要抓两头。上面，全国人大和地方各级人大认真执行宪法赋予的职责，发展社会主义民主，健全社会主义法制。下面，基层实行直接民主，凡是关系群众利益的，由群众自己当家，自己做主，自己决定。"1987 年 11 月 23 日，彭真在第六届全国人大常委会第二十三次会议上的讲话中再次强调："通过群众自治，实行基层直接民主，不是近几年才提出来的。早在一九五三年，决定建立城市街道居民委员会的时候，即提出并经中央批准：街道居民委员会的性质是群众自治组织，不是政权组织。它的任务，主要是把工厂、商店和机关、学校以外的街道居民组织起来，在居民自愿原则下，办理有关居民的共同福利事项，宣传政府的政策法令，发动居民响应政府的号召和向基层政权反映居民意见。……一九八二年颁布的新宪法第一百一十一条规定：'城市和农村按居民居住地区设立的居民委员会或者村民委员会是基层群众性自治组织。'……所以，实行基层群众自治，发展基层直接民主，既是宪法的规定，也是党的主张。""没有群众自治，没有基层直接民主，村民、居民的公共事务和公益事业不由他们直接当家作主办理，我们的社会主义民主就还缺乏一个侧面，还缺乏全面的巩固的群众基础。"①

1987 年 11 月，全国人大常委会审议通过《村民委员会组织法（试行）》，明确了村委会的群众自治组织性质，并初步探索了如何用民主自治办法选择村委会干部、管理村级公共事务的形式。然而，基于当时的社会结构和行政管理模式的局限，该制度虽然确立了村民会议是全体村民行使民主自治权的权力机构，同时又规定了村委会排他性地行使村民会议召集权并主持村民会议。② 这一立法意图，显然在于以村委会全面替代人民公社退出农村管理后的权力缺位。可以说，这种立法取向吻合于当时国家治理模式，也与我国长期的农村管理样式一脉相承。③

2. 1998 年颁布实施《村民委员会组织法》

1998 年《村民委员会组织法》的颁布实施，标志着农村基层民主已经初步形成了一套制度化的运作模式。

其法定机制和主要内容包括：通过实行民主选举、民主决策、民主管理和民主监督，产生村民进行自我管理、自我教育、自我服务的群众性自治组织——村民委员会；村民委员会任期三年，负责管理本村集体所有制的土地及财产，办理本村的公共事务和公益事业，调解民间纠纷协助维护社会治安，向人民政府反映村民的意见、要求和提出建议，维护村民的合法权益；村民委员会应向村民会议负责并报告工作，涉及全体村民利益的问题，村民委员会必须提请村民会议讨论决定，村民会议有权监督村民委员会的收支账目和其他工作情况，并有权罢免和补选村民委员会成员；乡镇人民政府对村民委员会的工作给予指导、支持和帮助，但是不得干预依法属于村民自治范围内的事项；中国共产党在农村的基层组织，按照中国共产党章程进行工作，发挥领导核心作用，依照宪法和法律，支持和保障村民开展自治活动、直接行使民主权利，等等。

就具体条文和规范内容而言，与 1987 年的试行法相比，1998 年《村民委员会组织法》增加了明确规定基层党组织在农村基层民主建设中的

① 《彭真文选（1941—1990 年）》，人民出版社 1991 年版，第 606—608 页。

② 参见《村民委员会组织法（试行）》第 10、11、17 条规定。

③ 江启疆：《创设村民会议常设监督机构论——以打破村委会对村民会议召集权的垄断为视角》，《广东社会科学》2014 年第 6 期。

地位和作用的条款，增加了村民委员会实行村务公开制度以及人数较多或者居住分散的村可以设置村民代表会议等条款，补充了规定村民委员会"实行民主选举、民主决策、民主管理、民主监督"的条文。在村民委员会选举程序方面，增加了村民直接提名候选人、实行差额选举、无记名投票、设立秘密写票处、公开计票、选举结果当场公布等规定。并增加了对选举违法行为进行处理和罢免村民委员会成员的程序等条款。这些重要规定，吸收了各地农村居民创造的新经验，对解决农村基层民主建设中出现的一些新问题，促进村民自治的规范发展发挥了重要作用。

3. 2010 年修订《村民委员会组织法》

随着农村改革发展的不断深化和基层民主政治建设的推进，1998 年《村民委员会组织法》的部分内容，已不能完全适应村民自治实践的需要。为了保障村民自治的健康发展，2005 年民政部开始着手修改《村民委员会组织法》。① 理论界关于修改《村民委员会组织法》的讨论形成了两种修法思路：一是以完善组织立法为目标，修订《村民委员会组织法》；二是以着力行为立法为要旨，建议制定"村民自治法"②。组织法是调整特定组织关系的法律规范的总称，主要涉及该组织的法律地位、人员组成、机构设置、职责权限、活动原则等内容。"村民自治法"是为了确认村民自治权，规约村民的自治行为，与组织法是规范一定范围社会组织的组织架构不同。

《村民委员会组织法》第 1 条规定了立法宗旨："为了保障农村村民实行自治，由村民依法办理自己的事情，发展农村基层民主，维护村民的合法权益，促进社会主义新农村建设，根据宪法，制定本法。"可见，村民委员会组织法是集组织法与自治行为法于一体的、综合性、基础性立法。然而，诚如学者指出的："《村民委员会组织法》这一法律名称本身就决定了它必须将主要的条款和规则用于规范村委会。而在逻辑结构上，它对村民会议、村民代表会议乃至村民小组的规定都应当从这些组

① 陈丽平：《民政部正着手修订村民委员会组织法》，《法制日报》2005 年 11 月 7 日第 3 版。

② 张景峰：《〈村民委员会组织法〉修订若干问题探讨》，《河南科技大学学报》（社会科学版）2007 年第 3 期；秦小建：《村民自治法的定位：现实检讨及未来走向——以 2010 年新〈村民委员会组织法〉为对象》，《四川师范大学学报》（社会科学版）2011 年第 4 期。

织与村委会关系的角度来表述，这必然会影响和限制它所规定内容的范围。"①

从此次《村民委员会组织法》的修订来看，新法所规定的内容已经突破了作为组织法所能容纳的内容，更倾向于对村民自治整体制度的规范。在村民自治组织方面，新法提出了村党委与村委会关系的新表述（第四条，村党委"领导和支持村委会行使职权"），增加村民代表大会（第四章）、村监督机构（第三十二条）等相关自治组织及相互关系的规定；在村民自治权实现层面上，新法细化了村委会选举程序（第三章），完善了村务公开制度（第三十条、第三十一条），增加了村务监督制度（第三十二条）、民主评议制度（第三十三条）、村务档案制度（第三十四条）及村委会离任审计制度（第三十五条）。因此，新法也可以称为"村民自治组织法"。它打破了村委会"一权独大"的格局，新法所反映的一个趋势是限制村委会的权力。在这一机制下，村委会被定性为村民大会和村民代表大会的执行机关，要对"两会""负责并报告工作"（第二条第三款）；重要事务均必须经由村民大会商议（第二十四条）；其成员要接受选民监督、民主评议、经济审计，甚至可能被要求罢免。村委会被"缚上手脚"，从而轻易不敢擅自僭越村民的意志。此外，新法规定村民享有向人民法院申请撤销村委会不当决策的权利，该权利开启了村民自治权的诉讼救济之先河。

概而言之，2010 修改后的新《村民委员会组织法》，具有以下特色：一是，更加注重维护村民的合法权益。2010 年《村民委员会组织法》将旧法第 1 条"促进农村社会主义物质文明和精神文明建设"的立法目的改为"维护村民的合法权益，促进社会主义新农村建设"，突出了对村民合法权益的保护，强调村民在村民自治中的主体地位，且以"新农村建设"包含了国家五位一体总体布局、四个全面战略布局在基层建设各个方面的体现和要求。

二是，进一步强化和具体化了党组织在村民自治中的重要作用。对于中国共产党在农村的基层组织的作用，修改后的《村民委员会组织法》第 4 条规定，除了要"发挥领导核心作用"外，还要"领导和支持村民

---

① 唐鸣：《关于完善村民自治法律体系的两个基本问题》，《法商研究》2006 年第 2 期。

委员会行使职权"。

三是，提高了对村民和村民委员会法治意识的要求。修改后的《村民委员会组织法》第6条规定，"村民委员会应当宣传宪法、法律、法规和国家的政策，教育和推动村民履行法律规定的义务，爱护公共财产，维护村民的合法的权利和利益"；第10条规定，"村民委员会及其成员应当遵守宪法、法律、法规和国家的政策，遵守并组织实施村民自治章程、村规民约，执行村民会议、村民代表会议的决定、决议，办事公道，廉洁奉公，热心为村民服务，接受村民监督"。

四是，完善了村民委员会选举规则。包括村民委员会的产生、选民登记制度、候选人提名、罢免、补选等制度和程序。

五是，完善了村民会议和村民小组会议制度，强化民主管理、民主决策。修改后的《村民委员会组织法》第21条规定，"村民会议由村民委员会召集。有十分之一以上的村民或者三分之一以上的村民代表提议，应当召集村民会议。召集村民会议，应当提前十天通知村民。"由此可见，立法更加注重村民的提议权、知情权等民主权利的实现。第23条关于"村民会议审议村民委员会的年度工作报告，评议村民委员会成员的工作；有权撤销或者变更村民委员会不适当的决定；有权撤销或者变更村民代表会议不适当的决定。村民会议可以授权村民代表会议审议村民委员会的年度工作报告，评议村民委员会成员的工作，撤销或者变更村民委员会不适当的决定"的规定，进一步明确了村民会议的权限。此外，修改后的《村民委员会组织法》还增加了对村民小组会议的规定，其第28条规定，"召开村民小组会议，应当有本村民小组十八周岁以上的村民三分之二以上，或者本村民小组三分之二以上的户的代表参加，所作决定应当经到会人员的过半数同意。村民小组组长由村民小组会议推选。村民小组组长任期与村民委员会的任期相同，可以连选连任。属于村民小组的集体所有的土地、企业和其他财产的经营管理以及公益事项的办理，由村民小组会议依照有关法律的规定讨论决定，所作决定及实施情况应当及时向本村民小组的村民公布。"这一规定使村民小组会议的法律地位得以确立，也保障了村级事务治理的自主性。

六是，加强了民主监督方面的规定。修改后的《村民委员会组织法》进一步强化和规范了村务公开制度，并以列举的方式规定了村民委员会应当及时公布的事项，规定了村务公开的时间性要求，并强调村民委员会应当保证所公布事项的真实性，并接受村民的查询；完善村务监督机构，规定"村应当建立村务监督委员会或者其他形式的村务监督机构，负责村民民主理财，监督村务公开等制度的落实，其成员由村民会议或者村民代表会议在村民中推选产生，其中应有具备财会、管理知识的人员。村民委员会成员及其近亲属不得担任村务监督机构成员。村务监督机构成员向村民会议和村民代表会议负责，可以列席村民委员会会议"。此外还建立了民主评议制度、村务档案制度、任期和离任审计制度。

七是，增加规定了司法监督。新法的这一修订首先是对最高人民法院一系列关于村委会和村民间经济纠纷案件的司法解释的法律化，这些司法解释包括《关于审理农业承包合同纠纷案件若干问题的规定（试行）》《关于村民因土地补偿费、安置补助费问题与村民委员会发生纠纷人民法院应否受理问题的答复》《关于人民法院对农村集体经济所得收益分配纠纷是否受理问题的答复》等。笔者认为，这一修订的意义更在于，规定只要是村委会与村民之间的纠纷，当然包括前述司法解释的经济纠纷在内，都应纳入法院的受案范围。这就意味着司法对于村委会职权的全面监督机制已经确立，包括各种村集体经济纠纷、村规民约的合法性、村委会选举选民资格以及村民、村民代表的资格等在内的纠纷，法院都应受理。但是在学理上，对于这一诉讼的性质，尚缺乏权威的定论。笔者倾向于用"宪法诉讼"对该诉讼下的各种类型的纠纷进行整合。原因在于，在此类纠纷中，诉讼的标的是村民自治权，这一权利不同于人身权和财产权，也非民事权利或刑事权利所能涵盖，同时，由于主体的特殊性，该诉讼也无法纳入行政诉讼。上述司法解释在解释为何受理此类纠纷时，认为村民与村委会是平等的民事主体，严格地说这一观点是不正确的，由此我们只能将其视为法律规定阙如的权宜之举。

三　居民委员会组织法的制定与发展完善

居民委员会组织法的制定与发展大体分为两个阶段：1980 重新颁布《城市居民委员会组织条例》（1954）至 1989 年为第一阶段，1989 年制定《城市居民委员会组织法》至今为第二阶段。从居委会组织条例，到居委会组织法，居委会在结构和功能规范方面的变化，涉及公共管理和服务、维护社区治安和稳定、精神文明和文化建设等方面。

1. 1980 年重新颁布《城市居民委员会组织条例》(1954)

尽管作为基层群众性自治组织的一种形式，居民委员会早在 20 世纪 50 年代就已存在，在城市的政权建设中曾一度发挥举足轻重的作用，并被 1954 年的《城市居民委员会组织条例》(1990 年废止) 确认为"群众自治性的居民组织"，但是，在现实的权力结构体系中，居民委员会的功能定位却始终比较模糊。1980 年 1 月 19 日，国家重新颁布了 1954 年通过的《城市居民委员会组织条例》，从而使城市基层群众自治制度开始得以恢复和发展。1980 年在重新颁布《城市居民委员会组织条例》(1954) 的同时，还重新颁布了《城市街道办事处组织条例》(1954)、《人民调解委员会暂行组织通则》(1954) 和《治安保卫委员会暂行组织条例》(1952)。这几部法规对居委会在法律实施中的职责做了规定，也就在客观上对居委会的功能建构作出了规范。两年后，1982 年宪法，规定在农村和城市建立基层群众自治组织，实行基层群众自治制度。至此，居民委员会的组织性质、基本形式和功能被写入宪法并得以延续。

2. 1989 年制定《城市居民委员会组织法》

《城市居民委员会组织法》于 1989 年颁布，1990 年 1 月 1 日起施行。《居民委员会组织法》的实施，充分保障了城市居民的民主权利，对推动城市经济发展、社会稳定以及完善我国城市基层群众自治制度发挥了重要作用。20 世纪 90 年代以来，全国性的社区建设逐步兴起，城镇化建设步伐加快，城市基层社会结构和管理体制已经发生深刻变化。至今，城市居委会经过了长足的发展，总体来看基本符合相关法律的基本精神和主要规定。但是，随着全国城市社区建设的深入，社区管理体制改革、社区管理模式、社区管理主体之间的矛盾、社区治理等问题日益突出，受到了包括政府、学界以及社区组织在内的社会各界的普遍关注。这些问题的产生，在很大程度上与关于社区治理的法律法规的严重滞后有关。《城市居民委员会组织法》在经济社会经过 20 多年的快速发展后，已经不能适应社区治理和社区建设的需要，社区发展中出现的许多新现象和新问题亟须用法律形式加以规范，对《居委会组织法》进行修订势在必行。

民政部 2004 年 11 月公布的《城市居民委员会组织法（修订稿）》在

现行的《城市居民委员会组织法》基础上，对社区居民会议的职权、居民委员会的性质、居民委员会与社区党组织及城市基层政府的关系、居民委员会在社区服务中的地位和作用、居民委员会选举的组织机构、居民委员会的选举和罢免程序、居务公开制度等方面的内容进行了增删。由于各种原因，此次修改稿被搁置了，并没有进入正式的立法程序。

　　我国城市社区居民委员会是居民自我管理、自我服务、自我教育、自我监督的基层群众性自治组织，截至 2010 年年底，在全国 8.7 万个社区中已普遍建立。现行的《城市居民委员会组织法》是 1989 年 12 月 26 日经第七届全国人大常委会第十一次会议通过，并于 1990 年 1 月 1 日颁布实施的，是一部保障基层群众自治组织建设，发展城市基层民主，促进城市改革发展稳定的重要法律。但随着工业化、信息化、城镇化、市场化、国际化的进程加快，中国城市基层社会正在发生着深刻变化，城市居民委员会正面临着许多新的要求。中国民政部基层政权和社区建设司副司长王金华指出，截至目前，中国城镇人口已达到 6.7 亿，流动人口 2 亿多，每个居民委员会平均管辖人口将近上万人，与中华人民共和国成立初期相比增加了 10 倍多。在如此庞大的城市人群中，还生活着数以千万计的低保人口、下岗失业人员和残疾人、未成年人、老年人等弱势群体。此外，在市场经济条件下，原来由政府和企业承担的大量社会管理和公共服务职能转移到社区，居民委员会除承担大量的治安、卫生、计生、就业、低保、文体等传统政府公共服务项目外，还要承担社区禁毒、社区矫正、流动人口管理、社区消防、商业维权、预防青少年违法犯罪、家政服务等新任务。①

　　为了应对城镇化发展和社区建设的实际需要，根据十一届全国人大常委会立法规划和国务院立法计划以及中央领导同志指示精神，民政部于 2011 年 6 月 30 日召开新闻发布会，宣布正式启动《城市居民委员会组织法》修订工作。②

---

　　①　《民政部通报"城市居民委员会组织法"有关修订情况》，中央政府门户网站，http://www.gov.cn/gzdt/2011 - 06/30/content_ 1896976. htm，2020 年 2 月 29 日访问。

　　②　《中国将修订〈城市居民委员会组织法〉》，http：//news. cntv. cn/20110705/103499. shtml，中国新闻网，2020 年 2 月 29 日访问。

四　基层自治的法律体系建设

在现行立法框架下，基层自治的规范依据主要由以下四个部分组成：

（一）宪法依据

基层自治的宪法依据包括直接授权的规范，也包括基层自治不得违反宪法的其他禁止性规定的间接依据。直接依据，就是现行宪法第111条的规定："城市和农村按居民居住地区设立的居民委员会或者村民委员会是基层群众性自治组织。居民委员会、村民委员会的主任、副主任和委员由居民选举。居民委员会、村民委员会同基层政权的相互关系由法律规定。居民委员会、村民委员会设人民调解、治安保卫、公共卫生等委员会，办理本居住地区的公共事务和公益事业，调解民间纠纷，协助维护社会治安，并且向人民政府反映群众的意见、要求和提出建议。"间接依据就是宪法的其他条款，指基层自治制度的运行不可以违反宪法的规定。

1. 宪法第111条的由来

中华人民共和国成立以来，甚至远溯至清末民初以来，中国不断地革新自己的政治、经济、文化体制，期望能开出一朵美丽而独特的民主法治之花，以收振贫起弱之效，结富强发达之果。正因为国家太过贫弱，所以我们孜孜以求的首先是建设一个富强的中国。然国家终不过是一个法律拟制的概念，它由实实在在的"民"组成，由此，在发展的诉求下，在进化论的理路上，国家的富强必须依赖于两个步骤：一是激发民力，二是整合民力。前者就是构建一个民主的国家，并赋予人民以自由、独立、权利等；后者借助对"利益一致性"的构建和宣传，百川归海，把所有民力（私益）归口到国力（公益），解放民力激发出的力量和财富都同时是为国家的富强添砖加瓦，都是国家公共利益的组成部分。

基层群众自治制度纳入现行宪法的规范，正是在改革开放后，"政社合一"的人民公社制度退出历史舞台，以家庭联产承包制为核心的农村第一波改革启动之后，极大地提高了农村居民的积极性，带动了城市社区建设的发展，故而基于广大农村和城市社区建设的实际需求应运而生。

1982年4月，"彭真在《关于中华人民共和国宪法修改草案的说明》中指出：'居民委员会、村民委员会是我国长期行之有效的重要组织形式。实践证明，搞得好的地方，它在调解民间纠纷、维护社会秩序、办好公共事务和公益事业、搞好卫生等方面都起了很大作用。这次将它列入宪法修改草案，规定它是群众自治性组织'"。之后，彭真同志又在全国政法工作会议上的讲话中提道："村民委员会如何搞，包括和基层政权的关系问题，各地可以根据实际情况争取多种形式实验，待经验成功以后，再作比较研究，制定村民委员会条例。"① 由此可以看出，村民委员会在其诞生之后不久就被定位为群众自治性组织，得到了充分的肯定并写入了宪法。

2. 基层自治的宪法限度

现代国家是建立在普遍规则之治基础上的国家治理形态，"依法治国"更是明确规定的宪法原则。按照法治的宪法法律至上原则，包括民主政治改革在内的一切制度革新都应当在宪法规定的范围内进行。但是，中国当下改革开放的步伐之快、程度之深、跨越之大，非其他国家宪政建设或其他历史时期所能比拟，因此在实践中便出现了这样一块行为领域：超出了宪法的限度，却恰恰符合更高的价值诉求。违宪的行为，可能是符合最高"正义"（价值）的"良"性行为，此即"良性违宪"之意，显露出了宪法在政治生活中的地位。

笔者以为，根据手段与目的的辩证关系，"良性违宪"对于一个追求民主法治建设的国家来说，不应该被"容忍"。关于手段与目的的关系国家主义者与自由主义者有不同的认识②：前者，以马基雅维里的"国家的政治性"③ 为代表，他承认工具和手段的极端化的合理性，并认为最终的目的压倒了一切；后者，以卡尔·弗里德里克的"立宪的国家理性"④ 为代表，认为目的是手段选择的价值尺度，因此，手段必须与其目的的性质相一致，否则就会有损于目的。虽然，在目的与手段之间进行争辩是

---

① 《彭真文选（1941—1990 年）》，人民出版社 1991 年版，第 430 页。

② 关于自由主义者与国家主义者对目的与手段关系的不同理念，可参见 C. J. Friedrich，*Constitutional Reason of State*，Brown University Press，1957。

③ 参见刘诚《现代社会中的国家与公民——共和主义宪法理论为视角》，法律出版社 2006 年版，第 38—42 页。

④ 参见高全喜《国家理性的正当性何在?》，载王焱编《宪政主义与现代国家》，生活·读书·新知三联书店 2003 年版，第 3、9 页。

不会得到一个确定结果的：若手段与目的不一致，手段就会有损于目的；若手段与目的太过相似，那我们难以通过此种手段去实现我们的目的。但是，无论如何，手段不能采取与目的完全相反的方式进行，如果要建设一个法治的、宪治的国家，就必须维护宪法和法律的尊严和权威，即便其规定与发展了的社会现实有距离，从逻辑上也应当先按程序修改宪法和法律，然后再根据新的规则实施改革。因此，笔者以为"良性违宪"的表述就像是"好的坏"一样，处于手段与目的辩证关系的矛盾与尴尬之中，是不可取的。故而，基层民主改革应当在宪法和法律规定的限度内推进，而不应以有悖宪法法律规定的方式进行。

如前所述，基层选举民主改革激发出的乡镇长直接选举试点，已经因为违反了宪法、选举法和地方组织法的规定而被叫停；与此不同，参与民主在宪法、法律以及党和国家的政策文件中的表述都比较抽象，涵盖了所有人民，通过各种途径和形式，从各个层次、各个领域参与管理国家事务，管理经济和文化事业，管理社会事务。因此，城乡社区作为国家政权领域外的基层群众性自治单位，其中的参与民主既可以体现在充分的社区自治中，也在理论上、实践中合法地通过参与所培育的政治效能感以及对社区公民品格和参与技能的训练，而促成对更高层次的参与民主机制的需求，推进高层的民主政治建设和转型。可见，选举作为民主法治国家一项最为严肃的政治活动，无论是乡镇长、县长……序列上的直接选举，还是县级以上人大代表的直接选举都受到现行宪法和法律规范的限制。参与民主不仅本身具有灵活性，既可以指政治领域的参与也可以是经济、社会、文化等领域的参与，既可以是充分的参与也可以是部分的参与，更为重要的是其在宪法和法律依据上的概括性，使得城市社区参与民主的发展无论从技术上还是法律、政策上都有较为灵活宽广的发展空间，体现了参与民主的便利性和优越性，也是本书从城乡社区参与民主的视角考察分析中国民主法治转型的原因。

（二）法律依据

基层自治的法律依据由基础性法律和相关性法律两部分构成。居民委员会组织法、村民委员会组织法是规范基层自治制度的基本法律，虽然法律的名称为组织法，但从立法内容来看，居民委员会组织法、村民委员会组织法不仅规定了居民委员会、村民委员会的性质、任务、组成等组织规范，也规定了村民自治、居民自治的行为规范，是对基层自治的全面规范。

　　基层组织是社会的基本组成单位，国家管理和社会治理的很多事项都需要深入到基层群众自治组织，才能与每一个具体的居民、村民发生直接的关联，因此实际上村民委员会和居民委员会接受政府的指导和委托承担着大量的"职能"，因此在我国的立法体系中，大量的法律、行政法规、部门规章和地方立法中都有关于村民委员会和居民委员会的规定。通过北大法宝数据库，以"村民委员会"为关键词在"法律法规"数据库中进行检索，结果显示 110 件法律、142 件行政法规、551 件部门规章、3343 件地方性法规、1239 件地方政府规章、6018 件地方规范性文件和5000 余件地方工作文件都涉及村民委员会的相关规定；以"居民委员会"为关键词进行检索，结果显示 81 件法律、122 件行政法规、340 件部门规章、2132 件地方性法规、953 件地方政府规章、3891 件地方规范性文件和 3000 余件地方工作文件都涉及居民委员会的相关规定。数据对比参见表2：

表2　　　　　　　　　　基层自治相关立法基本情况　　　　　　　单位：件

	宪法法律	行政法规	部门规章	地方性法规	地方政府规章	地方规范性文件
村民委员会	110	142	551	3343	1239	6018
居民委员会	81	122	340	2132	953	3891

　　在这些相关性法律中，《物业管理条例》对业主大会和业主委员会以及它们与居民委员会的关系作了法律规范，是与居民委员会组织法关系紧密的法律规范，后文将在相关的内容中展开论述。

　　（三）地方配套立法

　　关于基层自治的地方配套立法主要体现在三个方面，即村民委员会组织法、居民委员会组织法的实施性立法、规范村民委员会和居民委员会选举程序的立法和强化村务公开，保障村民对村务依法监督和管理的专门立法。

　　第一个方面是省级地方关于《村民委员会组织法》《居民委员会组织

法》的实施性立法，这是基层自治最重要的地方配套立法。地方制定《居民委员会组织法》的实施性立法，也是法律规定的立法责任。《城市居民委员会组织法》第 22 条的规定："省、自治区、直辖市的人民代表大会常务委员会可以根据本法制定实施办法。"《村民委员会组织法》则没有这方面的明确规定。

根据中国人大网"法律法规数据库"和北大法宝数据库"法律法规"子库的数据搜索、比对和分析，截至 2018 年 3 月 31 日，《村民委员会组织法》的省级地方实施性立法已经覆盖到了全部的 31 个省级地方，《居民委员会组织法》的省级地方实施性立法也覆盖到了 24 个省级地方。特别值得指出的是，2010 年十一届全国人大常委会对《村民委员会组织法》作出修订后，为保持和国家立法精神、规定的协调一致，各省（自治区、直辖市）人大常委会也相继修订了《〈村民委员会组织法〉实施办法》等有关地方性法规，截至 2018 年 3 月 31 日，除山西省、吉林省、黑龙江省和新疆外，全国 31 个省级地方之中，已有 27 个省（自治区、直辖市）人大常委会都制定或修订了《村民委员会组织法》的实施办法。具体情况见表 3：

表 3　　　　2010 年村委会组织法省级地方配套立法情况
（截至 2018 年 3 月 31 日）

时间	省份	地方性法规名称	备注
2017	青海省	青海省实施《中华人民共和国村民委员会组织法》办法	制定
2017	上海市	上海市实施《中华人民共和国村民委员会组织法》办法	修订
2016	江苏省	江苏省实施《中华人民共和国村民委员会组织法》办法	制定
2015	四川省	四川省《中华人民共和国村民委员会组织法》实施办法	修订
2014	湖北省	湖北省实施《中华人民共和国村民委员会组织法》办法	修订

时间	省份	地方性法规名称	备注
2014	宁夏回族自治区	宁夏回族自治区实施《中华人民共和国村民委员会组织法》办法	修订
2013	广西壮族自治区	广西壮族自治区实施《中华人民共和国村民委员会组织法》办法	修订
2013	重庆市	重庆市实施《中华人民共和国村民委员会组织法》办法	修订
2013	安徽省	安徽省实施《中华人民共和国村民委员会组织法》办法	修订
2013	湖南省	湖南省实施《中华人民共和国村民委员会组织法》办法	制定
2013	甘肃省	甘肃省实施《中华人民共和国村民委员会组织法》办法	修订
2013	云南省	云南省实施《中华人民共和国村民委员会组织法》办法	修订
2012	山东省	山东省实施《中华人民共和国村民委员会组织法》办法	修订
2012	天津市	天津市实施《中华人民共和国村民委员会组织法》办法	修订
2012	北京市	北京市实施《中华人民共和国村民委员会组织法》的若干规定	修订
2012	广东省	广东省实施《中华人民共和国村民委员会组织法》办法	修订
2012	贵州省	贵州省实施《中华人民共和国村民委员会组织法》办法	修正
2012	辽宁省	辽宁省实施《中华人民共和国村民委员会组织法》办法	修正
2012	海南省	海南省实施《中华人民共和国村民委员会组织法》办法	修正

时间	省份	地方性法规名称	备注
2012	浙江省	浙江省实施《中华人民共和国村民委员会组织法》办法	修订
2012	西藏自治区	西藏自治区实施《中华人民共和国村民委员会组织法》办法	修订
2012	福建省	福建省实施《中华人民共和国村民委员会组织法》办法	制定
2011	江西省	江西省实施《中华人民共和国村民委员会组织法》办法	制定
2011	河北省	河北省实施《中华人民共和国村民委员会组织法》办法	修订
2011	内蒙古自治区	内蒙古自治区实施《中华人民共和国村民委员会组织法》	修订
2011	河南省	河南省实施《中华人民共和国村民委员会组织法》办法	制定
2011	陕西省	陕西省实施《中华人民共和国村民委员会组织法》办法	修订

由表 3 可见，在地方立法资源有限的情况下，《村民委员会组织法》于 2010 年 10 月 28 日甫经公布，为保持与国家立法协调一致，2011—2013 年就有 21 个省级地方跟进国家立法，积极启动了配套性立法，占全部省级地方配套立法修法的 77.8%；截至 2017 年，27 个省级地方完成了与国家立法的衔接，实现省级地方立法覆盖率 87.1%。这在省级地方配套立法中实属罕见，体现了《村民委员会组织法》在地方实施的急迫性和重要性。

第二个方面是规范村民委员会和居民委员会选举程序的地方专门立法。还是以省级地方立法为例，省级地方专门的居民委员会选举办法，仅北京市和重庆市有立法；省级地方专门的村民委员会选举办法，全部 31 个省（自治区、直辖市）人大常委会都制定或修改了村民委员会选举办法（条例）。同时，关于村民委员会、居民委员会选举还有大量的规范性文件和党内法规，见下文"政策文件"。

　　第三个方面是规范村务公开的地方专门立法。通过北大法宝数据库，以"村务公开"为关键词在"法律法规"数据库中进行检索，结果显示9件地方性法规、5件地方政府规章、41件地方规范性文件都是关于村务公开的专门规定，其中9件地方性法规属于地方立法，包括广东省、四川省、山东省、河北省、甘肃省的5件省级村务公开立法和汕头市、昆明市、大同市、邯郸市的4件市级村务公开立法。关于村务公开的规范性文件、党内法规，见下文"政策文件"。

　　（四）政策文件

　　关于基层自治，中央先后出台了一些政策，作为《村民委员会组织法》的配套规定，如历年有关农村建设的中央一号文件中涉及村民自治的内容、《民政部关于进一步推进和谐社区建设工作的意见》以及《关于健全和完善村务公开和民主管理制度的意见》等，各省也纷纷颁布了一系列有关村民自治的规章制度，如湖北省"整体推进农村综合改革"规定、山西省民政厅《村民会议、村民代表会议议事规则（试行）》等。这些政策文件一方面对《村民委员会组织法》中的一些规定进行了具体化，另一方面又不限于村民委员会，而是着眼于农村的整体村民自治，也从其他方面指导了村民自治的进一步发展。同时，各地各具特色的自我探索与实践也为下一步的立法提供了丰富的资源，提出了新的立法诉求。

　　需要说明的是，笔者用"政策文件"而不是"规范性文件"来表述，主要是因为这部分基层自治的规范性依据除政府部门的规范性文件外，还包括党中央发布的党内法规和党内规范性文件，因此用"政策文件"更为准确。下文根据基层自治的实际情况，从选举、村务公开和社区建设三个方面进行梳理和分析。

　　关于选举，首先要说明的是，2013年5月民政部制定的《村民委员会选举规程》是规范村委会换届选举的重要依据，这是一个部门规章，属于《村民委员会组织法》的实施性立法。除此以外，关于选举的政策规定主要有：2010年7月民政部《关于切实加强村民委员会选举工作指导的意见》、2009年4月中共中央办公厅、国务院办公厅印发《关于加强和改进村民委员会选举工作的通知》、2000年7月民政部《关于建立村民委员会选举情况统计报表制度的通知》等等。

关于村务公开的政策规定主要有：2009 年 7 月全国村务公开协调小组《关于印发村务公开和民主管理"难点村"认定参考标准的通知》，2009 年 7 月全国村务公开协调小组《关于印发〈村务公开和民主管理"难点村"治理工作宣传提纲〉的通知》，2009 年 11 月全国村务公开协调小组《关于增加全国村务公开协调小组成员单位的通知》，2008 年 9 月全国村务公开协调小组《关于开展全国村务公开民主管理示范县（市、区）推荐申报工作的通知》，以及 2009 年 2 月中央纪委、中央组织部、中央农村工作领导小组办公室等《关于开展村务公开和民主管理"难点村"治理工作的若干意见》，2004 年 6 月中共中央办公厅、国务院办公厅《关于健全和完善村务公开和民主管理制度的意见》，1998 年 4 月中共中央办公厅、国务院办公厅《关于在农村普遍实行村务公开和民主管理制度的通知》，等等。

关于社区建设的政策规定主要有：2009 年 11 月民政部《关于进一步推进和谐社区建设工作的意见》，2009 年 1 月国家安全监管总局《关于深入开展安全社区建设工作的指导意见》，2015 年 5 月中共中央办公厅、国务院办公厅印发《关于深入推进农村社区建设试点工作的指导意见》，2000 年 11 月中共中央办公厅、国务院办公厅转发民政部《关于在全国推进城市社区建设的意见的通知》，等等。

此外，在基层自治领域还有关于民主监督的规范性文件。2012 年民政部等 12 部委印发的《关于进一步加强村级民主监督工作的意见》中提出了"建立健全村务监督机构，普遍开展民主评议、村干部任期和离任经济责任审计，逐步建立起责权明晰、衔接配套、运转有效的村级民主监督机制。到 2020 年，实现村级民主监督制度完善、监督形式丰富、民主评议有效、经济责任审计规范的目标，切实保障农民群众的知情权、参与权、表达权和监督权"的目标任务。

从上述政策规定的发文机构来看，既有国务院、国务院办公厅的发文，也有民政部、国家安全监管总局等国务院行政部门，还有中共中央办公厅、全国村务公开协调小组等党内机构。

第四节　基层民主法治建设中的
经验与问题

作为国家治理体系的组成部分，基层治理水平是国家治理能力与效果的重要体现。从中国基层治理的现实语境出发，基层治理的最终落脚点还在于如何有效地推进社会自治，进而使公民个体的自身权利得以保障。① 总体来看，《村民委员会组织法》《居民委员会组织法》的贯彻实施，初步理顺了国家与村居民的利益关系、党支部与村委会居委会之间的关系、村居干部与村居民之间的关系、村居民与村居民之间的关系。村民自治的发展，主要成效表现在以下几个方面：第一，推进了农村基层的社会主义民主建设，扩大了农民群众当家作主的权利，增强了他们的民主意识和自我管理、自我服务、自我教育、自我监督的民主自治能力，给农村工作注入了新的生机和活力，极大地推动了农村物质文明、政治文明和精神文明的协调发展。第二，在改革开放、实行社会主义市场经济、农村经济社会结构和管理体制发生深刻变化的背景下，有效地维护了农村社会稳定，化解了很多新出现的矛盾和不稳定因素。例如，村委会实行"村务公开"制度，村民依法行使民主选举、民主决策、民主管理、民主监督的权利，遏制了村干部发生以权谋私现象，密切了党群、干群关系。第三，保证了广大农民群众能够面向市场，因地制宜地依法进行自主生产经营和致富奔小康，促进了农村经济的持续稳定和快速增长。相比村民自治的发展，城市社区自治经历了一个迟缓的爆发过程，也取得了不可忽视的成就，最为突出的表现是：发展的开放性和多元化，公民性得以大力培育，现代服务体系初步建立等。②

当然，以村民自治、居民自治为核心的基层民主自治建设也存在着一些需要继续探索和解决的问题：

一是，乡镇政府与村委会、街道办与居委会之间的工作关系需要从

---

① 郑建君：《公共参与：社区治理与社会自治的制度化》，《学习与探索》2015 年第 3 期。

② 赵秀玲：《中国城市社区自治的成长与思考 ——基于与村民自治相参照的视野》，《江苏师范大学学报》（哲学社会科学版）2013 年第 6 期。

法律上进一步予以明确性。《村民委员会组织法》《居民委员会组织法》规定二者之间是指导与被指导的关系，但在实践中基层政府如何"指导"村委会、居委会的工作还有待于进一步明确。这会产生正负两方面的影响：一方面，宪法与法律立意于通过法律确认和政府推动完成社会主义性质的社会结构再造，通过培育相对自主的社会组织来带动城乡的自主治理，以不增加政权压力和行政成本的方式，实现国家对基层社会的政治整合。这样的一种制度设计，与执政党建国初期的民主理念和执政方针相契合，却囿于中国民族国家的历史生成逻辑，以及由此逻辑主导的"计划经济社会"的治理模式，而不得不在制度实践的层面上发生自治功能的内卷化（involution）①。反映在基层自治领域，具体表现为一个更为理想化的、体现了执政党民主理念的制度设计，与不得不更为现实的、国家权力组织结构中的制度实施之间的无关联性，以及由此而导致的任何一项立足于前者的举措，都被不断地内卷于现实的权力关系格局中。②当然，力的作用是相互的，基层民主的发展也在一定程度上遏制了处于国家权力末梢的、自上而下的行政监控能力较弱的基层政权的掠夺性倾向，对防止国家政权建设的"内卷化"有一定现实意义。③

另一方面，在基层群众自治制度产生和初步发展阶段，村民自发组织的村民委员会被认为是全体村民意志的体现，其承担的职能也由最初的维持治安发展到其后的与村民自我管理、自我服务相关的全部职能。村民委员会被定性为农村的基层群众自治组织，人们普遍相信，只要村

---

① "内卷化"的概念，由美国人类学家克利福德·格尔茨首创，意指具有高度自我复制能力的传统结构，以其日益精致化的内部调整来应对变化的环境，致使革新因素不断地内卷于传统的结构之中而难以达至真正的变革。参见 Clifford Geertz, Peddlers and Princes：SocialDevelopment and Economic Change in Two Indonesian Towns, Chicago：The University of Chicago Press, 1963。杜赞奇曾以"经纪统治"一词描绘清末民初中国乡村社会中的税收权力关系。项飚等人借用杜赞奇的上述概念，以"被动经纪模式"形容居民委员会的创利行为，认为行政隶属关系仍然是居委会与政府关系的主要内容，所谓的"给政策"，即令居民委员会自行创收，以解决为完成越来越重的"上级任务"所需经费的经纪行为，只能算作被动的经纪模式。参见项飚、宋秀卿《社区建设和我国城市社会的重构》，《战略与管理》1997 年第 6 期。

② 胡位钧：《20 世纪 90 年代后期以来城市基层自治制度的变革与反思》，《武汉大学学报》（哲学社会科学版）2005 年第 3 期。

③ 刘义强：《村民自治发展的历程、经验与机制探讨》，《华中师范大学学报》（人文社会科学版）2008 年第 6 期。

民委员会能够良好地运行，村民自治即可实现。但这一单极的机构设置有可能出现异化倾向，可能会僭越村民自治权，于是诸如村民会议等一系列制度被设计出来，试图促进、制约、监督村民委员会行使职权，以更好地代表村民的意志。① 总而言之，在基层群众自治的初建时期，村民委员会、居民委员会是整个基层自治制度设计的起点，因此，基层自治的立法也首先是以规范村居民自治的组织载体和制度的《村民委员会组织法》《居民委员会组织法》为核心内容，而不是以规范村居民自治行为的村居民自治法为中心构建村民自治法律体系。这样的立法模式，这种以村民委员会、居民委员会为核心的自治立法体系，使村民委员会、居民委员会在一定程度上成了代替居民自治的"准国家机关"，不符合自治权的应有内涵，因此也不利于基层自治制度的发展。特别是，当基层自治制度组织构建基本完成，并进入深化发展阶段时，这一立法模式的瓶颈就更加凸显了。

二是，基层民主的内容，从制度建构的角度称谓"四个民主"，即民主选举、民主管理和民主监督；从实现自我的角度是指"四个自我"，即自我管理、自我服务、自我教育和自我监督。1997 年党的十五大报告写入"四个民主"，1998 年正式通过和实施的《村民委员会组织法》对"四个民主"作了具体规定。但是，在实践中，我们也可以观察到，民主选举受到了普遍关注和立法保障，但民主管理、民主决策和民主监督却难于接力民主选举而发展不足。于是，"村民自治呈现出一种偏斜的状态，这种偏斜运行的结果导致村民自治制度的自我管理、自我教育和自我服务功能严重萎缩，从而使村民自治产生的实际功效与人们的预期形成了强烈反差"②。究其根源，乃是立法者们试图以村民委员会组织法来全面规范村民自治的立法构想所致。③ 从理论上讲，以村民自治权作为村民自治制度的逻辑起点，不同的村民自治组织承载着村民自治权不同维

---

① 秦小建：《村民自治立法的定位：现实检讨及未来走向——以 2010 年新〈村民委员会组织法〉为对象》，《四川师范大学学报》（社会科学版）2011 年第 4 期。

② 陈前：《现阶段村民自治运行的困境及其解决思路》，《东北师范大学学报》（哲学社会科学版）2005 年第 4 期。

③ 秦小建：《村民自治立法的定位：现实检讨及未来走向——以 2010 年新〈村民委员会组织法〉为对象》，《四川师范大学学报》（社会科学版）2011 年第 4 期。

度的价值，它们之间的职权分工及多维关系才是村民自治制度的主线，才是村民自治权的全貌。作为村民自治制度的基本法律，其基本任务就是要展现并规制这一全貌。

正是鉴于村民委员会作为基层自治的执行组织，其本身并不足以完全体现作为村民自治基本精神的"四个民主"。而且实践中，村民自治"四个民主"的发展也不平衡。例如，村民委员会的民主选举和"村务公开"做得较好，但民主决策和民主管理工作则存在不同程度的形式主义，对村民委员会和村干部的民主监督落实得不到位，村民会议、村民代表会议流于形式的现象较为普遍。因此，不少学者呼吁制定"村民自治法"，或制定统一适用于村民自治和居民自治的"基层自治法"，与《村民委员会组织法》《居民委员会组织法》共同构建基层自治的基本法律框架。

三是，根据现行《村民委员会组织法》《居民委员会组织法》的规定，村民会议、居民会议的召集权由村民委员会、居民委员会行使，而且村民委员会、居民委员会是召集村民会议、居民会议的唯一有权主体。这样的立法规定，首先在逻辑上就不能自洽：村民会议和居民会议是基层自治制度中的自治机关，是民意的最高表征，是有权决定村居重大事务的"权力机关"；而居民委员会、村民委员会则是一个执行机关，是村民会议和居民会议的执行机关，受其监督向其报告工作；法律关于村民会议、居民会议召集权的规定，在逻辑上就是说，要由被监督的执行机关决定能监督自己的"权力机关"是否可以启动和履职，这与法治的基本逻辑和要求不符。实践中，这样的规定也导致了村民会议、居民会议自治权难以充分行使。在 2010 年修改《村民委员会组织法》之前，学界就对"村民委员会行使村民会议召集权"的规定进行了反思，但是修改后的《村民委员会组织法》依然做出了"村民委员会应当依法行使村民会议召集权"的立法规定，并赋予了村民委员会召集村民会议的垄断权力。这种立法设计，可能为今后城镇化建设进程中引发村民自治体内大量群体性冲突预设了制度前提。①

---

① 江启疆：《创设村民会议常设监督机构论——以打破村委会对村民会议召集权的垄断为视角》，《广东社会科学》2014 年第 6 期。

　　四是，关于设立专门监督机构的立法规定，有学者提出了异议。笔者认为在未来的《居民委员会组织法》修改和《村民委员会组织法》进一步完善修改时，应结合实践的情况，考虑如何设计事前监督与事后监督的功能结构与相互关系，如何构建更加富有实效的监督体系。学者提出的建议是无须专门建立村务监督机构。其一是村民自治属于微观民主范畴，机构应该是少而精，管用就行。村民会议和村民代表会议本身就具有监督职能，现在的民主组织资源不去充分利用，却再新起一个炉灶，既增加换届选举的负担和选举成本，又增加运行成本。其二是专门建立村务监督机构，显然是把重点放在了民主监督上。而从农村实际出发，选举之后的村民自治，应该把重点放在事前的民主决策和民主管理上，使民选村官不犯或少犯错误，而不应放在错误已成事实的事后民主监督上。①

　　五是，居民委员会、村民委员会的法人地位问题。在我国，居民委员会、村民委员会的组织数量众多，但由于现行《居民委员会组织法》《村民委员会组织法》对基层群众性自治组织地位的规定，只具有原则性，缺乏可操作性。特别是未确立居民委员会、村民委员会的法人身份，严重地影响了社区自治的进程，例如，在社区建设如果产生民事纠纷，社区居民委员会不能以独立法人的身份去处理；由于不具备法人身份，无法建独立的账号，社区居民委员会的财政只能由街道办托管，限制了居务和财务公开，群众难以监督；由于不具备法人身份，社区居民委员会一些满足社区居民需求的服务项目难以经营；由于不具备法人身份，居民委员会也很难获得各方面的赞助经费。法律规定的不完善，使社区自治缺乏经济上的支柱，也造成了社区自治组织运作的不确定性。2017 年颁布实施的《民法总则》新增了"特别法人"的类别，将机关法人、基层群众性自治组织和农村集体经济组织、合作经济组织等涵盖其中。该法第 101 条规定："居民委员会、村民委员会具有基层群众性自治组织法人资格，可以从事为履行职能所需要的民事活动。未设立村集体经济组织的，村民委员会可以依法代行村集体经济组织的职能。"根据《民法总则》的这一规定，不少基层群众自治组织已经取得了法人资格。因此，

---

　　①　郑梦熊：《村民自治实践中存在的问题和出路——兼论〈村民委员会组织法〉修改》，《东南学术》2010 年第 4 期。

建议将来立法完善《居民委员会组织法》和《村民委员会组织法》时，要与《民法总则》的规定相衔接。

六是，现行《居民委员会组织法》没有对居民委员会与业主委员会、物业服务企业的关系作出相应规定。在实际工作中，居民委员会与业主委员会、物业服务企业三者之间协调不够，推诿扯皮现象尤为普遍。而且《居民委员会组织法》的立法严重滞后于现实的需要，建议及时修订《居民委员会组织法》，修法应着重明确居民委员会与业主委员会、物业服务企业的关系，社区居民委员会是社区主体组织，要积极支持物业服务企业开展多种形式的社区服务；业主委员会和物业服务企业要主动接受社区居民委员会的指导和监督；要建立健全社区党组织、社区居民委员会、业主委员会和物业服务企业协调机制，及时协调解决物业服务纠纷，维护各方合法权益；社区居民住宅小区召开业主大会、业主委员会时应当告知住宅小区所在社区居民委员会，并听取其意见。同时，《城市街道办事处组织条例》的修订，以及社区管理的配套立法也应跟进，与新修订的《居民委员会组织法》共同构建社区自治的法律体系。

上　编

基层选举的法治保障

第 三 章

基层选举现状分析

政治学家默里·埃德尔曼认为,(民主)选举是一种有助于公众归顺既定政治秩序的象征性仪式。它有助于"抚慰在具体政治行为方面产生的不满和疑虑,增加对本制度合理性和民主性的认识,进而培养顺从未来的行为习惯"[1]。1941 年 1 月 30 日,毛泽东在《陕甘宁边区政府为改选及选举各级参议会的指示信》中说:"民主政治,选举第一","民主的第一着,就是由老百姓来选择代表他们出来议事管事的人"。他强调,"如果有人轻视选举,或是说不要选举,那就是等于不要民主"。[2] 陕甘宁边区参议会副议长谢觉哉指出:"选举及议会制度,是民主政治的主要表现","民主,就必得有选举,有民意机关,有真的选举与民意机关"。[3]可见,在民主政治建设中,选举的重要性是一个基本共识。

需予说明的是,我国《宪法》第 34 条规定的选举权是指:"公民选举代表机关代表、国家机关公职人员的权利,它也包括公民被选为代表机关代表和国家公职人员的权利。"基层自治不属于国家形态上的民主,而只是社会意义上的民主,因此选举村民委员会、居民委员会的权利,不是宪法第 34 条规定的选举权和被选举权,而是根据《宪法》第 111 条关于基层群众自治制度的规定,由《村民委员会组织法》《居民委员会组织法》及相关配套立法和政策规定规制的"基层选举权"。

---

[1]　房宁:《现代政治中的选举民主》,《战略与管理》2000 年第 6 期。

[2]　韩延龙、常兆儒:《中国新民主主义革命时期根据地法制文献选编》第 1 卷,中国社会科学出版社 1981 年版,第 213 页。

[3]　《陕甘宁边区政权建设》编辑组:《陕甘宁边区参议会》(资料选辑),中共中央党校科研办公室 1985 年版,第 636—637 页。

在基层自治中，村居民的民主选举是自治工作的基础。只有把民主选举搞好了，才能为基层自治健康运行提供必要的前提。

第一节　选举及村居民自治

以城市社区中的选举和居民自治为例，社区自治是指在一定的时空范围内居民采取集体行动自主表达、维护权利的制度安排和过程，凡是与居民权利有关的各类活动都应该纳入居民民主参与和民主监督之中。①社区自治虽然是指社区居民自主管理社区事务，但是社区的自治不是单一和孤立的，它与整个社会的发展、市场的成熟、政府的职能变化构成有机的统一体，即社区居民的参与、政府功能的张弛、政府职能的转变、党的核心领导构建了社区自治的基础、前提、条件和保障。②那么，在这个有机的统一体中，社区自治究竟包括哪些具体内容呢？

城市社区居民自治的主要内容是民主选举、民主决策、民主管理和民主监督四个方面。在民主选举方面，选举的形式经历了由候选人提名到自荐报名，由等额选举到差额选举，由间接选举到直接选举，并打破了地域和身份的限制，民主程度不断提高。在民主决策方面，社区居民是民主决策的主体，通过社区居民会议、协商议事会、听证会等有效形式和渠道，对社区内公共事务进行民主决策。在民主管理方面，居委会依法办事，按照社区居民自治章程和规约规范工作，努力增强居民当家作主意识，实现"社区的事大家管"。在民主监督方面，实行居民委员会事务公开，凡是居民关心的热点、难点问题和涉及全体居民切身利益的重大事务，都应及时向居民公开，并通过召开居民评议会，听取居民意见，接受居民监督。③

笔者以为，按照行为的性质将社区自治的内容分为选举、决策、管理和监督，与国家权力运行逻辑和结构具有对应性，即选举规则制定者、

---

①　陈伟东：《中国城市社区自治的发展道路》，李凡主编：《中国基层民主发展报告：2002》，西北大学出版社 2003 年版，第 79 页。

②　于燕燕：《社区自治与政府职能转变》，中国社会出版社 2005 年版，第 194 页。

③　中华人民共和国国务院新闻办公室：《中国的民主政治建设》，2005 年 10 月发布。

制定规则、执行规则和监督规则的实施。但是，现实中社区居民的自治行为，往往不是从行为性质的角度来定位的，他们不是为了决策而决策，或为了管理而管理，他们一定是针对某一个具体的社区事务，一定是参与某项具体社区事务的决策、管理或监督，而且，完成对一项社区事务的参与会涉及选举、决策、管理和监督中的一个或多个环节。所以下文将以事项来构建社区自治的内容。韦伯指出，"自治意味着不像他治那样，由外人制定团体的章程，而是由团体的成员按其本质制定章程（而且不管它是如何进行的）。自主意味着，领导人和团体的行政班子依照团体自己的制度任命，而不像不自主的团体由外人任命的那样（不管任命是如何进行的）。"① 由此，社区自治的内容可以分为三个部分：社区选举、制定自治章程和社区事务治理。

1. 社区选举

在农村，根据《村民委员会组织法》的规定，村民委员会已经全面实现了直接选举。在城市，社区选举包括对社区居民委员会的选举和对业主委员会的选举，其中社区居民直接选举社区居委会成员，是中国城市社区民主建设最为突出的成就，也是启动城市社区自治、社区参与的支点。从 1998 年在青岛市四方区第一次尝试由全体居民直接选举社区居民委员会以后，1999 年上海市也出现了直接选举的几个例子。2000 年直接选举的面积有所扩大，南京也实行了试点。2001 年广西开始了较大范围的直选试点，有 20 多个社区进行了直接选举的试验。这一阶段，尽管社区直接选举的范围在不断扩大，但到 2001 年为止，实行直接选举的中国城市社区的总数不多，所涉及的城市也不多。

2002 年 5 月，广西经过充分的准备，在全区范围内尽可能地在城市地区推动社区的直接选举。直接选举从 5 月份启动，到 10 月份基本结束，根据统计结果，广西共有 3518 个社区进行了直接选举，约占全自治区社区总数的 46%。其中，以地市为单位统计，社区直选比例最高的是百色地区，占 77%；其次是钦州市，占 74%；再次是贺州市，占 60%；北海、柳州、南宁三市分别为 50%、34% 和 30% 左右。以县、市、区为单

---

① ［德］马克斯·韦伯：《经济与社会》（上卷），林荣远译，商务印书馆 1997 年版，第78 页。

位统计，社区直选比例最高的是武鸣、平果、田东、德保、乐业、那坡、凌云等县，均为 100%。绝大部分社区直选的选民参选率都达到 80% 以上。广西在省级范围内的城市社区直接选举的成功试行，产生了重大的影响，大大推动了直接选举的发展，包括像北京、广州、深圳、沈阳这样的中心城市也加入到了直接选举的行列中。

2002 年是中国城市社区直接选举载入光辉史册的一年。不仅在广西的带动下，社区直接选举的范围得到了迅速的扩展；更为重要的，城市社区的直选引起了社会的广泛关注，社区选举已经越来越被有关部门、政府官员、学者和广大市民所接受。媒体从 2002 年开始也对城市社区的直接选举给予了更大的关注：2002 年 6 月 13 日《人民日报》华南版就以整版的篇幅报道了广西柳州直接选举的情况；北京市为准备 2003 年上半年城市社区换届选举，于 2002 年 8 月 17 日在东城区九道湾社区进行直接选举试点，引起了国内外几乎所有重要媒体的关注，更激发了社会对城市社区选举的注意。2002 年关于社区直选的学术文章和学术研讨会也大量增加，对社区直接选举的关注已经引起了专家学者的注意。这一切都表明 2002 年社会公众已经开始关注城市社区的直接选举，在这样的关注之下，客观上打开了城市社区直接选举的发展之门。①

2002 年后，城市社区居民直选蓬勃发展。2005 年国家有关部门对民政部 26 个试点城区的调查表明，城市社区居民对社区居民委员会直选持积极参与的态度，超过九成选民参加了投票。通过直选成立的社区居民委员会呈现出年轻化、知识化和职业化的趋势。2006 年上半年，北京市根据《居民委员会组织法》进行了第六届社区居民委员会选举工作。全市 2523 个社区，有 2313 个社区参加了本次选举。共选举产生第六届社区居委会成员 15232 人，其中主任 2313 人，副主任 2763 人，委员 10156 人。选举工作取得了较好效果，居委会成员整体素质明显提高。② 至此，包括北京在内的很多大中城市社区直接选举都走上了常规化、制度化的

---

① 李凡：《2002 年中国城市社区直选的发展》，李凡主编：《中国基层民主发展报告：2002》，西北大学出版社 2003 年版，第 36—48 页。

② 于燕燕主编：《2007 年：北京社区发展报告》，社会科学文献出版社 2007 年版，第 108 页。

道路。

社区选举的第二项内容是业主委员会的选举。虽然 2003 年 9 月 1 日正式实施了《物业管理条例》，其中明确规定了业主委员会作为小区内自治组织的产生和运行方式，但是，业主委员会的选举显然不如居民委员会选举进展得顺利。以北京为例，在 2006 年举行第六届居民委员会换届选举工作时，北京有成熟小区 4200 余个，而成立小区业主委员会的，只有 400 余个，仅占总数的 10% 左右，而这 10% 的小区，能真正实现民主化建设的不足一半。[①] 一个主要的原因是，居民委员会的直选有政府部门的支持和动员，而业主委员会的选举，虽然根据 2007 年《国务院关于修改〈物业管理条例〉的决定》，应当在相关政府部门的指导下成立业主大会，选举产生业主委员会，但是实践中政府往往疏于指导，业主委员会的成立多依赖于业主的自发行为，所以发展过程相对缓慢也是符合现实的。无论如何，业主委员会选举是社区选举的重要组成部分，而且较居民委员会选举更少受到体制性的限制或自身行政化趋势的局限，因此，业主委员会的选举甚至可能"成为中国城市社区民主发展的另一个支撑点或载体"[②]。

2. 制定自治章程

社区作为一个自治单位，拥有居民委员会和业主委员会两个自治组织，从法理上说，这些自治组织都应该依据居民和业主参与制定的自治章程或公约管理社区事务、提供社区服务。但是，《居民委员会组织法》中没有关于社区自治章程的规定。《物业管理条例》第 6 条规定，业主在物业管理活动中，享有"提出制定和修改管理规约、业主大会议事规则的建议"的权利；第 11 条规定，"制定和修改管理规约"由业主共同决定；此外条例还放弃了以往"业主公约"的称谓，特别规定业主的自治章程一律称为"管理规约"。

实践中，虽然选举成立业主委员会的小区比例不高，但因为选举业主委员会本身具有较强的自发性，所以在成立业主大会前后多先行制定

① 朱丽君：《浅谈城市社区民主》，《北京城市学院学报》2006 年第 1 期。
② 韦朝烈、唐湖湘：《业主委员会：城市社区民主发展的可能载体——广州嘉和苑业委会调查》，《广东行政学院学报》2007 年第 2 期。

了《业主大会议事规则》《业主委员会成立程序》《业主委员会章程》、《管理规约》等自治章程。这些自治章程多由业主中的热心者草拟，政府的直接干预性不强。如今，草拟这些自治章程甚至可以借助互联网找到参考模板，非常便捷。

在社区建设、社区参与式治理的理念下，社区自治章程被视为"社区内部的制度重构"。① 《居民委员会组织法》虽然没有相关规定，但出于对农村村民自治的经验借鉴和对城市社区建设的适应，各社区纷纷制定了自治章程。但是，自治章程的制定主体有区政府、政府部门、社区等几种形式，体现了政府的指导性，与韦伯所说的自治意味着"由团体的成员按其本质制定章程"有所不同。

3. 社区事务

广义上说，社区自治的对象包括与居民权利有关的所有活动和所有事务。居民的权利需求不是抽象的而总是指向某种具体的产品形态（社区产品），如稳定的社区秩序、洁净的街道、清新的空气、便利的生活（各种便民利民设施和项目）、和谐的人际关系、完善的社会保障、良好的医疗保障、便捷的公共活动空间等。根据社区产品是否具有排他性、是否具有竞争性，社区产品可以分为个人物品、集体收费物品、共用资源、集体福利物品。物品多样性意味着物品供给机制的多样性，可以由政府、社区组织、社会中介组织、企业甚至居民自己分别或合作生产（提供）。因此，所谓社区事务，是指为满足社区居民权利需求而由政府、社区组织、社会中介组织、企业、居民分别承担或共同承担的各类事务的总称。②

社区事务的自治建立在几个理论假设之上：一是社会发展已使多数人的政治参与成为可能。二是少数政治精英的统治，不能保证所有的决策正确，更不能保证精英集团内部因权力过大和监督不力而出现反制度

---

① 参见王敬尧《参与式治理——中国社区建设实证研究》，中国社会科学出版社 2006 年版，第 75—85 页。作者在文中，以分别由区政府社区体制改革领导小组办公室、区人民政府和社区居委会制定的沈阳和平区、西安新城区×社区、武汉玉兰里社区三份自治章程为实证考察对象，作了细致的文本对比和解读。

② 陈伟东：《中国城市社区自治的发展道路》，李凡主编：《中国基层民主发展报告：2002》，西北大学出版社 2003 年版，第 81 页。

因素，这种决策失误和超出制度之外的政治活动，对于社会进步的阻碍亦十分巨大。三是大多数民众由于掌握信息和政治活动能力存在局限性，加之利益差异巨大，故对于可以直接感知的区域或领域的公共事务参与热情更高，因而真正的民主总是存在于较低层级的有限范围。四是具体的、基层的、区域的事务最好交由地方民众去解决，中央尽量不要去干预，更不要包办，主要作为指导、协调和跨区域管理的机构。五是必须在合适的层级建立制度性设施，才能保证最广泛的民主政治参与和减少不必要的决策失误。①

在广泛的社区自治事务范围内，比较符合刘一皋所提出的五个理论假设条件的，就是楼群自治和门栋自治。王敬尧和杨敏分别从自治机制运行情况和居民参与自治的内在动机的角度，实证考察了武汉市部分社区中的楼群自治和门栋自治情况。②

武汉市在 1998 年创建文明小区的过程中，龙柏、中宪、澄浪等社区的墙门（楼栋单元）居民自发提出了墙门自治的要求，包括：（1）墙门代表通过召开户主会议来讨论自己楼群的形象设计；（2）建立不定期的"户主会"制度，做到有事共同商量、互相配合；（3）为了促进邻里之间的相互认识和了解，建立通信联络网；（4）制作资料传阅袋，宣传法律法规、社会公德、科技知识，以及家庭、生育、健康等方面的知识；（5）设立墙门基金；（6）构建楼道公共秩序等。这些社区的楼群自治是通过"一代三员"的组织结构实现的。"一代三员"是指每一个楼群都有自己的墙门代表、宣传员、调解员和卫生员，他们是社区自治活动开展的骨干力量。在武汉的社区里，一般是以 3—4 个楼道单元构成的一栋楼为一个门栋，每一个楼房由本楼居民选举或推荐 1 位门栋长作为意见代表，门栋长也是居民小组长，负责实施对本楼栋的管理，例如水费收缴、环境卫生、治安秩序、教育宣传等。门楼代表的选举或荐举，都是在社区居民委员会的组织和协调下进行的，从选举结果来说，一般都是共产党

---

① 刘一皋：《中国现代政治制度史讲演录（中华民国部分）》，http：//bbs. scu. edu. cn/ wForum/disparticle. php? boardName = History&ID = 19896，2012 年 3 月 30 日访问。

② 王敬尧：《参与式治理——中国社区建设实证研究》，中国社会科学出版社 2006 年版，第 123—139 页；杨敏：《作为国家治理单元的社区——对城市社区建设运动过程中居民社区参与和社区认知的个案研究》，《社会学研究》2007 年第 4 期。

员，文化层次高，或是曾经担任过领导职务的离退休人员，甚至可能是由居住在本社区的国家公务员兼任。宣传员、调解员和卫生员是由各墙门代表召开户主会议时推选的，也多由离退休人员担任。

杨敏着笔于叙述具有不同需求的居民群体为何和如何进行社区参与。通过他的考察，一方面同意，离退休党员和门栋组长的志愿性参与正是社区建设运动所倡导的社区参与，即利用居民委员会组织动员居民参与社区服务、社区环境卫生、社区治安等社区事务；另一方面认为，志愿性参与除了离退休党员、干部外，还有低保居民。而且，低保居民的社区参与"在宣传层面上是一种志愿参与，实际上是在义务劳动协议下的强制性参与。他们所能参与的社区事务通常是被安排好的，主要包括义务劳动、值班和治安巡逻，自己没有太大的选择权。社区参与对于低保居民的意义就在于这是获得和维持低保金的一种必要付出"。由此，从消极层面说，居民委员会与低保居民之间形成了一种通过社区参与得以体现和强化的支配和依附的权力关系；从积极角度看，低保居民为了这种"福利性参与"，往往自我塑造积极分子形象，主动寻求与居民委员会之间的庇护关系。

如上可见，即便在社区事务自治领域最为成功的楼栋自治，也不单纯是居民基于解决自身居住环境中的日常事务的需要而自发形成的参与方式，仍然带有以培养、塑造积极分子、先进分子为重心的"国家动员—群众参与"的逻辑和技巧。正是后者，削弱了楼栋自治中居民参与的心理效应和政治效能感，使得这一参与形式的"溢出效益"并不显著。

第二节　参与区县人大代表的竞选

2003 年 12 月 10 日，当北京市回龙观的业主聂海亮当选为昌平区人大代表的时候，一个非常有代表性的"业主—维权—利益代表"的逻辑发展程序有了一个象征意义的结局。① 社区公民参与区、县人大代表的竞选，是社区参与借助参与的教育功能，向社区外的政治领域延展的成功体现，虽然具有相当的偶然性和偶发性。

---

① 李凡：《中国基层民主发展报告：2003》，法律出版社 2004 年版，第 336 页。

业主参与区人大代表的竞选始于 2003 年 4 月和 5 月，深圳市的区级人大代表选举。[①] 在这次换届选举中，出现了一批"民荐候选人"和"自荐竞选者"，其中有三位业主：吴海宁、邹家键、叶原百。这些业主走出社区，参与国家地方权力机关代表的竞选，都基于相同的经历和原因——维权。

吴海宁是麻岭社区凯丽花园的业主，从 1998 年起，为争取居民房产证，带领业主持续上访，并使问题得到了彻底解决。他的参选动机是："如果能够当选人大代表，通过体制内的途径提交议案，业主维权的事情就好办多了。"邹家键是深圳景洲大厦的业主，因为住宅电梯和物业管理事宜，两次自掏腰包打官司，结果一胜一败。他的参选动机是："如果我是人大代表，就可以直接通过提交议案方式反映业主的呼声。"叶原百是益田村的业主，因为物业管理乱收费的问题，他被推选为楼长，代表居民与小区管理处交涉，使问题得到了部分解决。他的参选动机是："如果我当选人大代表，维权就有合法的渠道，说话就更有分量了。"可见，他们都是为了经济上的维权而自然而然地走上政治参与的道路，希望借助更高级的话语系统和政治平台来继续维护和促进自己所代表的群体的经济利益。

深圳市三位业主的竞选虽然都以落选告终，但其示范效应却影响深远。同年 12 月，北京市区县人大换届选举中，朝阳园小区的舒可心，回龙观社区的杜茂文、杨逢臣、聂海亮，水清木华园的邵夏珍，银地家园的陈俊超，天通苑的周温斌、王瑞琦等业主纷纷参与了竞选。这其中，聂海亮是唯一的当选者。他的成功当选表明，在回龙观小区有效地形成了一个以房产为纽带的"利益共同体"，居民的参选和投票带有强烈的保护私有财产的利益诉求。[②]

由保护私有财产和个人利益出发的维权行动，逐步发展到保护小区共有财产和共同利益的集体行为，再进一步升华为积极的政治参与。这

---

① 唐娟：《对深圳市区级人大代表竞选现象的研究》，李凡主编：《中国基层民主发展报告：2003》，法律出版社 2004 年版，第 37—70 页。

② 常成：《2003 年北京市区县级人大代表竞选的过程和问题》，李凡主编：《中国基层民主发展报告：2003》，法律出版社 2004 年版，第 124—138 页。

恰恰符合佩特曼的重笔阐述：参与基于利益机制而具有最为基本的保护性功能，从参与的保护性功能到广义的教育功能的发展，为参与民主向更高层次政治领域的拓进提供了一条现实可行的路径，而更高层次的政治参与是为了更好地整合利益。正是在这样一个逻辑链条上，业主参与区县级人大代表竞选的实践，生发了社区自治和民主发展之间的关联性。

第三节　城市农民工的选举权

中国是一个传统的农业大国，数千年来中国的人口结构以农村人口为主。2011年第六次全国人口普查数据显示，目前我国居住在农村的人口为6.7415亿，占总人口的50.32%。改革开放后，因到城市务工能得到比农村务农更多的收入，大量的农民从离土不离乡到离土又离乡涌入城市，形成了一个特殊的群体——城市农民工。这里所指的城市农民工是指不改变户口登记地即户口在农村而进入城市工作、生活，以工资收入或其他收入为主要经济来源的"人户分离"的人口。官方对农民工的定义，是指户籍仍在农村，在本地从事非农产业或外出从业6个月及以上的劳动者。[1] 据国家统计局资料显示，农民工队伍以每年百千万的速度增加，至2016年农民工总量达到28171万人，比上年增加424万人，增长1.5%，增速比上年加快0.2个百分点。[2] 农民工作为中国社会转型时期出现的一个数量庞大且不同于传统农民和工人的新兴阶层，已经成为我国政治稳定与社会和谐发展中一支不可忽略的重要力量。

作为一个新兴的社会群体，从进入城市的那一刻起，因为制度、文化等诸多因素的影响，农民工的各项权益受到不同程度的侵害，由此产生了一系列社会问题。有效维护农民工的各项权益，最根本途径是要提高其政治地位，畅通政治参与渠道，更好地反映这一阶层的利益诉求。但在实践中，农民工的政治参与程度极低，其享有的最基本政治权利，

---

[1]　国家统计局：《2016年农民工监测调查报告》，中华人民共和国国家统计局官网，http://www.stats.gov.cn/tjsj/zxfb/201704/t20170428_1489334.html，2017年4月28日发布，2020年2月29日访问。

[2]　同上。

同时亦是最为有效反映这一阶层利益诉求的权利——选举权，在原户籍地或现居住地的实现均存在不同程度的制度障碍。

选举权是我国公民一项最基本、最重要的政治权利，直接关系到农民工的切身利益和社会和谐稳定。农民工的选举权，包括选举县乡两级人大代表及村民委员会成员两个层面，前者是《宪法》第 34 条规定的选举权与被选举权，后者是《宪法》第 111 条赋予的自治权利的重要组成部分。现实中，无论是选举县乡两级人大代表还是选举村民委员会，无论是在户籍所在地参加选举还是在现居住地参加选举，农民工选举权的实现均存在制度上和实践上的限制，使得他们的选举权在一定意义上是处于被虚置的状态。

1. 回户籍地参选

按照宪法、选举法、村民委员会组织法的规定，农民工作为农村人口的一员，当然享有户籍所在地的选举权利，但因长期工作生活在城市，与户籍地疏于联系，使得这一权利的实现受到了法律制度、经济成本和参选心理等多方面因素的限制。

首先是法律制度上的限制，集中体现在选民登记和投票选举两个环节。无论是选举县乡两级人大代表还是选举村民委员会成员，实现的前提均要进行选民登记，确认选举权利，由负责选举的机构对农民工的选举资格进行审查，并对确权人员登记在册，方能依法参加选举活动。可见，选民登记是参加选举的前提。

据全国 31 个省、市、区制定的村民委员会选举办法或实施细则的有关选民登记的条文来看，有两种情况：一是 21 个省、市、区对农民工这一特殊群体未作规定，对外出人员只是笼统地将其纳入到具有选民资格的选民之列。二是有 10 个省、市、区，虽提到外出人员的选举，但在选举时对其作了一些不同程度的限制。有的规定了期限，如海南省规定，外出一年以上，在选举日不能回村又未委托其他选民代其行使选举权的村民不计入本届选民总数内。除了期限的限定外，有的省份还有承担村民义务的规定，如甘肃、西藏选举办法规定，离开本村超过半年，未承担村民义务，其户口尚未迁出的不予登记。① 这些将履行村民义务作为选

---

① 唐鸣：《关于村委会选举选民登记的几个法律问题——对省级村委会选举法规一个方面内容的比较与评析》，《华中师范大学学报》（人文社会科学版）2004 年第 1 期。

民资格的认定条件之一，就将城市农民工排除在户籍所在地选民范围之外，使城市农民工无法享有户籍所在地的选举权，从而剥夺了其法定的选举权。

由上，农民工若想行使户籍地的选举权利，首先要知晓选举事宜，其次要符合当地的选民登记条件，最后办理登记手续才具备选民资格，否则将无法行使其在户籍地的选举权。对那些有资格参加户籍所在地村民委员会选举的城市农民工来说，参加村民委员会选举的方式有三种：一是直接回村参加选举，二是间接参加选举，三是函投，即亲自投票、委托投票、邮寄投票。

回村亲自投票，意味着误工，同时还要支付回乡期间的交通食宿等费用，以及在家探亲访友的额外费用。此外，由于在外工作，农民工与户籍所在地关系的生疏，利益关联性不强，而且当选概率也很低。根据成本—收益分析理论，个人无论在经济活动中，还是在政治生活领域中，都扮演着"经济人"的角色，力求自身利益最大化。选民是否参与选举，取决于参选的成本和预期收益之间的大小比较。如果参选的预期收益大于参选成本，选民会选择参加选举，反之，则倾向于放弃。对于广大的城市农民工而言，与其花费大量的时间、精力、财力去参加"有名无实"的选举，倒不如留在城市工作更加经济实惠，"参与选举已从一种主动权利变为一种被动的无奈放弃"。①

对于那些既不愿意回户籍所在地参加选举，又不愿自动放弃自己选举权的农民工，便以委托投票和邮寄投票的方式参与选举。许多地区"委托投票"多采用家人代投、电话委托等形式，明显与《全国人民代表大会和地方各级人民代表大会选举法》的要求和理念有差距。即使严格采用书面委托形式，由于农民工对户籍所在地政治生活和候选人情况不熟悉，其选举权也往往是交给了被委托人，委托人的初始投票意愿也时常被扭曲，并给某些人操作选举造成可乘之机。同时，在选举的现实操作中，委托投票已经成为某些选举工作人员片面追求参选率的工具。② 信函投票需要时间和费用的投入，在操作中还存在诸如函投的发送、邮寄

---

① 郑传贵：《农民工政治参与的边缘性不可忽视》，《理论与改革》2004 年第 5 期。
② 刘春明：《城市农民工选举权保障问题探析》，《三明学院学报》2011 年第 3 期。

时间长、易遗失、函投的接受、经费由谁负担等问题。同时，信函投票也存在农民工无法真正了解候选人的具体情况，不能保障农民工表达自己真实的选举意愿的问题。

　　基于上述法律制度、经济成本、利益关联度低、当选概率低等多方面的原因，农民工对参与户籍地选举的意愿大大降低，而且即使参加户籍地的选举，态度也多是敷衍了事。"中国农民工权利法律保护研究"课题组 2009 年对河南省郑州市的农民工回乡选举问题做过一项调查，在被调查的 526 位外出务工农民工中，有 435 人没有回乡参选，占被调查人数比例高达 82.7%，而仅有占 17.3% 的人参加选举。据孙伟的调查，在参加村民选举的农民工中，仅有 39.4% 的人是亲自回家投票的，其余 60.6% 的人均是通过亲属、朋友、村干部等委托形式投票的。[①] 如前所述，委托投票虽然方便了外出农民工参与家乡的选举，但实际操作中存在不少漏洞，很容易被冒领、修改选票等，不能完全体现选民意志，从而背离选民和民主选举的本意。再据湖南一次村民委员会选举的农民工参选情况调查，有 32.7% 的人认为"上面都定好了，选也白选"，11.2% 的人认为"我的一票起不到什么作用"，16% 的人认为"选举对我来说不重要"，10% 的人认为"选举太麻烦"，还有 8% 的人认为"选了对我也没有什么好处"。[②] 由此可见，农民工的选举态度不容乐观，呈现出低参选率、选举意识有待提高等问题。

　　2. 参加居住地选举

　　相对于在户口所在地，农民工更愿意在务工所在地参加选举。调查表明，有半数以上的农民工从来没有参加过人大代表选举，大多数（78.6%）农民工没有参加过务工所在地的人大代表选举。[③] 农民工愿意在务工所在地参加选举，却又难于实现的主要制度障碍，是关于"居住地"选民登记条件的法律规定。首先，各地选举规则往往是以在户籍地参选为原则，在居住地参选为例外。如现行的《安徽省各级人民代表大会选举实施细则》第 25 条规定："如人与户口不在一地的选民，一般应

---

①　孙伟、杨玖炼：《农民工的流动与选举权的流失》，《襄樊学院学报》2007 年第12 期。

②　邓秀华：《湖南农民工政治参与权益保障问题研究》，《湘湘论坛》2005 年第 6 期。

③　熊文钊：《农民工选举权状况的报告》，《新农村建设的制度保障》2005 年。

在户口所在地的选区进行选民登记。"《福建省县、乡两级人民代表大会代表直接选举实施细则》第 25 条规定："外来人口一般在原户口所在地登记。"其次，有的省份在上述原则规定之外，做出了参加居住地选举的具体条件。如《北京市区、县、乡、民族乡、镇人民代表大会代表选举实施细则》规定："户口在外省市现居住在本市的人员，一般应当在户口所在地参加选举，不能回户口所在地参加选举的，由本人提供户口所在地出具的选民资格证明，也可以在现居住地进行登记。"《浙江省县、乡两级人民代表大会代表选举实施细则》第 26 条第五项规定："在本地劳动、工作或居住而户籍在外地的选民，在户籍所在地选区登记，在现居住地一年以上而户籍在外地的选民，在取得户籍所在地选区的选民资格证明后，也可在现居住地选区登记。"可见，农民工实现居住地选举权的前提是要有居住地，并居住一段时间。

更为重要的是，根据《居民委员会组织法》第 8 条的规定，居委会选举"由本居住地区全体有选举权的居民或者由每户派代表选举产生；根据居民意见，也可以由每个居民小组选举代表二至三人选举产生"。实践中，由于城市居民委员会选举常常不是全体居民选举，而是由户代表或居民小组代表选举。由此，农民工，即便符合了居住的条件，也往往不是举家按户迁移在居住地，因此由户代表或居民小组代表选举居委会成员的实际做法，又大大降低了农民工参选的可能性。根据国家统计局统计数据，截至 2006 年，在进城农民工中，租房居住的农民工占62.4%，比上年下降 2.4 个百分点，其中租赁私房的农民工占 61%，比上年下降 1.9 个百分点。购房的农民工占 17.8%，比上年提高 0.5 个百分点，其中购买商品房的农民工占 16.5%，比上年提高 0.8 个百分点。单位或雇主提供住房的农民工占 13.4%，比上年下降 0.7 个百分点。以其他方式解决居住问题的农民工占 6.4%，比上年提高 2.6 个百分点。购买保障性住房和租赁公租房的农民工不足 3%。① 可见，大部分的农民工不符合以"户"为单位的选举。事实上，邓秀华教授对湖南省长沙市 439户农民工政治参与状况的问卷调查表明，农民工在城市的政治参与比例

---

① 国家统计局：《2016 年农民工监测调查报告》，国家统计局官网，http://www.stats.gov.cn/tjsj/zxfb/201704/t20170428_ 1489334.html，2020 年 2 月 29 日访问。

很低,参加过社区选举的仅有 26 人,只占 5.9%。① 如果让大量的农民工游离于政治生活之外,政治要求和利益诉求得不到回应和保障,必将给城市的治理和社会的和谐稳定带来重大影响。②

　　综上所述,在实践中,一方面按照制度安排,农民工应当在户籍地参与各种选举,但是他们的参选热情和参选率却比较低;另一方面,他们愿意在居住地和工作地的城市行使自己的选举权利,却往往很难实现。造成这种现状的原因是多方面的,包括现行户籍制度的限制,选举程序设计的缺陷以及选举成本与收益之间的失衡,选举制度法规的滞后性和不可操作性,农民工自身参政意识薄弱,等等。笔者认为,保障农民工选举权,关键在于立法和选举制度设计,应从选区的划分、代表名额的确定、选民登记及候选人的提名和介绍等各个环节加以完善。

---

① 邓秀华:《农民工政治参与模式变迁及其实现路径选择》,《求索》2007 年第 2 期。
② 刘春明:《城市农民工选举权保障问题探析》,《三明学院学报》2011 年第 3 期。

第 四 章

基层选举中的多元矛盾及其
法治解决路径
——以北外社区换届选举为例

在现代社会，民主作为人们追求的一种价值理念和制度形式，首先是通过选举来实现的。笔者拟基于对四川省什邡市方亭街道北外社区的实地调研，以北外社区换届选举为例，呈现基层选举中的多元因素、复杂矛盾在法治化的选举机制中得到调和的路径与方式。

第一节　基层选举中的多元矛盾交织

2007 年至 2017 年，每逢居民委员会换届选举前，什邡市方亭街道北外社区便成为德阳、什邡出名，全省挂号的"老大难"典型社区，社区各类问题累积，矛盾尖锐，党组织地位作用"弱化"，社区居民委员会连续 3 届换届选举被迟滞阻碍，上百名居民先后到省、进京聚集上访，成为影响什邡社会稳定的老大难问题。之所以会出现这样的情况，主要原因是北外社区在村改居拆迁过程中的历史遗留问题，在居民中形成了因利益关系而相互交织的多重利益诉求和社会矛盾，进而导致基层选举成为社会矛盾的集中地和突破口。

一　基本情况

什邡市方亭街道北外社区因历史与现实问题，导致"村改居"后，第八届居民委员会虽然选举产生但不能有效运行，第九届居民委员会和第九届居民代表换届选举更是未能顺利产生。

北外社区居民委员会,"村改居"前为外北村,是一个大型蔬菜种植基地。在城镇化建设的进程中,于 2007 年进行"村改居"。现有原外北村统征统转在册人口为 990 户,1878 人,其中退休人员 592 人。2011 年 3 月 20 日,换届选举产生第八届北外居民委员会。可是第八届居民委员会刚选举出来,居民就上访,不承认选举的合法性,此外上访事项还包括社保、土地拆迁补偿、产值等问题。2011 年的群体性事件中,有 50 余人因聚众扰乱公共秩序罪受到刑事处罚。后经省政府、德阳市政府两次复议,承认了选举的合法性,同时也指出在个别组的选举有瑕疵。

由于居民不予认可并持续维权上访,第八届居民委员会虽然选举产生但不能有效运行,什邡市人民政府决定通过提前选举第九届居民委员会,来解决第八届居民委员会的问题。2013 年的 3 月 20 日,根据《什邡市人民政府关于同意方亭街道提前进行北外社区第九届社区居民委员会换届选举的批复》,北外居民委员会的换届选举作为什邡市第九届村(居)民委员会换届选举试点单位提前进行。

考虑到换届选举当时各方面的矛盾还比较尖锐,预计方亭街道、北外社区组织选举有难度,于是决定由市委工作组的同志来组织换届选举。2013 年 8 月 12 日,通过居民海选成立第九届居民委员会换届选举领导小组。选举领导小组由 7 人组成,其中 6 人是受过刑事处分的、采取非法手段获选的人;而在任中共北外居民委员会支部书记、在任第八届北外居民委员会主任和第七届北外居民委员会主任均落选。此后,选举领导小组在开展初提候选人时,被指出有 48 人在不知情的情况下被冒签、代签。2013 年 9 月,市公安局通知选举工作暂停 30 日,调查结束后再进行。10 月 22 日,通报调查结果为确实查出上述问题,换届选举领导小组也承认有违反选举的行为。但是,综合考虑北外社区的复杂现实情况后,仍敦促换届领导小组继续推进选举工作。后来由于中央巡视组到成都,换届选举领导小组停止了推进换届选举的工作,而是以换届选举领导小组的名义向中央巡视组反映征地信息不公开、刑事打击错误等情况。

巡视组答复是 90 天,之后就进入了 2014 年,又继续催促换届选举领导小组推进换届选举工作。然而在提名候选人时又出现了分歧:按照四川省第九届村(居)民委员会换届选举工作的指导性文件(省政府 173

号文），为保障候选人提名体现德才兼备的原则，有九个方面的人是"不宜"提名为候选人的；而换届领导小组则要求按照选举法、组织法来提名候选人，依据这些法律的规定候选人提名没有资格上的要求。换届选举领导小组认为按照省文件的要求提名候选人违反选举法的规定，于是向法院提起了行政诉讼。待走完司法程序，法院驳回起诉，选举又搁置了一年多的时间。2015 年，换届领导小组重新启动选举工作，并继续认为只有国家法律有约束力，认为第一次提名是有效的，决定从第一次提名的候选人中确定候选人，部分选民则要求重新提名候选人，因为不能在重大实体问题上达成一致意见，故而决定用程序问题来解决困境，即要求换届选举领导小组以居民会议的形式讨论通过初提候选人的基本条件。然而，当时的选民登记人数是 1680 人，由于换届选举领导小组组织不到 841 人开会，居民会议没有开成，于是第九届换届选举就一直搁置下来。

2016 年年底，按照四川省省委、省政府办的安排，全省第十届村（居）民委员会换届选举工作已经全面展开，省、市、县三级已经启动了第十届村居换届工作，北外社区第九届居民委员会换届选举（试点）工作已不具实际意义，而相关法律对此个案没有明确规定，方亭街道办事处终止了北外社区第九届居民委员会换届选举（试点）工作。但北外社区第九届居民委员会换届选举领导小组拒不交还公章，并对方亭街道办终止第九届居民委员会换届选举的通知提出异议，要求继续进行第九届居民委员会换届选举。

为保障第十届居民委员会换届选举合法、顺畅进行，基于北外社区的实际情况，方亭街道办以党的领导、人民当家作主、依法治国三者有机统一为工作方针，基于方亭街道北外社区未产生第九届居民委员会，无居民小组和居民代表，启动该社区第十届居民委员会换届选举遇到前置性程序障碍，无法召开社区成员代表会议，且现有法律法规对此种情况无明确规定的现实情况，提出了先选居民代表的操作思路，并制定《北外社区居民委员会居民代表推选办法》，以法治理念和法治思路推进换届选举。并于 2017 年 3 月 31 日一次性成功选举产生新一届社区居民委员会，实现了"阳光选举、和谐换届"的目标。并体现出"三高一完善"的特点。一是选民代表参选热情高。广大党员和选民自始至终广泛关注，积极参与，社区登记选民 1605 人，现场到会选民 707 人，委托代票 661 人，参选人数 1368 人，参选率达 85.2%，居民委员会主任、委员当选得票率最高达到 95%，最低 92%。二是班子整体素质高。新一届社区班子更加合理化，老中青结合，社区选举产生的 5 名社区居民委员会成员，党员 3 名，预备党员 2 名，年龄最大的 53 岁，最小的 35 岁，平均年龄42.2 岁，在职大专 4 名、大专在读 1 名。三是群众满意度高。在整个换届选举工作中，没有出现扰乱选举的现象，圆满实现了组织意图和居民意愿。

二　征地补偿中的法律问题

1. 征地补偿情况

1994 年 9 月，原方亭镇人民政府同外北村十组签订《土地统征协议书》，协议书上注明了以每人 8000 元（262 人）共计 209.6 万元、每亩耕地 2000 元和总计 3000 元的征地补偿金额、青苗费和地上附着物补偿，未载明征收的土地面积，但据方亭街道相关人员说，征收的土地面积约 60亩（其中耕地 53.1 亩、非耕地 6.9 亩），涉及费用发放采取的是陆续支付方式，有领款的凭证。

2. 征地的合法性问题

（1）征地依据问题

按照 1986 年《中华人民共和国土地管理法》第 25 条的规定："国家建设征用耕地一千亩以上，其他土地两千亩以上的，由国务院批准。征用省、自治区行政区域内的土地，由省、自治区人民政府批准；征用耕地三亩以下，其他土地十亩以下的，由县级人民政府批准。"涉及面积已经超过县级人民政府批准权限。

（2）批准情况

土地征收后，什邡县人民政府在 1994 年 12 月 25 日以《关于解决方亭镇外北村十组土地遗留问题的批复》（什府函〔1994〕26）文件同意方亭镇在符合城市规划要求前提下，负责该组行政区域内的土地开发经营和全组村民的生活安置，同意争取指标一次性将该组全体村民"农转非"。

（3）征地补偿标准问题

按照 1986 年《土地管理法》的规定，征用耕地的补偿费，为该耕地被征用前三年平均年产值的 3—6 倍。征用其他土地的补偿费标准，由省、自治区、直辖市参照征用耕地的补偿费标准规定。征用耕地的安置补助费，按照需要安置的农业人口数计算。需要安置的农业人口数，按照被征用的耕地数量除以征地前被征地单位平均每人占有耕地的数量计算。每一个需要安置的农业人口的安置补助费标准，为该耕地被征用前三年平均每亩年产值的 2—3 倍。但是，每亩被征用耕地的安置补助费，最高不得超过被征用前三年平均年产值的 10 倍。征用其他土地的安置补助费标准，由省、自治区、直辖市参照征用耕地的安置补助费标准规定。

由于未查找到方亭街道 1994 年前三年平均年产值，参照回澜镇 2005 年的前三年年产值 1550 元/亩测算（土地补偿费按 6 倍计算、安置补助费按照亩 10 倍计算，非耕地按照耕地一半计算），方亭外北十组的征收土地的补偿费为 1443592.5 元（其中：土地补偿费为 525915 元、安置补助费 876525 元、青苗费 41152.5 元），当时的实际征地补偿总费用高于测算费用。

（4）其他问题

由于当初在实施征地时未进行勘测定界，可能出现对面积和区域的争议。

3. 征地拆迁中的诉讼风险

（1）行政诉讼的可能性

虽然方亭镇人民政府在 1994 年征收外北十组集体土地时未取得合法的批准文件，但该行政行为已经过去 22 年，按照《行政诉讼法》第 46 条的规定，公民、法人或者其他组织直接向人民法院提起诉讼的，应当自知道或者应当知道作出行政行为之日起六个月内提出。法律另有规定的除外。因不动产提起诉讼的案件自行政行为作出之日起超过二十年，其他案件自行政行为作出之日起超过五年提起诉讼的，人民法院不予受理。法院将不再受理对征地合法性的诉讼。

（2）拆迁补偿诉讼面临的问题

虽然征地已经 20 多年，法院不再受理对征地合法性的诉讼，但当国土局发出限期搬迁决定时，住户提出诉讼后，法院的审理时效应按照哪一个规定计算，补偿安置是否到位其都可能存在争议。如果按照现行的标准计算，征地补偿应该为5506830.99元（其中：土地补偿费1374165元、安置补助费4068149.49元、青苗费64516.5元）。

三　拆迁安置中的法律问题

1. 拆迁安置情况

土地征收后，从2008年，方亭街道办又按照《什邡市人民政府关于同意改造北外社区实施征地拆迁、补偿安置个案的批复》什府函〔2008〕80号文件及《什邡市人民政府印发什邡市征地补偿安置办法的通知》什府发〔2008〕37号文件的标准对该组实施了拆迁补偿和住房安置。截至2017年2月，尚有103户未完成拆迁。

2. 对未拆迁户依法公证提存安置房号的合法性问题

什邡市方亭街道城北片区征地拆迁安置工作从2007年开始至今历时9年之久，征地拆迁工作启动初期阶段，进展非常顺利，但随着"5·12"地震灾害的发生，群众诉求日益复杂化，拆迁工作开始缓慢推进，截至2013年12月近6年时间，完成了1248户的安置拆迁工作，占总任务的81%，剩余99大户，202小户未拆迁。至2016年年底，拆迁工作进入了扫尾攻坚阶段，已拆迁1413户，拆迁完成率达92%，仅余50大户、125小户未签订拆迁补偿协议。

为依法推进城北片区拆迁安置扫尾工作，经走访摸底调查、各方面征求意见，鉴于统迁安置房已于2012年年底前先后竣工验收合格并交付使用的有利条件，方亭街道经请示什邡市人民政府同意后，于2014年7月启动对城北片区剩余未拆迁户实施"先安置，后拆迁"的工作方案。安置工作实施具体方案及步骤如下：

1. 宣传拆迁安置政策、向每一户未拆迁户发放住房安置及补偿拆迁安置通知；

2. 核实登记安置户型。对逾期不来登记确认户型的，将按照原摸底选择户型执行。如在原摸底过程中未选择户型的，根据拆迁安置政策按安置对象每人赠送25平方米确定户型并进行张榜公示；

3. 在第一次公示期间，未拆迁户对公示内容有异议的可以在7天内向街道办事处拆迁工作组提出，拆迁安置工作组根据异议的审查结果在第二次公示时予以再次公示。

4. 街道办事处按照所确定的未拆迁户的户型，分批次向每一户未拆迁户发放安置房交款及抽签分房通知，如未拆迁户本人提出以旧房补残款折抵申购面积房款的，由方亭街道办事处拆迁工作组对旧房进行测量，按照政策标准确定折抵金额，并由本人出具书面折抵承诺书，承诺由方亭街道办事处直接从拆迁补偿款中予以扣除，不足部分由未拆迁户补足，该拆迁户可直接参与抽签分房。

5. 抽签分房按照从大户型到小户型，分批次进行安置的方式进行，即先安置125平方米、再安置100平方米、75平方米、50平方米、25平方米。在抽签分房前未交清房款的未拆迁户，将按政策依次扣减所申请购买的房屋面积进行公示，并参与抽签分房安置。例如申请登记户型为125平方米的安置户，未交清申购的成本价面积及商品房价面积房款的，首先视为该户放弃申购商品房价面积，将该户顺延到100平方米抽签分房批次参与抽签，若该户在100平方米抽签分房前仍未交清申购的成本价面积房款的，其申购的成本价面积同样视为自动放弃，只以赠送面积参与抽签分房，如逾期不来参加抽签分房，街道办事处在到场人员抽签完毕后，将未抽取的房源依法提交公证处进行提存，由此锁定了人口、锁死了户型。

方亭街道办事处城北片区2014年年初剩余未拆迁户99大户，202小户。实施"先安置，后拆迁"的工作方案后，依照安置工作实施具体方案及步骤，截至2015年4月30日通过多次协商，共与49大户、121小户未拆迁户签订拆迁安置补偿协议，完成了城北片区土地统征在册人员所属安置户的房屋安置工作，共安置246户，其中已到场参与抽签分房136户，依法公证提存房屋110户。换届选举前，仍在依法公证提存未拆迁户安置房号103户。

四 《土地承包经营权证》确权颁证中的法律问题

1. 基本情况

北外社区（原外北村）居民甲等6名群众向什邡市、德阳市、省农业部门以及农业部提出关于《农村土地承包经营权证》确权颁证问题的有关情况。外北村以居民甲为首的部分代表于2015年4月向什邡市农业局咨询，要求对其承包土地进行确权颁证，并对什邡市农业局由此作出的书面答复不满意，又向德阳市农业局咨询，德阳市农业局分别三次进行了回复（2015 年 8 月 19 日、2016 年 2 月 16 日、2016 年 9 月 9 日），他们对德阳市农业局的书面答复仍然不满意，又向省农业厅提出行政复议申请，省农业厅也作出过三次行政复议决定（2015 年 12 月 16 日、2016 年 3 月 8 日、2016 年 7 月 15 日），他们对省农业厅的答复仍然不满意，又向原农业部提出行政复议申请，原农业部于 2016 年 7 月 4 日也针对此问题作出行政复议告知书。

鉴于外北村土地已全部依法征占用，土地已属国有，村已改为社区，农民已转为城镇居民，其承包土地的主客体均已不存在，什邡市人民政府已发布了原外北村承包农户《农村土地承包经营权证》依法收回和注销的公告，应依法不予确权。但居民甲等人仍然针对确权颁证一事纠缠不休，不停到各级上访。

2. 土地征收的合法性依据

（1）《四川省国土资源厅关于什邡 2002 年第一批城市建设用地的批复》（川国土资建〔2003〕85 号）。

（2）《什邡市人民政府关于同意方亭街道办事处外北村、外西村改置为社区居民委员会的批复》（什府函〔2007〕5 号）。

（3）《什邡市人民政府关于同意收回方亭街办事处北外社区土地使用权的批复》（什府函〔2007〕133 号）。

（4）《四川省人民政府关于什邡市 2009 年第二批城市建设用地的批复》（川府土〔2009〕134 号）。

（5）什邡市人民政府向什邡市方亭街道办事处出具的《土地整治委托书》。

（6）《什邡市人民政府关于同意改造北社区实施征地拆迁、补偿安置个案的批复》（什府函〔2007〕80 号）。

（7）北外社区 4、6、7、8 组召开户主会议讨论土地统征统转有关人员签字同意的会议记录；北外社区 4 组、6 组、7 组、8 组与方亭街道办签订的《征地协议合同书》。

（8）居民甲、居民乙、居民丙等六人领取青苗补助费及土地征占补偿款清单。

（9）居民甲、居民乙、居民丙三人土地征占补偿款存单由什邡市公证处提存的证明等相关材料。

3.《土地承包经营权证》的收回和注销情况

2003年《农村土地承包法》颁布实施后，为解决"二轮"承包时发放的《农村土地承包经营权证》所载内容不全，四至（缺东西南北的界址）不明，面积不实等问题，2005年开始，按照四川省、德阳市的统一安排，对原承包农户换发《农村土地承包经营权证》。为此，什邡市专门成立了颁证工作领导小组，统一部署全市各镇（街道）在1999年"二轮"承包的基础上进行新证换发工作。2006年5月，方亭街道办向市政府颁证工作领导小组提出申请，并提供承包农户承包合同电子清册，为其所辖2个村12个组（包括原外西村5个组）1023户农户换发经营权证；证书由市农业局统一组织打印，方亭街道办领回通过村、组统一发放到农户手中。

由于2008年"5·12"汶川地震，各级政府忙于灾后重建，因此已经统征统转的方亭街道原外北村农户的《农村土地承包经营权证》收回和注销工作推迟；针对震后原外北村部分群众持有《农村土地承包经营权证》情况，2016年经市人民政府《第十期会议纪要》研究同意，已依法启动原外北村农户持有的《农村土地承包经营权证》的收回和注销工作。市人民政府分别于2016年5月3日发布了《关于依法收回方亭街道原外北村承包农户〈农村土地承包经营权证〉的公告》，自公告发布日至2016年5月18日期满，无一户农户交回经营权证书；2016年5月20日又发布了《关于依法注销方亭街道原北外村承包农户〈农村土地承包经营权证〉的公告》，对7个组696户农户经营权证书予以注销。

五 社区"维权小组"集资情况

北外社区统征统转后的2009年至2012年（特别是2009年至2010年度）期间，因部分群众对统征统转中赔偿、安置不满，以居民甲、居民乙为首的"维权小组"以到北京上访、打官司等为由向社区群众筹集资金达30余万元，支持"维权"出资群众达300—400人。

2016年3月至5月，居民甲、居民丙、居民丁等"以统征统转时未收回原《农村土地承包经营权证》，土地承包证仍然有效，农业部已责成省农业厅处理好我们的土地确权事宜，大家可以通过确权获得补偿"，定向对持有《农村土地承包经营权证》的 160 余人集资，本次集资金额以 5000 元/股出资，也可以多人合伙出资，承诺集资人在获得政府赔偿后按出资股份分钱。这次集资达 17 万余元。

第二节　换届选举中的困境

一　第九届居民委员会换届选举工作领导小组职能可否终止无法律依据

2013 年按照四川省的统一部署，北外社区第九届居民委员会换届选举工作领导小组按照相关程序推选成立后，因各种原因未能按照规定的时限完成该社区换届选举工作，北外社区未选举出第九届居民委员会和居民代表，致使北外社区管理服务处于非正常状态，由北外社区党支部和第八届居民委员会代为行使管理服务职能。2016 年年底，按照四川省委、省政府的安排，全省第十届村（居）民委员会换届选举工作已经全面展开，省、市、县三级已经启动了第十届村居换届工作，再进行第九届居民委员会换届选举已不具备实际意义，而相关法律对此个案没有明确规定，方亭街道按照有关程序终止了北外社区第九届居民委员会换届选举（试点）工作，这一做法是否符合法治的精神和原则。

二　居民委员会换届选举时遇到前置性程序障碍

鉴于方亭街道北外社区未产生第九届居民委员会和居民代表，无居民小组的现状，启动社区居民委员会换届期间需要召开社区成员代表会议审议并通过相关文件和规程，而社区成员中三分之二以上应是居民代表。在启动该社区第十届居民委员会换届选举遇到前置性程序障碍，无法召开社区成员代表会议选举产生该社区选举委员会，且现有法律法规对此种情况无明确规定。按照相关法律规定：居民委员会换届选举工作中的一些事项可以通过居民代表会议的方式作出决定。为确保方亭街道北外社区第十届居民委员会换届选举工作顺利推进，在请示上级民政部门未能得到明确书面答复的前提下，方亭街道北外社区党支部提出了先选居民代表的操作思路，并制定了《北外社区居民委员会居民代表推选办法》，由北外社区党支部在换届选举前提前组织推选该社区居民代表。

第三节　以法治方式保障换届选举的顺利推进

《宪法》及《居民委员会组织法》规范并支持基层自治与基层民主，但法治之下的自治与民主是多元价值的调和，而不是各种形式的极端民主主义。为促成对基层自治和基层民主的正确理解与运行，保障方亭街道北外社区第十届居民委员会换届选举合法、顺畅进行，什邡市政府委托法学专家组，基于北外社区的实际情况，依据法律和政策规定，结合法律原则、法治精神、法学理论，提出以法治思维和法治方式解决北外社区换届选举问题的具体思路和举措，并以民主和法治的方式化解历史遗留问题。

一　关于终止第九届居民委员会选举领导小组职能的法治思路和举措

什邡市人民政府及其《关于研究方亭街道北外社区居民委员会换届选举有关问题的会议纪要》（2016 年 10 月 26 日）以"全省第十届村（居）民委员会换届选举工作即将依法进行，北外社区第九届居民委员会换届选举（试点）工作已不具实际意义"为由，做出"由市民政局同意依法终止北外社区第九届居民委员会换届选举（试点）工作，由方亭街道予以书面通知"的决定，是符合民主法制精神的、正当合理的决策。

1. 符合法治精神和原则

由于社会关系的多元性、复杂性和变动性，因此法律不可能穷尽所有的情形，古今中外概莫能外。《居民委员会组织法》制定于 1989 年，具体条文基本遵循"宜粗不宜细"的立法指导思想，其中关于选举的规定尤为粗略。终止居民委员会选举领导小组职能是《居民委员会组织法》实施过程中出现的具体问题，《居民委员会组织法》对此没有明确规定亦属正常，因此"终止第九届居民委员会选举领导小组职能"属于选举工作中的"其他事项"。

在法律没有明确规定的情形下，可以通过正确理解和适用法律原则和法治精神来解决现实问题。根据《居民委员会组织法》《四川省〈居民委员会组织法〉实施办法》和《德阳市社区居民委员会直接选举规程》

的规定，什邡市人民政府和方亭街道办事处是北外社区居民委员会选举
的领导机关和指导机构，负有办理选举工作中的"其他事项"的职责，
这也是选举顺利进行的保障性机制。因此，经市人民政府集体研究决定、
由市民政局同意、方亭街道书面通知终止并报备的程序是合理的。

2. 符合民主精神和要求

选举是以民意为基础的，这里的民意是指选举时的民意；又因为民
意具有变动性，所以才需要定期的换届选举来不断诉诸新时期的民意。
第九届居民委员会选举领导小组成立于 2013 年，距此次换届选举已经三
年多，即超过了正常的一届三年任期的时间段，因此那个时候的民意基
础不能作为三年后换届选举的民意基础。故此，第十届居民委员会换届
选举必须基于当下的民意基础，产生新的社区居民选举委员会。

3. 理由充分合理

综上，终止第九届居民委员会选举领导小组职能是符合民主法制的
精神和要求的。除此之外，全省居民委员会换届选举是统一的，北外社
区未选举产生第九届居民委员会责任在小部分换届选举领导小组成员，
而且当下第九届居民委员会换届选举工作已不具有民意基础和实际意义，
因此也不可能违反省委省政府关于十届换届选举的部署和要求，单独组
织第九届的换届选举。

二　合法推选居民代表的法治要点

合法推选居民代表是启动第十届居民委员会换届选举最为关键的
环节。

1. 关于推选居民代表的规定

基于第九届居民委员会未能选举产生的现实情况，将推选居民代表
作为第十届换届选举的前置程序是科学合理的，与新中国成立初期中国
人民政治协商会议代行全国人民代表大会的职权、《共同纲领》发挥临时
宪法的作用具有类似的法理基础。因此，按《北外社区居民委员会居民
代表推选办法》（以下简称《推选办法》）推选的居民代表是作为换届选
举前置条件的、行使程序性权利的、临时性的代表，由其议决程序性问
题，是符合法治原则的。

2. 关于在党的领导下依法开展工作的规定

《推选办法》第 3 条规定，在北外社区第十届居民委员会换届推选工作期间，社区居民代表的推选工作在社区党支部主持下进行。工作人员可由市委、市政府驻北外社区工作组人员和社区支部委员会成员担任，也可由方亭街道办事处委派。这体现了既要尊重法律，还要在实施法律中，以党的基层组织作为实施法律的推动力，带头守法的法治理念，体现了党的领导与法治建设的统一。此外，第八届居民委员会换届选举以来，北外社区的社会治理已经很困难，已经挑战了基层自治制度的底线、挑战了党的领导的底线。因此，把党的领导贯彻到换届选举的全方面、全过程，并以此为切入点，将危机化为机遇，以选举带动基层自治和社会治理建设，以基层自治和社会治理化解北外社区的历史遗留问题，是一个可行且有效的工作路径。

3. 关于居民代表素质要求的规定

针对第八届、第九届居民委员会换届选举中出现的"带病"被提名、被选举现象，为防止第十届换届选举出现同样的困境，除了重新划分选区，科学制定居民代表产生办法，充分调动和遵循民意外，《推选办法》根据四川省、德阳市第十届换届选举工作方案和相关文件的要求，以选举德才兼备的居民代表为目标，规定了居民代表应具备的素质要求：能认真贯彻执行党的路线、方针、政策，遵纪守法；具有一定的参政议政能力、组织协调能力和科学文化知识；廉洁奉公，办事公道，身体健康；能认真履行各项法律和政策规定的义务；热心为社区居民服务。同时还规定，社区成立居民代表素质审查小组，对居民代表的素质是否符合本办法的要求予以确认。

4. 关于"两步走"的操作方式

第十届居民委员会选举产生前推选的居民代表与居民委员会选举产生后的居民代表，在性质、作用和权利上都是不同的。因此，换届选举前、后的居民代表的选举（推选）应分两步走。且前后两次选举（推选）居民代表，要根据北外社区的实际情况，注重时间、人员和法律上的衔接，要把设立居民小组的时机和居民代表作用发挥协同好。

第四节 "三者统一"在基层的实践

党的领导是中国的基本国情，它既是中国农村基层民主的前提，又是民主自治持续发展的底线。处理好党的领导与村民自治的关系，不仅事关当前农村基层民主的健康发展，而且更关系到未来中国宏观民主的发展走向。在党的领导、人民当家作主与依法治国三者统一关系中，前文分析了民主和法治的要素，下面重点阐述党的领导作用发挥机制。

党的领导是城乡社区居民委员会换届选举工作取得成功的根本保证。实行基层群众自治，不等于放手不管，必须始终坚持党的领导。党的十八大提出，党的基层组织是团结带领群众贯彻党的理论和路线方针政策、落实党的任务的战斗堡垒。只有充分发挥党的基层组织的战斗堡垒作用，我们党才能应对各种困难和风险，永远立于不败之地。党的十九大强调加强党的全面领导，同时提出要健全自治、法治、德治相结合的乡村治理体系。历史经验表明：凡是党组织作用发挥充分的地方，基层群众自治就进展顺利，充满生机活力；凡是党组织作用发挥不理想的地方，基层群众自治就会迷失方向，出现困难和问题。

根据四川省委、省政府安排，全省第十届村（居）民委员会换届选举工作启动后，由于各方面原因，什邡市方亭街道办事处北外社区换届选举工作面临严峻复杂局面。

一是时间紧。按照省委、省政府的要求，全省村（居）民委员会换届选举工作应在 2017 年 3 月底前全部完成。由于北外社区没有产生第九届居民委员会，因而其换届选举比别的社区换届选举程序多、协调事项多、不确定因素多，按时完成换届选举工作，时间极其紧迫。

二是难度大。一方面，有关法律和政策未对没有产生居民委员会的社区的换届选举作出明确规定，主管部门也没有明确表态。北外社区换届选举如何做到依法合规，没有先例可循。另一方面，北外社区换届选举问题的实质是部分群众对统征统转中的赔偿安置政策不满，因涉及切身利益，短时间内难以化解。

三是风险高。按照《北外社区居民委员会居民代表推选办法》规定，参加投票超过本楼栋户数一半的，推选有效。据统计，对社区换届选举持有异议人员主要集中在原外北村四组、七组、八组,这三组人数占社区总人口的53.7%。由于他们主要是居民甲、居民丁等牵头的维权小组人员,曾经采用违法违规方式拉票,社区参与集资群众高达四五百人,未搬迁人员占社区总人口近10%,他们在威逼利诱下极有可能抱团抵制居民代表推选工作,导致推选工作流产。

四是燃点低。鉴于维权小组长期上访、部分成员的第九届换届选举工作领导小组成员资格被终止、矛盾纠纷尖锐、有律师幕后策划等情况,他们极有可能煽动不明真相的群众铤而走险,制造事端。如果考虑不周全、准备不充分、工作不扎实,极易引发群体性事件。

近年来,北外社区党的领导弱化,党组织软弱涣散,党员先锋模范作用缺失,社区58名党员中尚有两名党员没有搬迁,影响极其恶劣。这些是造成干部裹挟群众、社区局势失控、宗族宗派势力兴风作浪、社区换届选举困难重重的主要原因。

中央强调,要发挥党组织在建设文明和谐社区中的领导核心作用。2016年9月四川省委办公厅、省政府办公厅印发的《关于认真做好全省第十届村(居)民委员会换届选举工作的通知》(以下简称《通知》)提出,村(社区)党组织要发挥领导核心作用,主持好换届选举工作。《德阳市社区居民委员会直接选举规程》第4条规定,中国共产党在社区居民委员会直接选举工作中发挥领导核心作用。为推动北外社区换届选举工作顺利开展,彻底解决历史遗留问题,保障社区和谐稳定,就必须加强党对北外社区换届选举工作的领导。

1. 加强顶层设计

一是确立以党的领导带动社区居民自治、以居民委员会选举带动征地拆迁等历史遗留问题解决的总体思路。主要考虑是:北外社区群众自治已陷入僵局,把加强党的领导作为切入点和突破口,既是中央要求,也是现实需要;造成目前僵局的根源是征地拆迁问题,但近期不具备解决这个问题的条件,做好居民委员会选举工作,选好社区负责人,是解决征地拆迁问题的治本之策。二是责成市委政法委会同方亭街道办事处制定北外社区居民委员会换届选举工作方案,明确选举的准备、时间、方式、步骤、工作任务、工作重点、工作分工、工作要求、组织领导等。

2. 落实领导责任

市委要专题研究方亭街道办事处北外社区居民委员会换届选举工作方案，重点研究《北外社区居民委员会居民代表推选办法》，确定社区居民委员会换届选举的各项政策措施；要及时研究解决北外社区居民委员会换届选举中的困难和问题，强化党的领导，维护选举秩序，确保选举成功。市委书记要高度重视，切实履行村（居）民委员会换届选举第一责任人的职责。各有关部门和单位要根据方案确定的分工任务，同市委签订目标责任书，明确各自职责，加强协作配合，形成工作合力。方亭街道办事处党工委书记要精心组织方案实施，全程参与、全程指导。

3. 组建北外社区居民委员会换届选举工作联席会议

鉴于北外社区的复杂困难局面及对全市工作的潜在不利影响，要成立方亭街道北外社区居委会换届选举工作联席会议。主要职责是统筹协调社区选举事务，根据形势任务的发展变化向市委市政府提出政策措施建议，指导协调有关方面及时办理选举事务，研究防范打击破坏换届选举幕后势力、依法采取行政强制措施加快拆迁进程等重点难点问题。政法委书记担任联席会议召集人，市纪委、市委政法委、市委组织部、市委宣传部，市人大常委会，市公安局、市民政局、市司法局、市财政局、市农业局、市信访局，方亭街道办事处等部门和单位参加。

4. 强化社区党组织的主导作用

社区党组织是社区的主心骨和领导力量。要建好建强社区党支部，尽可能利用这段时间调整充实支部成员，确保其素质优良、经验丰富、作风过硬、战斗力凝聚力强。党支部书记是居民委员会选举委员会主任的推选人选，是选举能否成功举行的关键人物，要积极宣传党的方针政策，准确传达上级指示精神，组织制定换届选举办法，引导提出候选人选，组织投票选举，推选居民代表、居民小组长和居务监督机构，主导选举全过程，确保党和群众放心的人当选。

5. 充分发挥社区党员、两代表一委员、驻区单位代表等的积极作用

把社区党员、两代表一委员、驻区单位代表与此前下派的 22 名工作组成员组织起来，实行分片包干、责任到人。在元旦、春节来临之际，以送温暖为主题，逐家逐户了解群众的困难和疾苦并向上级反映，能解决的要及时解决。拟定统一口径，低调宣传，重点做好终止第九届居民

委员会选举工作领导小组、拆迁安置等敏感问题的宣传解释工作，最大限度消解群众抵触情绪。要以思想动员为主、物质刺激为辅，多措并举、刚柔相济、因地施策、因人施策，有针对性地做工作，对重点人要有专门方案。对于在这次换届选举工作中表现出色的，要在发展党员、考录公务员等方面予以支持和倾斜。对于两名拒不搬迁的党员，要及时处置，疏通出口。

6. 确保《居民代表推选办法》顺利出台

《居民代表推选办法》顺利出台，是换届选举工作的重中之重和取得成功的关键。市委审议通过工作方案后，要向省民政厅逐级上报，并责成有关部门和单位派人重点就《居民代表推选办法》的必要性和合法性做好解释工作。同时要做好对社区党员、两代表一委员、驻区单位代表和22名下派工作组成员组织的解释工作，并由他们向其各自负责的对象做好解释工作，并了解他们的看法和意见，动员他们积极参加居民代表推选工作。直至《居民代表推选办法》具备实施条件的情况下，才能启动北外社区的换届选举工作。

7. 严肃换届选举纪律

提前研判换届选举中可能出现的困难局面，做好周密预案。坚持教育在先、警示在先、预防在先，根据中央组织部、民政部《关于进一步严肃村"两委"换届工作纪律的通知》和《通知》要求，制定《北外社区换届选举纪律》，印发至社区每户家庭，重点做重点人工作，告知其政策法律界限和破坏换届选举的后果。全面掌握选举动态，严防宗族、宗派势力干扰换届选举工作，一旦发现有拉票贿选、干扰破坏选举等违纪违法行为，搜集固定证据，从严从重打击，拆除潜在引爆点的"引线"。

8. 总结提炼"什邡经验"

北外社区因征地拆迁引发社区和谐稳定、进而影响基层群众自治问题，具有一定普遍性。总结提炼此次换届选举在加强党的领导、发扬基层民主、注重依法办事等方面经验，打造地方法治建设亮点，向全国推广。

9. 选举结束后在全市范围内开展依法行政法制宣传教育

不依法办事或者不严格依法办事，是造成北外社区拆迁安置以及基层选举被动局面的重要原因之一。选举结束后，应在全市机关、单位普遍开展一次依法行政法制宣传教育，引导党员干部清醒地认识到，法治不仅是治国理政的基本方式，也是本地区经济社会发展软环境的核心要素，从而自觉把依法办事作为推动经济社会发展的基本功和核心竞争力。引入并健全公职律师制度，建立党委决策合法性审查机制，确保党委决策合法合规。公开举办党委政府法律顾问聘任仪式，向全社会传递党委政府尊法守法的清晰信号。新一届北外社区居民委员会要引以为戒，尽快建立完善党员干部直接联系群众、居务公开、居务监督等基层自治制度机制，打造基层群众自治示范点。

第 五 章

基层选举的法治保障

在基层自治视野下，村居民有"民主选举、民主决策、民主管理和民主监督"的权利，有管理村居事务和决定村居重大问题的多种权利。在这些权利中，其中最重要的权利就是村居民的民主选举权，它是基层自治的重要前提。从多年的实践来看，村居民自治工作虽然取得了很大成绩，但也要指出，村居民民主选举在法律设计上还有很多不足。搞好村居民主选举，法治建设刻不容缓，其中最为重要的就是用法律规范民主选举的程序和方法，保障村居民的民主权利。

第一节　基层选举立法体系与内容

一　基层选举立法体系

我国《宪法》和《村民委员会组织法》《居民委员会组织法》对基层民主选举作了很多原则性的规范，并形成了城乡二元化的选举法格局；部门和地方的配套性立法对基层选举的规制予以细化规定；此外还有党内法规和大量规范性文件对选举的顶层设计和具体问题进行了规定。

1. 宪法的规定

我国现行《宪法》第 111 条对基层自治的性质和基层民主选举作了规定："城市和农村按居民居住地区设立的居民委员会或者村民委员会是基层群众性自治组织。居民委员会、村民委员会主任、副主任和委员由居民选举。"宪法明确规定了基层自治的本质，并为基层民主选举提供了合法性依据。

应予明确的是，基层自治的本质决定了基层民主选举的性质，即基层民主选举是实现基层自治的重要一环，是人民当家作主的民主权利在基层民主中的重要体现，也是我国民主法治建设的重要组成部分。同时，也要指出，基层民主选举不仅仅是村民委员会、居民委员会的选举，还应当包括村居内的一切选举工作。比如按照《村民委员会组织法》的规定，村民民主选举除了村民委员会的选举外，还可能有村民代表选举；按照《居民委员会组织法》的规定，居民民主选举除了居民委员会的选举外，还可能有居民小组代表选举；在有些地方还可能发生《村民委员会组织法》第 7 条规定的村民委员会下属人民调解、治安保卫、公共卫生与计划生育等委员会的选举和村民组长的选举。所以，从本质上说，基层民主选举涵盖村居内所有的选举，是基层自治的内部选举，是基层村居民的自治权利派生出来的权利，是基层自治的重要前提。

综上，基层选举权不是依据《宪法》第 34 条和选举法规定的，作为公民首要政治权利和自由的"选举权利"，而是以《宪法》第 111 条为依据的，基层自治制度内的选举，且其选举范围更加广泛。

2. 村民委员会组织法、居民委员会组织法规定的城乡二元选举格局

现行《宪法》第 111 条对城乡基层群众性自治组织居民委员会和村民委员会虽然确立了不同的名称，但对城乡基层群众性自治组织的组成、产生方式、与基层政权的关系、下设机构、职责任务的规定乃至表述都是完全相同的，"带有城乡二元结构烙印的基层群众自治制度"① 是在宪法具体化的过程中，即在制定《村民委员会组织法》和《居民委员会组织法》的过程中产生的。

城乡二元选举格局是指，村民委员会选举和居民委员会选举法律规定的不同选举制度，即《村民委员会组织法》规定了村民委员会选举采取直接选举的原则，《居民委员会组织法》规定了居民委员会选举采取直接选举与间接选举相结合的三种选举方式，较之《村民委员会组织法》的规定显得较为保守甚至是落伍。② 具体而言，早在 1987 年《村民委员会组织法（试行）》中即已规定："村民委员会主任、副主任和委员，由

---

① 唐鸣：《城镇化背景下基层民主的发展——对居委会组织法修改的一点意见》，《探索与争鸣》2013 年第 11 期。

② 同上。

村民直接选举产生。"1998 年正式实施的《村民委员会组织法》，在以上规定的基础上，添加了"选举村民委员会，由本村有选举权的村民直接提名候选人"的条款。2010 年修改后的《村民委员会组织法》也规定："村民委员会主任、副主任和委员，由村民直接选举产生。任何组织或者个人不得指定、委派或者撤换村民委员会成员。""选举村民委员会，由登记参加选举的村民直接提名候选人。……候选人的名额应当多于应选名额。村民选举委员会应当组织候选人与村民见面，由候选人介绍履行职责的设想，回答村民提出的问题。"可见，村民委员会选举采取的是直接选举的原则。

与此不同，居民委员会选举并没有将直接选举作为原则，而是规定了三种选举方式。相比较 1954 年《居民委员会组织条例》中"居民委员会设委员七人至十七人，由居民小组各选委员一人组成；并且由委员互推主任一人、副主任一人至三人"的规定，1989 年《居民委员会组织法》第 8 条中"居民委员会主任、副主任和委员，由本居住地区全体有选举权的居民或者由每户派代表选举产生；根据居民意见，也可以由每个居民小组选举代表二至三人选举产生"的规定，固然有一定的变化和某种程度的进步，但是与 1987 年《村民委员会组织法（试行）》和 1998 年正式实施的《村民委员会组织法》、2010 年《村民委员会组织法》的规定相对照，显得较为保守。

修改《居民委员会组织法》的工作早在 2004 年就曾经启动。2004 年 11 月，根据全国人大"十五"立法规划，民政部即已拟定和公布了《城市居民委员会组织法（修订稿）》，并在当年 12 月组织召开了该修订稿的听证会。2011 年，修改《居民委员会组织法》的工作再次启动。2011 年 6 月，民政部召开新闻发布会，通报了《城市居民委员会组织法》有关修订情况。不无遗憾的是，无论是在 2004 年的《城市居民委员会组织法（修订稿）》中，还是在 2011 年的《城市居民委员会组织法》修改情况说明中，都没有改变居民委员会选举中的间接选举方式。

3. 配套立法及政策文件

根据本书第二章中对基层自治法律体系的梳理，规范村民委员会和居民委员会选举程序的地方专门立法，以省级地方立法为例，全部 31 个省（自治区、直辖市）都制定了村民委员会选举办法（条例），但仅北京市和重庆市制定了专门的居民委员会选举办法。同时，关于村民委员会、居民委员会选举还有大量的规范性文件和党内法规。

二　2010 年《村民委员会组织法》修改对选举规制的完善

如上所述，村民委员会民主选举国家法规范的沿革大致可以划分为三个阶段，分别体现在 1987 年《村民委员会组织法（试行）》、1998 年《村民委员会组织法》和 2010 年《村民委员会组织法》三个不同时期的法律文本中。《村民委员会组织法（试行）》第 9 条，共 1 条，是关于村民委员会选举的规定。该条主要涉及两个方面的内容，一是村民委员会成员直接选举产生和村民委员会每届任期的规定，二是普遍性选举权的规定。1998 年《村民委员会组织法》第 11—16 条，共 6 条，是关于村民委员会选举的规定。第 11 条规定了村民委员会成员直接选举产生和村民委员会每届任期；第 12 条规定了选举权的普遍性、选民名单的公布日期；第 13 条规定了村民委员会选举的主持机构、村民选举委员会产生办法；第 14 条规定了候选人的提名、选举的有效与当选、投票程序、选举办法授权立法；第 15 条规定了威胁、贿赂、伪造选票等不正当手段妨害选举的救济与责任追究；第 16 条规定了罢免村委会成员制度。2010 年《村民委员会组织法》设置第 3 章 "村民委员会的选举"，用第 11—20 条，共 10 条，明确规定 "村民委员会的选举"。第 11 条规定了村民委员会成员直接选举产生和村民委员会每届任期；第 12 条规定了村民选举委员会；第 13 条规定了选举权的普遍性；第 14 条规定了选民名单的公布日期、异议；第 15 条规定了候选人的提名，选举的有效与当选、投票程序，委托投票和具体选举办法授权立法；第 16 条规定了罢免村委会成员制度；第 17 条规定了暴力、威胁、欺骗、贿赂、伪造选票、虚报选举票数等不正当手段妨害选举当选效力；第 18 条规定了村民委员会成员职务自行终止；第 19 条规定了村民委员会成员出缺补选；第 20 条规定了村民委员会新旧交接。

2010 年修改《村民委员会组织法》，是在村民自治实践基础上，特别是经过 7 次以上的村民委员会换届选举，各地探索出了一些能够切实保障村民群众直接行使民主权利的经验和做法，新修改的《村民委员会组织法》以法律的形式把这些好经验好做法固化、深化，极大地完善了村民委员会选举制度。

1. 进一步明确了村民委员会的产生。1998 年《村民委员会组织法》第 13 条规定："村民委员会的选举，由村民选举委员会主持。村民选举委员会成员由村民会议或者各村民小组推选产生。"这样的规定还缺乏明确性，界定不清晰。2010 年《村民委员会组织法》第 12 条规定："村民选举委员会由主任和委员组成，由村民会议、村民代表会议或者各村民小组会议推选产生。"明确了村民选举委员会的组成成员，且明确了是村民代表"会议"和各村民小组"会议"推选产生。本条还对候选和递补做了明确规定："村民选举委员会成员被提名为村民委员会成员候选人，应当退出村民选举委员会。村民选举委员会成员退出村民选举委员会或者因其他原因出缺的，按照原推选结果依次递补，也可以另行推选。"这让村民选举委员会的候补和递补的规范化操作有法可依，有章可循。

2. 改进了选民登记制度。按照 1998 年《村民委员会组织法》的规定，有选举权和被选举权的村民都应当登记。但如前所述，在实践中，大量在外务工、学习、经商的村民，常年在外，不参加或想参加但因时间、距离遥远不便回村参加，因此，一方面想参加的人的权利得不到切实保障，另一方面实际参加选举的人数少，造成了基数大，实际投票人少，不足法定人数，使农村的选举越来越困难。有鉴于此，2010 年《村民委员会组织法》第 13 条规定："村民委员会选举前，应当对下列人员进行登记，列入参加选举的村民名单：（一）户籍在本村并且在本村居住的村民；（二）户籍在本村，不在本村居住，本人表示参加选举的村民；（三）户籍不在本村，在本村居住一年以上，本人申请参加选举，并且经村民会议或者村民代表会议同意参加选举的公民。"第 14 条规定："登记参加选举的村民名单应当在选举日的二十日前由村民选举委员会公布。对登记参加选举的村民名单有异议的，应当自名单公布之日起五日内向村民选举委员会申诉，村民选举委员会应当自收到申诉之日起三日内作出处理决定，并公布处理结果。"

这些新的规定有三个方面的改进值得关注：一是增设了选民范围的规定，明确了能够在村民委员会选举前获得登记、列入参加选举村民名单的人员范围，尤其是对"户籍不在本村，在本村居住一年以上，本人申请参加选举，并且经村民会议或者村民代表会议同意参加选举的公民"

列入参加选举村民名单的规定，遵循了村民自治的原则，符合村民自治理论支持的"村民资格"问题，在坚持户籍关系原则的前提下，不排除村民自主作用的发挥。二是增设了一次参加权利穷竭制度，对于那些"已在户籍所在村或者居住村登记参加选举的村民"，其选举村民委员会主任、副主任、委员的选举权利穷竭，"不得再参加其他地方村民委员会的选举"。该规定意在加强参加选举村民与所在村庄的物质利益关联度，实际上也加强了精神利益关联度，避免村民自治权滥用，损害其他自治主体的村民自治权和合法利益。三是区分了选民与"登记选民"，使选民登记制度更加科学、有可操作性，使民主选举有了更为公平、公开、民主的前提和基础，更有利于保障所有愿参加、能参加、要参加的村民都能及时有效的参与到民主选举过程中来。

3. 完善了选举程序。2010 年《村民委员会组织法》第 15 条将选举实施程序制度划分为 5 款，对参加选举的过程、候选人的提名及补选有了更详细具体的要求。一是，候选人的提名增加了积极资格要求与见面制度。在资格制度上要求候选人应当具备的积极条件包括"奉公守法、品行良好、公道正派、热心公益、具有一定文化水平和工作能力"，并对提名的出发点进行了约束，"应当从全体村民利益出发"；在见面制度上要求"村民选举委员会应当组织候选人与村民见面，由候选人介绍履行职责的设想，回答村民提出的问题"。增加的这两点，不但有助于正面引导提名候选人，而且有助于村民加深对候选人的了解。二是，选举有效与当选制度增加了不足的名额另行选举制度，明确如果选举后当选人数不足应选名额的，就要对不足的名额另行选举来产生应选名额的成员。第一次投票未当选的人员中得票多的为另行选举的候选人，经过选举，如果候选人得票多且所得票数不少于已投选票总数的三分之一，即当选。该规定是对地方选举规范和选举实践经验的总结。三是，增设了委托投票制度，明确登记参加选举的村民如果因为选举期间外出不能参加投票的，允许书面委托本村有选举权的近亲属代为投票。该规定使得法定范围的委托投票（法定委托人和代理人）得到了确认和规范，适应了选举实践的需要。

4. 改进了罢免制度，提高了可操作性。1998 年《村民委员会组织法》第 16 条规定："本村五分之一以上有选举权的村民联名，可以要求罢免村民委员会成员。"2010 年修改《村民委员会组织法》时增加规定："或者三分之一以上的村民代表联名，可以提出罢免村民委员会成员的要求，并说明要求罢免的理由。"新的规定，一是增加了可以提出罢免村民委员会成员的新途径，即"三分之一以上村民代表联名"，与新的村民代表会议制度相衔接。二是删除了履行投票表决罢免程序时村民委员会的制度制约，实行罢免村民委员会成员通过双过半制，即"须有登记参加选举的村民过半数投票，并须经投票的村民过半数通过"，避免罢免对象阻滞罢免程序，在难度上与当选制度相平衡。该制度更加尊重村民的意愿，使村民的罢免权更进一步强化并有可操作性，有助于实现村民的民主监督权。

第二节　基层选举立法存在的问题及其完善建议

一　规范体系不够衔接

主要是村民委员会组织法、居民委员会组织法与宪法的规定，在细节上还有不衔接的地方，有待通过宪法解释或法律修改进一步衔接一致。比如 2010 年《村民委员会组织法》采用"村民委员会的选举"作为第 3 章的章名，存在两个方面的问题。第一个方面是"村民委员会的选举"的表达方式缺乏宪法根据。《宪法》第 111 条规定的是"村民委员会的主任、副主任和委员"由村民选举，而不是"村民委员会"的选举。根据《宪法》和《村民委员会组织法》，村民委员会还可以下设委员会，因此村民委员会的范围是大于"村民委员会的主任、副主任和委员"的。

第二个方面是"村民委员会的选举"的表述，延续了《村民委员会组织法（试行）》、1998 年《村民委员会组织法》在一个法律文本中使用包含两种不同含义"村民委员会"术语的立法技术缺陷，不适当地增加了适用法律的困难。村民委员会在《村民委员会组织法》中有两种不同含义：第一种含义是基层群众性自治组织，与宪法中所提"村民委员会"用法含义相同；第二种含义是基于民主选举产生成员而构成的基层群众性自治组织中的机构，该含义仅蕴含在《村民委员会组织法》的规定之中，即村民委员会是社区自治体的机关或者机构。①

二　城乡二元选举格局亟待改善

城镇化带来的一个方面的问题是，大量"农转非"的人员、大批"村改居"的地域究竟应当适用什么样的法律规范为好。近些年，全国村民委员会的数目在逐年减少，由 2003 年的 66.3 万个逐年减少为 2004 年的 64.4 万个、2005 年的 62.9 万个、2006 年的 62.4 万个、2007 年的 61.3 万个、2008 年的 60.4 万个、2009 年的 60 万个、2010 年的 59.5 万个、2011 年的 59 万个、2012 年的 58.8 万个；全国居民委员会的数目则在逐年增加，由 2003 年的 77.4 万个逐年增加为 2004 年的 77.9 万个、2005 年的 79.9 万个、2006 年的 80.7 万个、2007 年的 82 万个、2008 年的 83.4 万个、2009 年的 84.7 万个、2010 年的 87.1 万个、2011 年的 89.5 万个、2012 年的 91.2 万个。村民委员会数目的减少、居民委员会数目的增加，有许多是村庄合并或社区分设的结果，也有相当部分是原来的村民委员会改为居民委员会即"村改居"引起的。对于那些"村改居"的"城中村""城郊村"和村民改为居民的人员来说，继续适用《村民委员会组织法》已经不恰当了，因为他们已经不是村民委员会或村民了，必须适用《居民委员会组织法》。② 如前所述，由于《村民委员会组织法》和《居民委员会组织法》规定了不同的选举模式，实践中大多数居民委员会选举可能选择相对不那么费时、费事、费力的居民小组代表选举的间接选举方式，也有可能选择较为简便易行的户代表选举居民委员会的方式。这意味着，仅仅因为"村改居"这样一个名称的变化，大量的人口的基层自治、基层民主选举权利的实际状况会有很大的退步。

城镇化带来的另一个方面的问题是，如何真正能够从制度上保障和实现广大农民工选举基层群众性自治组织的民主权利，尊重和满足广大农民工参与所居住的社区居民委员会选举的民主愿望。调查表明，希望

---

① 张景峰：《村民委员会民主选举国家法规范研究》，《河南科技大学学报》（社会科学版）2015 年第 4 期。

② 唐鸣：《城镇化背景下基层民主的发展——对居委会组织法修改的一点意见》，《探索与争鸣》2013 年第 11 期。

在各类城镇定居的农民工高达90%以上，愿意在所居住的社区参加居民委员会选举的农民工达到了60%以上。从另一方面来讲，城市基层干部和社区居民对外来农民工参与社区居民委员会的换届选举并不持十分反对的态度，反倒是非常欢迎。有部分地区的调查表明，赞同外来农民工参与社区居民委员会换届选举的城市基层干部和社区居民，均达到了90%以上。2011年民政部出台了《关于促进农民工融入城市社区的意见》，从政策上对鼓励和保障农民工参与所居住社区居民委员会的选举作了专门规定："进一步完善社区民主选举制度，探索农民工参与社区选举的新途径，在本社区有合法固定住所、居住满一年以上、符合《城市居民委员会组织法》选民资格条件的农民工，由本人提出申请，经社区选举委员会同意，可以参加本社区居民委员会的选举。鼓励符合条件的农民工经过民主程序担任居民委员会成员、居民小组长、居民委员会下属委员会成员、楼栋长和居民代表。"

然而，在现有的《居民委员会组织法》规定的居民委员会选举方式中，如果是采取居民小组代表选举的形式，除非有相当数量的农民工居住在一起，单独组成了居民小组，否则农民工是很难成为居民小组代表参加居民委员会选举的。如果是采取户代表选举的形式，首先，在2012年1.6亿的外出农民工中，只有20%即0.33亿是举家外出的农民工，80%的农民工是不可能作为户代表参加居民委员会选举的；其次，外出农民工在居住形态上，以雇主或单位提供住宿为主。如前所述，2012年以受雇形式从业的农民工，在单位宿舍中居住的占32.3%，在工地或工棚居住的占10.4%，在生产经营场所居住的占6.1%，与他人合租住房的占19.7%。只有13.5%的外出农民工独立租赁住房，0.6%的外出农民工在务工地自购房。初步估算，以受雇形式从业的农民工最多只有20%的人有可能作为户代表参加居民委员会的选举。也就是说，不改变《居民委员会组织法》现有的法律条款，鼓励和保障农民工参与所居住社区居民委员会选举的政策规定很可能得不到普遍落实。

其实，现行《居民委员会组织法》关于居民委员会选举中两种间接选举方式的规定，于规定之初就很不合理。社区居民既然可以参加居民小组会议，选举代表二至三人参加居民委员会选举，为什么又不能直接参加居民委员会选举。社区居民要选户代表参加居民委员会选举，怎么选户代表是个问题，家庭成员彼此之间对于选举谁为居委会成员意见相左怎么办又是一个问题。宪法规定居民委员会的主任、副主任和委员由居民选举，虽没有"直接"的字眼，但确有"直接"的意思。对照宪法关于人大代表选举的规定，可以类比地领会到这一点。宪法没有笼统地说人大代表由选民选举，而是分别说"全国人民代表大会由省、自治区、直辖市、特别行政区和军队选出的代表组成"。"省、直辖市、设区的市的人民代表大会代表由下一级的人民代表大会选举；县、不设区的市、市辖区、乡、民族乡、镇的人民代表大会代表由选民直接选举。"这样规定就是为了区分直接选举和间接选举，由选民选举的是直接选举，否则就是间接选举。同理，宪法关于居民委员会由居民选举的规定，应指直接选举。

综上，城乡二元选举格局下，对城镇化建设过程中产生的大量的农民工和因"村改居"而成为新城市居民的人群的基层自治权、基层民主选举权的保护极为不利，《居民委员会组织法》已经严重滞后于现实的需求，应加快《居民委员会组织法》的修法进程，将村居基层选举的规定予以统一。

三　被选举权：缺乏当选委员的资格审查机制

从第四章对北外社区居民委员会换届选举的实证考察和分析中，提出了在居民委员会选举中，对当选委员没有资格限制和审查机制，导致一些"恶"势力觊觎选举、扰乱选举正常秩序、甚至操控选举的现象。无独有偶，在农村村民委员会换届选举中，这样的问题也很突出。

早在1998年6月24日，九届全国人大常委会第三次会议分组会议审议《村民委员会组织法（修订草案）》时，当工作人员宣读村民委员会组织法修订草案后，顾金池委员首先发表意见。他提出了4条建议，其中两条是针对村民委员会的，就包括"村委会主任、副主任的任职条件应有明确规定"。[1] 但是，这样的建议不仅1998年《村民委员会组织法》修改时没有吸纳，直至2010年《村民委员会组织法》再次修改依然没有得

---

① 刘思扬：《把九亿农民的事情办好——李鹏委员长关注村委会组织法修订纪实》，《紫光阁》1998年第10期。

到体现。

2010 年《村民委员会组织法》第 11 条规定："村民委员会主任、副主任和委员，由村民直接选举产生。任何组织或者个人不得指定、委派或者撤换村民委员会成员。"第 15 条规定，村民应当推荐"奉公守法、品行良好、公道正派、热心公益、具有一定文化水平和工作能力的村民为候选人"。然而并没有明确规定是否要对候选人进行资格审查，由什么机构审查，如何审查。也就是说，日常违法乱纪的人，如果村民选举他，并通过法定的选举程序，那如何来确定选举效力，法律没有明确的规定。不可否认，随着农村经济水平的提高，村民的文化水平和自主意识有了很大改变，但是村民的法律信仰、民主意识水平仍然有高有低参差不齐，并且整体水平不高。因此，这种过于粗线条的法律规定，很容易造成贿选和其他违法选举情况产生。现实生活中，就曾出现少数动机不纯的参选人利用这一法律漏洞，在参选过程中私下拉帮结伙，暗中向不明真相的村民许诺蝇头小利，暗箱操作拉选票。由于怀着不良动机当选，被选人的不良行为又为今后村务管理混乱、违法埋下了隐患，严重影响农村社会稳定。

而对于什么样的人能当选居民委员会委员，《居民委员会组织法》更是没有相应规定。目前，地方选举立法中和选举规范性文件中，大都开始对候选人资格进行规定，但是在国家法律没有规定的情况下，按照法治精神和法律保留原则，限定公民宪法规定的基本权利的地方立法也会遭受合宪性和合法性的挑战。由此，笔者认为应尽快推进《村民委员会组织法》《居民委员会组织法》的修改完善；在修法未能启动前，全国人大常委会可以通过决定对候选人资格予以解释和规定。

四 选举权与监督权配置不科学

从法理和实践来看，对选举出来的人员的有效监督手段，一则罢免，二则公开。虽然基层自治中的选举在性质上不同于人大代表的选举，但同为选举，亦有一些基本的理论和经验共识，因此笔者拟将二者进行对比研究。

1. 监督机制的重要性

人民代表大会制度一方面要强调代表为实现人民利益而行动的大公

无私的美德，另一方面也要意识到把美德作为政体的基石并不可靠，因此人民代表大会制度还需要强有力的防范与监督机制。

罢免是对代表实行监督的严厉手段，是对选举权的补充和延伸。[①] 按照马克思、恩格斯的选民监督理论，选民有权依照法律规定的程序随时撤回自己选出的代表，这样才能保证每个代表都必须忠实地依照人民的意志办事，不能丝毫违背人民的利益。为了防范代表滥用权力，脱离选民和人民的利益，保障民主的真实性，我国的人民代表大会制度继承了马克思、恩格斯的选民监督代表的理念，并早在制度的萌芽时期，就在1930年《中华苏维埃共和国国家根本法（宪法大纲）草案》、1931年《中华苏维埃共和国宪法大纲》以及相关的苏维埃组织法、选举法中明确规定了罢免制度来加强选民对代表的监督，强化代表对选民的责任。[②] 这与强调代表的独立性，并认为"向人民呼吁的方法如果用得太多是非常危险而无效的，因此必须有一定的时间间隔"[③] 的西方代议制度的基本理路是不同的。

中华人民共和国成立后，1951年2月28日，刘少奇在北京市第三届人民代表会议上的讲话中指出，在新民主主义时期，不应注重选举的形式，而要注重它的实质，"就是说，要使人民，主要使劳动人民真能选举他们所乐意选举的人去代表自己，并要代表能忠实地把他们的意见和要求'反映'到政府中去。"这里的"反映"一词，隐含了代表所具有的角色和功能更偏重于客观的渠道或桥梁，而不似"反应"体现着代表的主观能动作用。在文本上，中华人民共和国成立以来的所有宪法、选举法不仅一脉相承地规定了选民对代表的罢免制度，延续了代表必须忠实于选民意志和利益的价值导向，而且不断规范和完善了罢免制度的程序。现行《宪法》第77条、第102条以及选举法、代表法、全国人大组织法和地方组织法关于代表受原选举单位（选民）监督以及原选举单位（选

---

① 徐振光：《中国共产党人大制度理论发展史稿》，中国出版集团、东方出版中心2011年版，第63页。

② 参见韩延龙、常兆儒《中国新民主主义革命时期根据地法制文献选编》（第1卷），中国社会科学出版社1981年版。

③ ［美］汉密尔顿、杰伊、麦迪逊：《联邦党人文集》，程逢如、在汉、舒逊译，商务印书馆1997年版，第49、50篇。

民）有权依法罢免本单位选出的代表的规定，且原选举单位（选民）只能监督和罢免由他们选出的代表的规定，亦延续了明显的强制委托代表制特征。① 但是，由于罢免程序存在缺失，致使实践中罢免的实体规定难以落实，强制委托代表制度亦得不到体现，因此完善并落实罢免制度，也是增强代表身份正当性，保证代表忠实地反映选民的意见和要求的重要路径。

2. 监督机制的可行性比较

虽然 2010 年《村民委员会组织法》修改对罢免制度作了两个方面的完善，即上文所述的，增加启动罢免的主体"三分之一以上的村民代表联名"和规定了"双过半制"的罢免表决程序。相对于 1998 年《村民委员会组织法》的规定，已经是很大的进步，罢免也相对更具现实性。然而，与人大代表制度下，选民或选举单位对人大代表的罢免的启动程序相比较，仍然略显困难。

根据宪法、选举法的规定，对于县级的人民代表大会代表，原选区选民五十人以上联名，对于乡级的人民代表大会代表，原选区选民三十人以上联名，可以向县级的人民代表大会常务委员会书面提出罢免要求；县级以上的地方各级人民代表大会举行会议的时候，主席团或者十分之一以上代表联名，可以提出对由该级人民代表大会选出的上一级人民代表大会代表的罢免案。在人民代表大会闭会期间，县级以上的地方各级人民代表大会常务委员会主任会议或者常务委员会五分之一以上组成人员联名，可以向常务委员会提出对由该级人民代表大会选出的上一级人民代表大会代表的罢免案。

两相对比，一是启动罢免的主体还是比较窄，二是门槛还是比较高。比如一定数量的村民小组仍然不可以提起罢免程序；"三分之一以上"村民代表联名的门槛相较于人大代表罢免权中的"选区选民三十人以上联名""十分之一以上代表联名"的规定条件也更为严苛。可见，基层自治中罢免制度还有进一步改善的空间。

---

① 胡位钧：《两种代表制理论之再评价》，《法商研究》1998 年第 2 期。

下　编

基层参与的法治之维

第六章

参与理论及社区参与的兴起

公民参与是实现基层社会和谐发展的路径选择，是中国民主政治的核心问题之一。它使公民获得行使政治权力的机会，有利于政治愿望的实现和政府决策的民主化，有利于政治国家和公民社会的"善治"。广泛的公民参与，特别是公民的政治参与，是现代民主政治的基础。①

社会自治是社会治理现代转型的制度基础和本质要求。传统的单中心（mono‑centric）权威治理模式，是在政府的主导下，把社区主体作为治理的客体，社区治理就是政府动员加上少数精英主动参与，大部分民众、群众团体以及社会组织等自治主体被动参与，社区治理成为少部分人的事情，大部分社区行动者在社区治理中缺席，这难以实现自治主体对社区公共事务的自觉、自愿和深度参与。同时，单中心权威治理模式造成社区主体对社区的情感认同程度较低，不愿意积极参与社区治理。如何应对社会成员和组织之间的冲突、以保持社会的内聚和国家权威的合法性，这是单中心权威治理模式所面对的现实挑战，而实现社会自治，从单中心（mono‑centric）权威治理模式转向多中心（polycentric）参与治理模式，从权威秩序到自治秩序，才能实现传统社会治理的现代转型，实现多元民主共治和公民利益最大化。②

公民参与作为一个表达积极公民资格、展现强势民主的概念，它寓意了社会治理过程中所需要的民主性、责任感和理性。治理理论及其相

---

① 李晓玲：《公民参与的扩大与基层民主的发展》，《中共云南省委党校学报》2014 年第 1 期。

② 周庆智：《论基层社会自治》，《华中师范大学学报》（人文社会科学版）2017 年第 1 期。

应的制度安排为公民参与基层公共事务的决策和管理并发挥其影响力提供了广阔的舞台。从政治发展和社会管理创新的角度来看，公民参与不仅是中国城乡社区民主治理中的核心要素，而且社区民主治理的发展也为公民深度参与释放空间。

此外，中国的学者研究民主政治总是脱不开"中国—西方"这对范畴的纠结。一方面，政治参与理论无可回避地面对一个西方参照的问题，另一方面，中国的历史、文化、政治、经济共同指向一个"中国特色"民主建设问题。简而言之，研究中国的民主理论，需要从中国的实践中看出真正的事实证据，并从西方的理论框架和方法中提取精粹，两者的结合才有可能得出比较准确的对于中国民主的分析，才有可能建立中国民主的理论框架和研究方法。

第一节　中国群众参与理论

参与民主作为一个舶来品，在中国的民主政治建设中仍然存在一个"中体西用"的问题，因此，在介绍西方政治参与理论之前，有必要先将中国现实中的参与特质呈现给读者，以逆转我们中国研究中往往以西方先入为主的思路。

"参与"是一个涵盖广泛的概念，基本上可以指"在合适条件下创造出人们影响与他们有关的决策的机会。影响的程度从几乎没有到大量参与……"① 正是对"参与"的影响程度不加区分地使用，使得学者们在使用"参与"一词时不仅仅是指一种决策方法，也包括了许多领导者使用的用于说服被领导者服从决策的方法。在日常的语言中，"参与"更涵盖了几乎一种最低限度上的交往得以发生的情况，通常意味着仅仅是个人在团体活动中的存在。② 如果从决策方法到说服技巧的整个谱系都可以"参与"来指称，那么麦克格雷格认为"参与是人类关系研究领域出现的

---

① McGregor, D. The Human Side of Enterprise, McGraw Hill, New York, 1960, p. 126.
② 参见［美］卡罗尔·佩特曼《参与和民主理论》，陈尧译，上海世纪出版集团 2006 年版，第 65 页。

最容易被人误解的一个概念"① 也就不难理解了。

　　将"参与"的最低限度置于"个人在团体活动中的存在"的确是一种危险的简化，最为严重的后果就是"参与"变得很容易被造假。维巴称之为"假参与"："参与局限于成员如何支持领导者做出的决策，而领导者……既不是由团体成员选举产生的，也不需要对团体负责……团体领导者在自己的头脑中有着特定的目标，将团体成员的讨论只是作为促使成员们接受其目标的手段。"② 即，只包括一方在内的单边决策的过程。与此对应的，是双方或多方决策的过程，包括：（1）双方或多方在决策过程中互相影响，但最终的决策权只在于其中的一方的"部分参与"；（2）决策整体中的每一个成员平等地享有决定政策结果的权力的"充分参与"。③ 本文赞成维巴和佩特曼在工业民主领域，以对决策的影响力的有无和大小对参与形态所做的区别和分析，而且将"民主"简化为"多数决"，将"参与"简化为"在场"在中国也是一个亟待纠正的普遍现象，城乡社区参与民主建设中也概莫能外。但是，笔者以为"假民主"—"部分民主"—"充分民主"这样的分类，在语词上难免勾起"西方中心主义"的联想，为了避免不必要的词义误解，结合中国近代以来的历史文化背景，特别是中华人民共和国成立以来的参与实践，我们将参与分为"影响决策过程"和"平等地享有决定决策结果的权力的过程"两类，前者即"群众参与"，后者为"公民参与"。

一　群众参与

　　社会学研究者刘岩、刘威通过对比中国与西方的历史传统、社会结构，借助社会治理理论和社会资本理论，揭示了中国转型期城市社区参与机制，与有着成熟的市场经济、市民社会和自由主义传统的西方社区公民参与理论和运行机制有着实质性的差别；进而认为，以公民参与理

---

　　① McGregor, D. The Human Side of Enterprise, McGraw Hill, New York, 1960, p. 124.

　　② Verba, S. Small Groups and Political Behaviour, Princeton University Press, 1961, pp. 220 – 221. 转引自 ［美］卡罗尔·佩特曼《参与和民主理论》，陈尧译，上海世纪出版集团2006年版，第66页。

　　③ ［美］卡罗尔·佩特曼：《参与和民主理论》，陈尧译，上海世纪出版集团2006年版，第67页。

论作为研究中国社区参与的理论范本，忽略了体制和制度对参与的决定性影响，因为特定的权力分布结构和运行制度会形塑不同的社会参与动机和逻辑，故此无论是源自西方社会的制度主义理论、社会治理研究，还是标榜公民精神的社会资本理论，都难以照搬来作为中国研究者考量当下社区治理与公众参与的理论源泉；由是，他们提出以群众参与理论，包括对国家动员机制和动员技术、群众参与逻辑与参与策略以及国家与群众的复杂而微妙的互动过程的研究，为当前中国城市的社区参与提供更富解释力的理论视角。[①]

首先，从中华人民共和国成立的历史背景而论，中国共产党是通过革命夺取的政权，而革命成功的法宝之一就是"走群众路线"，即动员群众参与革命、建设和改革事业。因此，群众参与是中国城市社区参与中非常具有中国特色的一种参与理论和参与形式。"群众参与"顾名思义就是指一些具有共同特征、共同诉求或共同利益的人，作为一个集体，整齐划一地参与某项政治性的或非政治性的事务。公民参与则是具有公民权利的主体运用制度化的组织与途径公开表达利益诉求，并与政府机构进行协商谈判与讨价还价，从而分享政府公共决策权力的过程。因此，作为"群众"中的一分子，其参与与以个人权益为基点和目的的公民参与，在行动逻辑、行动策略以及政府与居民的互动过程中呈现出不同的特点。[②]

其次，从国家政权建设的角度，群众参与可以产生三个方面的效果。

第一，群众参与是为国家政权建设和社会发展累积社会资本。在中华人民共和国成立前后及社会主义建设早期，群众作为支援战争和发展生产的人力资源，也作为改造与治理的对象，被纳入国家政权建设的过程之中。这样的群众参与常常被表述为"为社会主义建设事业添砖加瓦"，这是在富强的目标与发展的语境下，在利益一致性的预设下，群众被视为利益一致的人民的群体，一个没有私利的人的集合，他们每通过参与贡献一份智慧和力量，国家就朝着富强的目标迈进一步。国家也希望通过这样的整合收到"积跬步至千里"的累积性效果。

---

① 刘岩、刘威：《从"公民参与"到"群众参与"——转型期城市社区参与的范式转换与实践逻辑》，《浙江社会科学》2008 年第 1 期。

② 参见杨敏《公民参与、群众参与与社区参与》，《社会》2005 年第 5 期。

　　第二，群众参与是政策制定过程中的"学习"与"说服"环节。这是最为重要也最为普遍的群众参与形式，其中"群众参与所发挥的功能主要不是让群众参与对自己利益有直接或间接影响的政治决策过程，也不是对官僚制进行质疑与制衡，而是发挥社会化和社会控制的功能。通过参与基层政治活动，参与者可以学到有关政治过程和扮演政治角色的知识，但参与的最终目的，不是通过学习政治过程而学会制度化地表达与维护个体的合法权益、监督政府的决策与执政过程，而是学习一套政党伦理和共产主义意识形态，认同与支持现存体制。通过参与，参与者成为服从纪律的群众的一分子，而不是具有权利意识的公民"①。这正是前文所说的作为领导者说服群众服从的技巧。虽然，决策权仍然是单方的，而且在群众的参与和讨论之前决策者已经有了自己特定的目标，但是，参与者仍然可以在讨论的过程中表达自己的意见和诉求，尽管自己无从控制吸纳与否。这样的群众参与机制与中国传统政治和文化中的民意机制一脉相承，只是较前者更加开放；也正是基于其与传统文化的亲和性，它成为被广泛使用和接受的群众参与形式。

　　第三，群众参与是以"在场"强化决策的合法性。"在场"是参与的最基本的、也是最低的要求。最为重要的，"在场"是一个客观的可量化的标准，可以撇开群众是怎么在场的，是自愿自发来的还是被动员来的？为什么在场，是为了自己的权益还是为了公共的利益？如何在场，是在表达意见还是仅仅在倾听？在场的效果如何，对决策的制定是否有影响力，有多大的影响力？等等因素。这里，"在场"就像包装纸，将参与的动机、目的、过程和效果包裹其中。如果，只要在决策制定的讨论会上，有数量可观的人在场，就可以把这项决策包装得，或者说渲染得，具有民意的基础和民主的合法性，那么参与民主也就失去了自己的品格和内在规定性，成为一个被摆布的玩偶。佩特曼尖锐地指出，"民主不是指一种特定的权威结构形式，而是指……创造出来的一种'风气'，……或者甚至仅仅指存在一种友好的气氛。"笔者以为，单纯的"在场"只能叫"参加"，而不是参与；参加只是参与的前提和基础，但决不能等同于参与；参与要求对决策具有影响力，这是参与的内在品格。需要重视的是，

---

① 杨敏：《公民参与、群众参与与社区参与》，《社会》2005 年第 5 期。

在我国的参与民主实践中，省略参与的内在规定性，将参与简同为参加或在场的现象已经存在，如何防范和纠正这种名实不符的参与民主，正是下文在城乡社区参与研究中需要应对的一个问题。

最后，根据群众参与动力机制的不同，可以将群众参与归纳为三种运行模式。[①]

第一，国家动员模式。中华人民共和国成立后，我国在总体性社会的体制逻辑下，培植和发展了一套成熟的发动群众参与的动员技术。[②]在改革开放前，资源稀缺与国家对资源的总体性垄断是实现群众动员的基本前提，群众通过参与表达对政权的效忠，国家亦以参与与否辨识群众的身份并分配生活资料。正如社会学教授郭于华所言，在那个年代"能否参与和是否参与仪式成为认同、区分以及确定身份、（阶级）地位的标志；而仪式（运动）的发动者握有大多数人的生存资源，因而参与或不参与便成为生死攸关的事"[③]。改革开放，特别是建立社会主义市场经济后，人们有了越来越多的可以自己支配的"剩余价值"，于是私有财产权和人权保障的概念逐渐深入人心，并最终写入了宪法。实际上，承认"私有财产"的合法性，也就意味着利益的分化和个体化，进而群众参与的原动力也会逐步减退，表现为群众对政治的冷淡和参与意识的萎缩。毕竟，减退不等于消失，在当前的社区建设中仍然可以看到国家动员模式的影子：一方面，作为社区参与主体的居民有相当部分是在群众参与年代成长起来的，具有群众动员与参与的集体记忆，其参与行为带有路径依赖的特征；另一方面，很多动员技术也沿用至今，如积极分子带头，文明社区、示范社区评比，树典型，观摩学习示范社区，写标语、黑板报等宣传形式，意识形态灌输与话语宣传等。

第二，庇护主义模式。国家动员模式强调国家动员技术与动员过程，庇护主义模式则关注国家对资源的总体性控制下普通人的参与策略。庇护主义模式认为社会主义国家在社会控制的过程中充满着弹性、主观性

---

①　杨敏：《公民参与、群众参与与社区参与》，《社会》2005年第5期。

②　郝彦辉、刘威：《转型期城市基层社区社会资本的重建》，《东南学术》2006年第5期。

③　郭于华：《民间社会与仪式国家：一种权力实践的解释——陕北骥村的仪式与社会变迁研究》，中国民俗学网，http://www.chinesefolklore.org.cn/web/index.php? NewsID=3158，2020年2月29日访问。

和个人情感，形成丰富的庇护与被庇护关系，个人通过这种庇护关系来追求自己的利益：一小部分积极分子与上级形成稳定的庇护关系网络，以忠诚换取物质报酬、资源和机会；普通工人则通过与干部发展工具性——个人化关系网络来追求个人利益。杨敏对武汉市部分社区公民参与中的庇护关系的运行机制和效果进行了实证的考察，认为庇护主义仍然是目前社区参与中的重要动力机制和参与形式。

第三，精英动员模式。由民间精英动员起来的权益性参与在当前社区中已经越来越普遍，主要出现在房屋拆迁和物业权益维护等集体维权领域。这一动员与参与模式与前两种模式的不同之处在于，这是群众基于自己的利益，自主地、有组织地动员起来，集体地参与到与国家权力机关或物业公司针锋相对的维权行动之中；动员者不是国家及其代理人，而是民间精英；参与的方式和策略也不再是基于人际关系的庇护主义模式，而是借助法律的手段维护合法的权益。这是一个意义深远的新型参与模式，因为其要争取的是与政府权力有着对立性的合法权益，所以这样的参与比国家动员模式和庇护主义模式更有益于培养参与的政治效能感和参与者的公民品格与技能。正是在这个意义上，精英动员模式下的维权参与蕴含了从群众参与向公民参与转化的心理、文化和技能要素。

二 社区动员

群众参与以动员组织掌握有垄断性资源为基础和前提，而在城市社区中，居民委员会作为社区动员组织既随着单位制的解体，掌握了某些福利资源和委托行政权力，又因为市场机制的确立和城市住房体制改革，使资源分配渠道呈现多元化，进而使其所掌握的体制内资源十分有限，无法形成垄断性占用。因此，社区发展是一个复合的过程，包括两种要素：由政府通过居民委员会以技术或其他服务动员居民参与，以促进居民发挥更有效的自助、自发与互助；由居民自己的参与，尽可能靠自己创造来努力改善其生活水准。① 由此可见，在中国城市社区建设中，动员参与和自主参与都有其存在的合理性；从长远的趋势和目标来说，动员

---

① 参见黎熙元、童晓频、蒋廉雄《社区建设——理念、实践与模式比较》，商务印书馆2006年版，第21—22页。

参与会逐渐式微，居民的主动参与将占主导地位；但在现阶段相当长的时间里，动员参与仍是社区参与的主要特征，我们对其历史合理性和局限性应有理性的认识。

相较于典型的群众动员的参与式动员、运动式动员和组织化动员等三种方式而言，居民委员会对居民的社区动员在社会背景和动员方式上都发生了重要变化，杨敏博士称之为地方性权威式动员，就是指居民委员会既借助政府赋予的行政权威，又利用自身所创建的地方性互动网络动员居民参与社区事务与社区活动的过程。[①]

一方面，正是基于与政府之间的大量委托行政关系，拥有了部分行政权威后，居民委员会才得以成功动员特定居民群体参与社区行政性事务，才有资源与辖区单位进行互惠交换；正是因为居民委员会掌握某些福利资源和行政权力，部分居民才会积极响应居民委员会的号召，甚至有意与居民委员会培养庇护关系；也正是由于行政组织系统的威力犹在，基层政府才能高效地贯彻有关社区建设的各项政策。另一方面，居民委员会作为宪法规定的群众性自治组织，并不是一个正式的行政组织，因此他们所能借用的行政权威是有限度的，所掌握的体制内资源也是十分有限的，由此改变了组织化动员得以存在的根基；市场观念的渗透、传统意识形态的弱化和价值观念的多元化使劝说、教育等参与式动员策略的效力下降；加之，资源获取方式的多样化也使居民委员会对居民的控制能力非常有限。如此种种，居民委员会已经无法仅仅依赖组织化力量来实施社区动员。

居民委员会还需运用种种策略建构一套以感情、人情、互惠和信任为基础的地方性互动网络，培育一个非正式的积极分子网络，获取他们的合作与支持。这个积极分子的网络主要由社区离退休党员、门栋组长、文艺骨干分子、低保居民等积极分子构成，他们或者想通过居民委员会获取某些福利资源而与之形成庇护关系，或者想通过社区活动寻求某种组织感与集体感而与居民委员会形成密切的互动关系。居民委员会在动员过程中运用了多种策略培养与愿意合作的居民之间的感情与交情，获取他们的支持以完成政府下达的各项行政任务。[②]

---

① 杨敏：《公民参与、群众参与与社区参与》，《社会》2005 年第 5 期。

② 同上。

正是由于居民委员会实施社区动员的资源有限，所以只能动员少数对政府福利资源有所需求的特殊居民群体参与，使得现阶段的社区参与呈现出独具中国特色的运行机制和特点，这正是本书第七章、第八章将要讨论的问题。

第二节　西方参与民主理论

政治理念通常都是一定社会政治生活实践的反映和要求。20世纪60年代，参与民主理论在西方发达国家的复兴，一方面源于代议制民主面临的危机，另一方面又置身于民主制度与极权制度的对比曲解之中。参与民主最初被广泛应用于微观治理单位，如学校、社区、工厂等与人们生活密切相关的领域；主要关注社会民主领域，特别与工作场所的民主管理紧密联系起来。1970年卡罗尔·佩特曼《参与和民主理论》一书的出版，以工业领域的民主化为例，系统阐述了参与在民主理论中的核心地位，并进一步论证了将参与拓展到政治生活和国家层面的现实性，标志着参与民主政治理论的正式出现。

一　精英民主理论批判

当代西方的参与民主理论建立于对自由主义民主及其所衍生的精英民主论的分析和批判之上。20世纪之肇端，工业社会的巨大规模及其复杂性，官僚组织形式的出现，引发了许多具有实证主义思维的政治学者对于通常所理解的自由主义民主的实现可能性产生了严重的怀疑。其中最著名、也是最有影响力的要属加塔诺·莫斯卡和罗伯特·米切尔斯。① 莫斯卡认为，在每一个社会中都是由一个精英阶层统治的，他指出："在各种社会中，都有一个统治阶级和另一个被统治阶级。第一个阶级人数较少，但是履行所有政治职能，垄断各种权力并享受由此而来的利益。第二个阶级接受第一个阶级的指挥和控制，其方式或多或少是合法的，

---

① ［美］卡罗尔·佩特曼：《参与和民主理论》，陈尧译，上海世纪出版集团2006年版，第2页。

同时又或多或少是专制而暴烈的。"① 这个统治阶级并不单纯是经济上占统治地位的资本家阶级，而是社会的精英。在莫斯卡的后期著作中，他将精英理论和代议制度结合起来分析，并列数了以代议制、普选制和分权制为特征的民主政治在实践中表现出的一系列弊端。②

米切尔斯"寡头统治铁律"的著名论断，是从分析现代民主政治运行机制入手的，他认为民主政治要得以正常运转，离不开政党，而政党的存在和运作，又必然导致少数人的统治，因此，所谓民主政治说到底实质上也是一种寡头政治。此外，米切尔斯还在承认代议制民主是"祸害最小"的政治制度的前提下，揭示并深刻分析了代议制民主政治所具有的各种内在缺陷。

上述代议制民主导致精英统治的论断本是带有批判性的，但是随后的第二次世界大战经历却逆转了这一方向。魏玛共和国的大众参与竟然演变成极权政权，并最终导致了共和国的崩溃。殷鉴不远，民主理论家们转而认为政治冷漠者政治参与的迅速增加将危及民主制度的稳定。由是，少数精英的参与才是关键的，普通大众的政治冷漠和不参与被视作社会稳定的保障。精英民主论成为主流的民主理论，其最为杰出的代表人物就是约瑟夫·熊彼特，在他具有巨大影响力的著作《资本主义、社会主义和民主主义》中，通过描述性的、经验主义的分析方法，以美国的现实政治为参照系，几乎全盘否定了古典民主理论的价值，断言民主是与任何特定的理念或目的没有关系的一种政治方法，并在此基础上提出了一个被称之为"竞争的精英民主"的理论："民主方法是为达到政治决定的一种制度上的安排，在这种安排中，某些人通过争取人民选票获得作出决策的权力。"③ 该理论包括三层含义④：（1）民主是一个竞争领导权的过程；（2）民主不过是指人民有机会接受或拒绝要来统治他们的人的意识；（3）民主就是政治家的统治。熊彼特是精英民主理论的集大成者，C. 赖特·米尔斯、卡尔·波普、乔·萨托利等追随其后。这些精

---

① ［意］加塔诺·莫斯卡：《统治阶级》，译林出版社 2002 年版，第 50 页。

② 详情参见梁军峰《参与式民主研究》，河北人民出版社 2008 年版，第 21—22 页。

③ ［美］约瑟夫·熊彼特：《资本主义、社会主义与民主主义》，吴良健译，商务印书馆 1999 年版，第 335—336 页。

④ 参见梁军峰《参与式民主研究》，河北人民出版社 2008 年版，第 27—29 页。

英民主论者的理论尽管各有独到之处，但在将民主解释为本质上是一种少数人的统治上是一致的，他们不承认民主理论的规范意义，以实证的、经验主义的视角"盲目地集中关注构建一种'现实主义的'理论以适合政治社会学所揭示的事实：……少数精英的参与才是关键的，缺乏政治效能感的冷漠的、普通大众的不参与，被看作是社会稳定的主要屏障"①。正因为竞争性的精英民主理论抛开了民主的理想，单纯描述"民主的方法"，它很快招致了多方面的批判。②

第一，是对个人自由的压制。近代以来的自由主义民主并未充分实践民主的实质，相反却使得政治生活远离了个人而走向了精英垄断。③ 就像卢梭在《社会契约论》中阐明的，民主应当能够提高个人自由价值，使个人"成为自己的主人"，摆脱无所不在的"枷锁"。而精英民主理论将民主政治仅仅视为一种选举的政治，将代议制民主化约为"竞争性选举"，严重扼杀了公民个体的主体性，个体日渐丧失了对自我的控制，个人自由遭到了严重的践踏。

这方面的批评首先来自马克思主义者和新左派。从马克思到列宁认为，民主的发展过程本质上就是人的解放过程，是使人摆脱外在的束缚关系，成为自由而全面发展的人。他们深刻地批判了资本主义代议制民主的阶级局限性，指出议会制度就是资产阶级专政的工具，是对"人民当家作主"的民主实质的背离。新左派人士麦克弗森对民主现实进行了深刻的反思，指出了 20 世纪市场社会的一个重要悖论，即占有性个人主义的现实性与资本主义民主无法实现每个人能力最大化之间的背离。这一背离进而破坏了资本主义社会大厦之根基，极有可能导致拥占性市场社会陷入严重的危机，而缓解这一危机的主要手段就是将竞争性政党制度与参与型民主结合起来。④

---

① ［美］卡罗尔·佩特曼：《参与和民主理论》，陈尧译，上海世纪出版集团 2006 年版，第 98 页。

② 陈尧：《民主时代的参与》，《读书》2006 年第 8 期；晋振华：《当代西方参与式民主理论评述》，《四川理工学院学报》（社会科学版）2008 年第 2 期。

③ 陈尧：《从参与到协商：当代参与型民主理论之前景》，《学术月刊》2006 年第 8 期。

④ C. B. Macpherson, *The Life and Times of Liberal Democracy*, London：Oxford University Press, 1977, p. 114.

第二，社会政治生活中普遍存在的不平等。参与民主理论要求的"政治平等"，不仅仅是平等的普选权，更要求存在着对领导者施加影响的机会的平等，以及在决定决策结果方面的权力平等。一言以蔽之，"就是使全体居民群众真正平等地、真正普遍地参与一切国家事务"①。而在代议制民主中，理论上政治平等被简化为普选权，在现实操作中政治参与的机会明显地偏向于精英阶层。精英民主理论的存在本身就标示了政治的不平等，而政治的不平等反过来又巩固并加剧了资源占有方面的不平等。

第三，对微观层次民主的忽视。民主的实质是实现人对自我的真正控制，而这需要在政治生活以外的广阔社会领域中进行"训练"。最早，托克维尔在《论法的精神》中，揭示了民主参与和地方自治制度的内在联系。密尔在《论社会主义的篇章》中赞成"一种依靠小社群中自愿组织活动的社会主义计划，希望这些计划通过小单位的自我扩展而运用到全国范围"。科尔也认为只有通过在地方层次和地方社团中的参与，个人才能"学会民主的方法"；"个人对现代政治这一庞大的机制无法施加控制，不是因为国家的巨大，而是因为他在更小的单位中缺乏机会去学习基本的自我管理的知识。"② 可见，人们直接参与公共生活的最重要领域是那些与他们的生活最密切相关的事务；通过对这些事务的参与和决策，才能最终实现对政治生活的参与。③ 然而，在以熊彼特为代表的当代精英主义民主理论中，民主指的是在全国层次上的一种政治方法或一套制度安排。这种方法中民主的核心就是领导者在定期的、自由的选举活动中通过竞争获得人民的选票。④ 其中，对于民主而言，竞争性选举是关键性的，而普通大众的政治冷漠是政治稳定的屏障。

第四，议会权力的衰落。20 世纪特别是第二次世界大战以后，资本主义进入国家垄断阶段，随着国家对经济和社会生活的干预不断加强，

① 《列宁全集》，第 28 卷，人民出版社 1990 年版，第 111 页。

② 转引自［美］卡罗尔·佩特曼《参与和民主理论》，陈尧译，上海世纪出版集团 2006 年版，第 31、35 页。

③ 陈尧：《从参与到协商：当代参与型民主理论之前景》，《学术月刊》2006 年第 8 期。

④ ［美］卡罗尔·佩特曼：《参与和民主理论》，陈尧译，上海世纪出版集团 2006 年版，第 12 页。

整个社会经济结构日益复杂化，自由资本主义时期产生的传统议会制形式已经适应不了新的社会需要。对于国家干预经济的新职能，议会已难以胜任，其权威和作用相对衰落了，随之而起的是行政权力的扩张，权力结构出现了制衡中的失衡。

第五，对社群价值的忽视。自由主义代议制的前提是个人主义，个人主义极端发展的结果就是导致了对作为个人联合体的社群价值的忽视，个人被抛入了一个深邃孤寂的无边黑夜之中，空虚和失落成了生活的主题。

对于代议制民主的这场危机，《民主制的危机》的主要撰写者亨廷顿在 1976 年出版的《难以抉择》一书中做出了精辟总结：这是"在技术统治模式下，贫富之间日趋扩大的裂痕连同对政治参与的压制最终导致的参与爆炸（participation on explosion）"。① 于是，作为应对，为了从议会制民主的危机中寻找出路，西方学者开始检讨反思传统的民主形式，提出新的民主设计。其中，托夫勒、普兰查斯及佩特曼等学者提出了"参与式民主"的解决方案。②

二　参与民主理论的挑战

作为正式术语的"参与民主"是阿尔诺德·考夫曼于 1960 年率先提出的："参与的民主可以有许多有益的结果，其主要功能不是为了保护或稳定社区，而是能够发展人的思想、感情与行动的力量。"③ 几年后，"参与"一词成为一个十分流行的政治词汇的组成部分，被不同的人们运用于各种不同的情境，"参与民主"亦被广泛应用于学校、社区、工厂等微观治理单位。似乎，参与民主的兴起其势难挡，然而具有讽刺意味的是，"广为流行的参与思想，在政治理论家和政治社会学家所普遍接受的民主理论中却只是占有最为低微的地位。"而且，在 20 世纪 60 年代民主理论的一个显著特征是强调大众广泛参与的政治所具有的内在危险。

---

① ［美］塞缪乐·P. 亨廷顿、琼·纳尔逊：《难以抉择——发展中国家的政治参与》，华夏出版社 1989 年版，第 25 页。

② 晋振华：《当代西方参与式民主理论评述》，《四川理工学院学报》（社会科学版）2008 年第 2 期。

③ 转引自梁军峰《参与式民主研究》，河北人民出版社 2008 年版，第 41 页。

参与民主遭遇的这种置疑，源于对当代世界中仅有的两种互相替代的政治制度——民主制度和极权制度——的对比和记忆。第二次世界大战后建立在大众参与基础上的极权政权揭示出一种倾向：参与是与极权主义联系在一起的，而不是与民主制度联系在一起。尽管这种大众参与往往受到威吓和强制。的确，极权国家兴起的背景已经导致了人们对参与民主理论的深层怀疑，而精英民主理论家对正在运行着的政治体系的成功描述和精辟总结，更加剧了人们对参与民主理论的怀疑和保留。①

熊彼特的巨著《资本主义、社会主义与民主》，与其说是研究结论不如说是研究方法更引领风尚。他建立在政治生活的事实基础上的实证主义的、科学的研究方法，丝毫没有为民主理论规范的、价值的层面留下余地。如此，"所有人最大程度参与"的人民统治意义上的、古典的、参与的民主理论，作为一种理想也就被彻底地抛弃了。毕竟，熊彼特的民主理论是实证主义的、描述性的，因此他只是证明了，没有大众的参与，代议制民主也能运行得很好。然而，一旦联想到极权政权，大众参与便走向了民主的反面：政治参与的迅速增加将危及民主制度的稳定。

达尔认为社会经济地位越是低下的社会团体中也就越可能发现"权威主义"人格。如果政治活动的增加将具有权威主义倾向的人带到政治舞台上，那么关于政治基本规范的共识就会下降，多元政体就会遭到削弱。他由此得出结论：大幅度提高现存的政治参与水平，对于民主体系的稳定是有害的。②

萨托利从另一个角度提出了广泛参与的不可能性。他认为，在民主理想和政治现实之间出现了不可弥合的鸿沟，"理性主义民主总是处在变成一种想象的民主的危险之中，它有可能离开现实太远，以致无力应付现实世界产生的问题"。在现实世界中，回顾历史，"直到托克维尔包括卢梭之前，经典著作每当从人民权力推论出积极参与时，总是无一例外

① 参见［美］卡罗尔·佩特曼《参与和民主理论》，陈尧译，上海世纪出版集团2006年版，第1—3页。

② ［美］罗伯特·达尔：《民主理论的前言》，顾昕等译，生活·读书·新知三联书店1999年版，第三章。

地指出，这是民主中具有破坏性和自我毁灭的因素"；再看当前，普通大众的积极参与直接导致极权主义倾向及其带来的危险，说明参与的民主理想维持了社会中的权威结构和领导结构，恶化而非解决了民主国家中的现实问题。由此，他得出结论：试图改变大众的政治兴趣将危及民主方法的运用。①

参与民主理论正是受到了极权政权与精英民主的两方面夹击，而历经了近十年的潜伏，直到 1970 年佩特曼具有里程碑意义的《参与和民主理论》的出版。

早期政治领域的、国家层面的参与民主，无论是作为一种理想还是其现实性都遭受了深刻的怀疑，佩特曼正是在这样的背景下，通过重塑来复兴参与民主理论，其中最重要的两点调整都是与极权制度的殷鉴遥相对应的：一是将参与视为对代议制民主的补充，二是将参与首先置于社区、工厂等微观治理单位。这也是中国当前民主政治建设中，在社区等基层组织中推进参与民主的一个重要理论背景。

三 参与民主理论概述

作为一种民主模式，参与式民主一般可以理解为普通公民应该参与影响他们工作和生活的决策过程。与代议制民主强调"大多数公民的政治冷漠是民主体系的稳定的条件，公民的政治参与一般不应超出投票选举的水平"不同，参与式民主主张仅有代议制是不够的，应该将参与扩充到与人们生活密切相关的领域如社区管理及工作场所等，直至政治生活和国家层面的参与实现。② 参与民主的出现，在一定程度上弥补了自由主义民主的缺陷，对于维系一个公共性的社会具有重要的意义。

参与式民主理论正视代议制民主的局限性及其现实中的精英统治倾向，指出"如果民主是赋予我们进行自我管理的权利，而不是依据我们

---

① ［美］乔·萨托利：《民主新论》，冯克利、阎克文译，东方出版社 1998 年版，第 61、177 页。

② 胡伟：《民主与参与：走出貌合神离的困境？——评卡罗尔·帕特曼的参与民主理论》，《政治学研究》2007 年第 1 期。

的利益接受被管理的权利,那么自由主义民主并不是真正的民主";① 真正的民主不限于选举国家领导人、选举代表等内容,而是要参与到政府的决策和管理之中,要以扩大公民对政治的直接参与为核心。由此,参与民主理论家们集中探讨了"参与"在民主理论与制度中的地位和作用,并致力于阐述政治参与与民主政治应该具有什么样的联系,以及如何从操作层面上将一个社会转变为参与型的社会。

1. "参与"在民主中的地位

在古典民主中,无论是在规范意义上还是在经验意义上,参与都居于核心的地位。现代民族国家建立后,面对在大规模的地域和人口中建立民主制度的问题,政治体系的民主性质主要在于全国层次上的"制度安排"形式,尤其是领导者竞争选票的过程。如此,代议制成为唯一现实的选择,被视为最好的政府形式。而参与作为"确保每一个公民的私人利益得到保护"的保护性机制,即便没有被漠视和疏远,也至多只是代议制民主的陪衬或辅助机制。这一点在约翰·斯图亚特·密尔的《代议制政府》中得到了最清晰的体现。密尔是最早将大众参与和精英统治结合起来的智者,但是他设计出的代议制政府模式,目的不在于如何扩大公民的参与,而在于如何使精英统治获得一种合法的大众基础。

20世纪初,对自由主义民主能否真正促进个人自由的严重怀疑,触发了大众参与民主理论和实践的"昙花一现"。极权制度的深刻教训,使得当代的参与民主理论家们再度将"参与"在民主制度中的作用领域和地位予以了几乎最大限度地压缩,他们纷纷表示参与民主仅是对代议制民主的补充,甚至将参与民主置于微观的、非政治的领域。举如,巴伯认为,"审慎的民主派改革是通过向宪政模式添加参与成分,而不是通过消除代议制成分。它的目标是将自由主义民主导向公民参与和政治共同体,而不是完全剔除它。"② 从方法上来说,参与民主需要的"既不是一场革命,也不是重建新社会,而仅仅是在现有政治实践以及公民选择指

---

① [美]本杰明·巴伯:《强势民主》,彭斌、吴润洲译,吉林人民出版社2006年版,1984年版,序言,第5页。

② 同上书,第346页。

导下的一场综合性但渐进式的改革。"①

参与型民主理论的提出并不意味着否定代议制民主,相反参与民主理论家往往承认"自由民主制的许多核心制度——竞争性政党、政治代表、定期选举——都将是一个参与性社会的不可或缺的组成因素。直接民主和对于最接近地方的控制,辅之以政府事务中政党和利益集团的竞争,这些可以最为现实地促进参与型民主的原则"②。而按照佩特曼的观点,公民参与政治最恰当的领域是与人们生活息息相关的领域,因为这是人们最为熟悉也最感兴趣的领域。只有当个人有机会直接参与和自己生活相关的决策时,他才能真正控制日常生活的过程。但是,参与式民主并不否认代议制民主的现实,参与式民主只是强调重视民主原始本质的参与精神而要求进一步扩大政治参与的方式和范围。在参与式民主理论看来,参与不仅包括对国家政治生活的参与,还包括经济领域的参与、社会领域的参与及政党内部的参与等。因此,参与式民主不等于直接民主,参与式民主仅仅是人们扩大对自己生活控制的一种方式。

主张参与民主不完全否定代议制,是当代参与民主理论家的自我克制,并不是对密尔理论的简单回归。首先,当代参与民主理论严格地区分了民主的理想与现实。"所有人最大程度参与"依然是参与民主的理想,但在现实政治生活的运行中,参与民主策略的、操作性的选择了非国家层面的参与,并明确了发展参与民主是作为选举—代议制民主的补充。其次,也是更为重要的,当代参与民主理论努力于探寻从实践基层参与到实现参与型社会的可行路径。

2. 参与民主的功能

参与是微型民主,或者说,它为上层结构即民主政体,提供了关键的基础结构。正是在这个意义上,主流的民主理论从未忽视被理解为个人主动参与的参与。对自愿结社的赞扬,有关多元群体社会的理论,政党和工会内部的民主等主张——所有这一切构成了赞美参与对民主的中

———————

① Paul Hirst, *Associative Democracy*: *NewForms of Economic and Social Governance*, Polity Press, 1994, p. 13.

② [英] 戴维·赫尔德:《民主的模式》,燕继荣等译,中央编译出版社 2004 年版,第 339 页。

心作用的大量文献。① 可见，参与对民主制度以及对公民权益的保护性功能是最基本的，这也是参与民主理论与非参与民主理论的共识。分歧在于，参与民主理论家不像边沁、詹姆斯·密尔、萨托利等止步于参与的保护性功能，他们还把"所有人最大程度的参与"作为更高目标，并寄望参与的教育功能和整合功能为实现理想搭建一座现实的桥梁。

（1）保护性功能

所谓保护性功能，是指参与具有促进和维护其他价值实现的功能。这里的参与是工具意义上的，一方面是建立和维持代议制民主政体的基础，另一方面也是对每一个公民的私人权益的保护。

（2）教育功能

如果民主不仅被看作是一套全国性的代议制，也是一种参与性社会，那么参与也就不能仅仅停留在工具意义上的保护性功能，参与被赋予了更广泛的功能，而这其中最主要的就是教育功能。

佩特曼承续卢梭和密尔关于"个人品质和心理特征与制度类型之间具有关联性"的预设，认为参与的教育功能有助于培养参与性社会所需要的积极的、具有公共精神的公民性格和美德。她认为参与的主要功能是教育功能，而最广义上的教育功能，包括心理方面和民主技能、程序的获得。通过参与过程的教育功能，可以发展和培育参与制度所需要的品质。而且，个人的参与越是深入，他们就越具有参与能力，参与制度就可以维持下去。②

（3）整合功能

关于参与的相对次要的假设认为，参与具有整合性的功能，参与有助于提高公民的自由感、对集体决策的接受和服从感，以及对共同体的归属感。③

第一，培育公民的自由感和责任感，提高公民的美德和能力。一方面，自由就是服从自己的意志，而在一个法治国家中，自由就转化为服

①　［美］乔·萨托利：《民主新论》，冯克利、阎克文译，东方出版社1998年版，第128页。

②　［美］卡罗尔·佩特曼：《参与和民主理论》，陈尧译，上海世纪出版集团2006年版，第28、39页。

③　同上书，第二章。

从"自己为自己所规定的法律"，也就是说，当个人"在法律的制定过程中能够和他的同伴们一起合作时才是最自由的"。由此，个人实际上的自由以及他对自由的感受，通过决策过程中的参与而得到了提高。另一方面，参与民主强调民主政治的道德目标，倡导公民的积极参与，并通过积极参与政治强化个人的社会责任感，完善个人的政治美德及其政治能力。

第二，增强政策、法律的合法性以及公民的服从感。法律从政治参与的过程中"诞生"，参与过程确保了没有一个人或团体是另一个人或团体的主人，所有人都同等地互相依靠，平等地服从法律。这种服从感，从主观上说，源于参与不仅赋予了个人一定程度上对自己生活的方向和他周围的环境结构进行控制，更使他的意志内化在法律和决策中，让他感觉是在自己服从自己，因此通过参与性的决策过程个人会真诚地接受法律；从客观上讲，参与法律或决策的制定过程，暗含了对服从的承诺，如此也使得集体决策更容易为个人所接受。

第三，提升公民的归属感。参与经历使个人与他所在的社会连接起来，使得社会成为一个真正的共同体，并由此提升了单个公民的"属于"他们自己的社会的归属感。而这正是建立在市场经济以及个人理性计算基础上的自由主义民主制度所最为欠缺的。

3. 参与民主的运行机制

参与民主抱持"所有人最大程度的参与"的理想，雄心勃勃的计划，"通过教育使人民整体在知识上、情感上和道德能力方面实现他们充分的潜能，从而自由地、积极地形成一个真诚的社会"。实现这样的目标，需要一个支点和一个详细的行动计划，即以政治效能感为轴心的参与民主运行机制。①

（1）政治效能感

前文提到，参与民主理论有一个预设："个人品质和心理特征与制度类型之间具有关联性"，所谓政治效能感就是参与民主理论家所提到的心理效应的一个操作性解释，包括心理效应与政治参与之间的积极关系以

---

① 参见［美］加布里埃尔·A. 阿尔蒙德、西德尼·维巴《公民文化——五个国家的政治态度和民主制》，徐湘林等译，东方出版社 2008 年版，第 6—9 章。

及如何形成积极的心理效应两个方面的内容，后者又包含参与的技能、参与者的经济地位和教育背景、参与的累积性效果以及参与影响决策的效果等维度。

第一，政治参与的心理效应。与政治效能感对应的心理效应包括自信（能力）和责任两个方面。自信是政治效能感的基础，指个人对其自身活动效果的满意感觉。一般而言，对自己处理各方面事务的能力感到自信的人，更有可能积极地参与政治活动。责任是政治效能感的一个重要体现，指当政治行动确实或者能够对政治过程产生影响时，个人所产生的值得去承担公民责任的感觉。而且，根据阿尔蒙德和维巴在《公民文化》一书中，通过对美国、英国、德国、意大利和墨西哥五个国家中个人的政治态度和政治行为的跨文化比较研究，我们可以实证地得知"在政治效能感和政治参与之间存在着一种积极的关系"。

第二，参与技能。个人在自己最为熟悉的、也是与生活息息相关的微观治理单位中的参与经历，与政治效能感也存在正相关系。因为非政治决策活动中的参与赋予了一个人在从事政治参与时所需要的技能，所以一个人如果在政治领域之外，有机会参与广泛的社会决策，那么他同样可能在更大范围的，甚至全国性的政治领域内，积极并有效地参与到决策过程中去。

第三，参与者的经济地位。阿尔蒙德和维巴对政治效能感的研究中，还发现了一个显著的关联：社会经济地位较低的个人政治效能感也较低。这是因为，参与机会、参与技能都与政治效能感存在正相关系，而社会经济地位高的个人，往往在工作和生活中有更多的参与机会，因此也培养了更好的参与技能，也就自然产生了较高的政治效能感；相反，社会经济地位较低的个人，由于缺乏参与训练的机会，更容易形成服从权威性的心理效应。这样，经济上的不利地位就与心理上的不利联系起来，导致了社会经济地位较低的群体自信心的缺乏与行动上的退缩。

第四，参与者的受教育程度。只要将个人的教育背景与社会经济地位之间建立了一般性的正相关系，那么受教育程度与个人政治效能感之间的关联也不难理解。

第五，累积性参与效果。阿尔蒙德和维巴的调查还发现，参与活动具有累积性的效果，一个人参与的领域越多，他在政治效能感方面的得分可能就越高。当然，前文已经指出，这种参与机会的累积性特点主要发生在那些社会经济地位较高的人群身上。

第六，参与对决策结果的影响力。参与对决策过程的控制力和对决策结果的影响力越大，个人的政治效能感也就越高。根据参与对决策的影响力大小的不同，维巴将参与分为三种形式：假参与、部分参与和充分参与。假参与是领导者说服被领导者服从决策的方法，也就是说在参与之前，领导者已经有了特定的目标，参与和讨论只是作为成员接受其目标的手段；部分参与是指参与者对决策可以产生影响，但在决定政策结果方面不具有平等的政治权力的参与；充分参与是在决策整体中的每个成员平等地享有决定政策结果的权力的参与。① 任何人都不愿意重复没有效益的行为，因此，如果一个人在参与决策过程中提出的意见不被考虑，或者没有被充分的尊重和考虑，又如果他的参与对决策结果的影响力几乎没有，或者比较小，那么他的政治效能感就会受到挫折，参与的积极性也会减退。

（2）参与"训练"

在讨论了政治效能感的各要素及其相互关系后，我们就要触及"如何将一个社会转变为参与型的社会？"问题中最为现实的部分：如何尽可能多地培育公民的政治效能感？在什么地方培育，又用什么方式培育？

第一，训练的场域。国家层面政治参与所必需的品质必须在社会基层得到培养和发展。个人在国家层次的政治参与能力和政治效能感不是与生俱有的，需要事先在社区、学校、工厂、家庭等地方层次的微观治理单位中训练和培育。正如密尔所言，只有在地方层次上参与的教育功能才能得到真正体现，也只有通过在地方层次上的参与活动，个人才学会了民主的方法。就像佩特曼将工业领域的参与民主视为推动和完善西方国家民主制度的敲门砖一样，笔者也期望结合中国的国情和政治制度框架，以社区中的参与民主考察和分析中国民主政治建设的可行路径。

第二，训练的方式。在理论上，参与民主是一个"自我维系的体系"，也就是说参与活动本身可以发展和培育维系这一制度所需要的所有

---

① 参见［美］卡罗尔·佩特曼《参与和民主理论》，陈尧译，上海世纪出版集团 2006 年版，第 66—67 页。

公民品质。因此，训练和培育政治效能感和参与能力的方式就是"参与"本身，即通过参与实践来学会参与，通过小范围地实践大众政府的活动，学会在更大规模上运作大众政府。而且，这中间不需要有任何准备时间和培育项目，不需要先发展经济，也不需要先培育"新民"，它们都可以更应当同步进行，因为把参与民主"描述为人类发展事业的目的是有一些危险的，因为这暗示着：首先必须有相当长的、延续几代或几个世纪的政治教育时期，只有在这之后'民主'才作为'奖赏'而到来，但是，如果我们再一次记住：适合民主的惟一教育体系是民主，即为将来施行民主的惟一办法是现在施行它，那么这种拖延的危险性就会少一些"①。同理，如果我们以建设一个"人民依照法律规定，通过各种途径和形式，管理国家事务，管理经济和文化事业，管理社会事务"的参与型社会为现代化治理目标，那么我们也应该现在就在地方层次上或微观领域中施行参与民主，以让公民在参与中学会参与，就像胡适先生所言，一个人只有先下水才能学会游泳。

第三节　西方参与理论在中国的适用

因为中国的改革开放走的是"摸着石头过河"的实验主义路径，我们虽对中国特色的社会主义民主政治理论进行了探索和提炼，但比较成功的是对中国特色民主理论是什么的阐释，而对为什么的思考则尚待深入。这很正常，因为中国的民主建设既缺乏深刻的文化背景，又没有足够的历史经验沉淀。"他山之石，可以攻玉"，因此我们仍然需要西方民主理论和民主经验提供一些参照，同时必须对"拿来主义"抱持谨慎的态度。

一　契合面

参与民主是适应当代西方多元发展的一种民主理论。② 它建基于现代

① ［美］道格拉斯·拉米斯：《激进民主》，刘元琪译，中国人民大学出版社 2002 年版，第 29—30 页。

② 于海青：《当代西方参与民主理论评析》，《国外社会科学》2009 年第 4 期。

社会中对人的自我存在的一种实践与肯定，批评代议制实践的僵化结构及其所导致的精英统治霸权；它关注多元社会中普通大众的自由和平等权利，并将民主的实践扩展到与公民更为广泛的日常生活领域如社区、工作场所，将政治生活中的参与同广阔的社会领域中的参与实践紧密结合起来，为把政治民主推向社会民主而不懈努力；最为重要的，它一方面寄望通过参与的教育功能，唤醒个人对公民角色的认知，强调发展基层领域的参与政治，用大众的直接参与来对代议政治进行补充和改造，另一方面它又不直接挑战国家层面的民主制度，无论它是代议制还是人民代表大会制。正是参与民主理论的这些特质，使它的基本目标和总体框架与中国的民主价值观和民主发展道路相契合。

1. 符合中国的民主价值观

民主政治所蕴含的人民当家作主的基本原则，是社会主义政治发展的内在要求和价值目标。中华人民共和国诞生之初就把人民当家作主视为基本的政治理念和政治纲领，并在理论和实践层面进行了艰苦的探索。尤其是在改革开放后，邓小平深刻阐明了发展民主对社会主义的极端重要性，多次强调要把加强民主建设作为一项战略任务和伟大目标毫不动摇地坚持下去，他指出："社会主义民主是工人、农民、知识分子和其他劳动者所共同享受的民主，是历史上最广泛的民主。……发展社会主义民主，要逐步实现党和国家政治生活的民主化、经济管理的民主化、整个社会生活的民主化。"[1] 可见，社会主义民主建立在公民广泛的自由和平等权利基础上，而且不局限于政治领域的民主，强调政治的民主与经济民主、社会民主之间的协调发展。

参与民主理论对民主含义的理解，突出了公民在民主政治中的主体地位和作用，这与社会主义民主的实质具有价值上的通性。参与民主理论强调民主就是广泛参与政治、经济与社会领域中的决策过程，也与社会主义民主的广泛性、彻底性相契合。最为重要的，参与民主理论强调并提升个人的自由感，培育公民的品格和美德，也与马克思所说的，社会主义民主的发展过程本质上就是人的解放过程，是使个人摆脱外在的束缚关系，成为自由而全面发展的人相一致，因为人的解放过程反映在

---

[1] 《邓小平文选》第 2 卷，人民出版社 1994 年版，第 168—175 页。

民主领域，就表现为政治民主、经济民主、文化民主和社会民主。①

2. 契合中国当前的民主发展路径

柳伍氏概括了政治民主化道路的两种模式②：一是由于社会内部自身的自然发展逐渐引起人们在观念上随之而自然地发生"民主性"变化，尔后通过一定的途径把这种新形成的民主观念逐渐转化为现实的民主制度，并与时俱进地不断巩固和完善这种制度。二是由于外来的而非本土社会或政治体系本身自发生成的因素促使政治体系发生转变，即首先架构起基本的民主制度，而后通过各种途径和方式使置身此制度下的人们的观念逐渐"民主化"，以使这种新的民主政治体系得到进一步的巩固和完善。前者如英、美、法等先发国家，后者见于大量的发展中国家。笔者认为，柳伍氏的概括符合现实，并为我们探讨中国民主的发展路径提供了一个论述的框架，但是他将这两种民主化模式命名为"先发民主化模式"和"后发民主化"模式，带有明显的西方中心论色彩，因为"先发"和"后发"暗含了关于进步与落后、好与坏，甚至西施与效颦者的价值判断，所以笔者将这两种模式分别称为"内生民主化模式"与"外植民主化模式"。

不可否认，发展中国家的现代化进程是在西方文明的冲击下开启的，这决定了其政治民主化过程不可避免有个"冲击—回应"（impact - response model）期，③有个效仿的过程。近代中国便是如此，我们确立了中体西用的学习框架，然后"仿行"宪政，并以西方国家的民主政治制度为蓝本，晚清的设议院，民国的行选举，都徒具形式，终以失败告终，叹息收场。这种挫败，如柳伍氏所分析，是因为在从制度到制度的"移植"过程中少了一个环节：民主观念的培育环节。历史的经验也已经表明，无论是拉丁美洲，还是亚非国家在现代化的初始阶段，效仿西方的民主制度是否最终获得了成功，关键就在于最初的制度架构是否获得了相应的民主文化的支撑。新加坡、菲律宾、日本、韩国民主化道路的成

---

① 参见梁军峰《参与式民主研究》，河北人民出版社 2008 年版，第 122—123 页。

② 柳伍氏：《民主化模式探微》，《云南行政学院学报》2005 年第 1 期。

③ 参见［美］柯文《在中国发现历史——中国中心观在美国的兴起》，林同奇译，中华书局 2002 年版，第 7—8 页。

功，莫不都与社会成员的民主思想观念和文化支持相关。

近代中国的贤达哲人们并非不谙其中道理，严复早早就提出了"鼓民力、开民智、兴民德"的著名救国理论，梁启超也孜孜于他的"新民"策略，孙中山更头疼于广大群众民主意识的薄弱，痛惜地称之为四万万扶不起的阿斗。事实上，他们的失败，是培育民主观念的行动策略的失败，是民主化路径选择的失败。无论是晚清的"预备"立宪，还是民国的"训政"阶段，它们都基于相同的预设和逻辑：(1) 预设人民的愚昧；(2) 因为不相信人民，所以推行自上而下的民主改革路径；(3) 因为怀疑人民的智力水平，所以不立即推行民主，而是经过一个准备期，并在准备期以先知先觉的精英教育、训导人民。

中华人民共和国的民主政治建设道路逆转了晚清民国的预设和逻辑。中国共产党是从群众路线中逐步发展起来的，因此在效仿苏联并初步构架自己的民主制度后，在民主观念的培育阶段，继续相信群众，依靠群众，并在逐步的摸索中走出了一条从下往上的基层民主建设道路。"不仅要通过学校教育和政治宣传来培灌公民的民主思想观念，更重要的是通过民主实践，特别是基层社会生活中的民主运作实践，来逐渐培植公民的民主思想观念，养成民主习惯，使民主成为一种生活方式。"[1] 在这一点上，参与民主理论非常契合中国当前的民主发展路径。

二　对照点

西方参与民主理论在民主价值观和民主发展路径上基本契合中国当前的民主政治建设实际，因此其理论及其现实中的运行机制对中国的民主建设，特别是基层民主建设具有大体上的借鉴意义。但是，毕竟中国特色的社会主义民主无论在历史文化基础和背景上，还是在最终的价值目标上，都不等同于西方的民主，因此，在考察生发于西方的参与民主理论时，我们还需要特别注意和强调参与民主在中国体制中运行时所具有的特质。鉴于本书的研究视域，在此主要陈述和对照西方参与民主运行机制与中国社区参与民主制度的差异之处，包括启动机制和利益机制两个方面。

---

[1]　梁军峰：《参与式民主研究》，河北人民出版社 2008 年版，第 136 页。

（一）启动机制

如前所述，西方参与民主理论首先希望在社区、学校、工厂等非国家层次的微观治理单位启动和运行参与制民主，进而期冀在这些地方层次的公民参与实践中，培育和发展构建一个参与型社会所需要的所有公民品质和美德。其次，通过阿尔蒙德和维巴跨文化的实证研究可知，参与的政治效能感与个人的社会经济地位、教育程度具有正相关关系，因此社会经济地位高的人有更多的机会参与，并在参与的实践中练就了更好的参与技能，而参与机会和参与技能又可以反过来促进个人政治效能感的提高，如此循环往复，微观治理单位的参与民主也是由这些领域中的精英所激发和推动，由他们的参与构建一种民主化的氛围和风气，影响并带动底层民众的参与积极性和政治效能感。由此可见，西方参与民主理论虽然在制度构建层面上选择了地方基层的场域，但在实际运行机制上，与资产阶级革命时期从贵族、第三等级到平民的民主化发展路径具有一致性，也是从社会经济地位高的阶层启动参与民主的运行机制。

中国社区的公民参与主要由两支力量组成：一是，失业、无业，或者低收入居民的参与；二是，业主的维权活动。一般而言，业主的维权活动大多由具有一定法律知识背景和社会活动能力的业主主导，可以算得上是一种地方精英阶层的参与实践。但是，"维权"顾名思义是以保护公民个人的私有利益为目的的参与，根据维巴和佩特曼的分析，这种参与主要体现的是"保护性功能"，而不具有广义上的教育功能，因此业主维权式的居民参与之间无法形成政治效能感和心理影响的传递。相比之下，低收入居民的参与更符合参与民主的内涵，也就是说，中国城市社区参与实践中的启动机制是在社会经济地位较低的居民阶层中实现的。这一点，与西方参与民主理论和实践形成了鲜明对照。

（二）利益机制

参与民主理论虽有构建共同体和促进公民美德的目标和作用，但是这种利益的整合也是在对立的利益关系中，通过参与，在争取自己利益时同时尊重和认可他人利益的过程中形成的。我们不否认道德的因素，但在西方的参与民主中，利益机制仍是公民参与最为主要的动力源。因此，维巴用了大量笔墨来阐述参与效果对政治效能感的作用。前文已经介绍，他根据公民参与对决策的影响力的大小，将参与分为假参与、部分参与和充分参与三种类型，所谓假参与，就是说如果参与对决策没有任何影响力的话，如果决策没有整合进，或者至少考虑了参与者的利益诉求的话，那么这样的参与就不会产生广义上的教育功能，也无从形成政治效能感，所以是"假"的参与。

在中国城市社区中，业主维权虽然是在对立的利益关系中争取自己的合法权益，但这种参与一是仅具有保护性的功能，二是具有偶发性和间歇性，它不是一个连续的、常态的参与机制。低收入的居民通过参与与居民委员会及其所代表的政府形成互惠的"庇护关系"，目的不是为了在与政府的对立利益中争取自己的权益，而是通过参与向政府表达忠诚，并由此获得或维持分享社保利益和其他政策性利益的资格，以维持自己及家庭的基本物质生活需求。以从政府获得基本物质生活需要为诉求的低收入居民参与，既难以在参与者中培育自信的心理感觉，更难于对高收入居民形成相应的心理影响，这解释了我国城市社区公民参与政治效能感提升缓慢的原因。而政治效能感正是西方参与民主作为一个"自系统"得以向更广范围和更高层次拓展的核心支点。

参与民主是在低层民众中启动还是在高层民众中启动，并不是关键性的差异，因为只要产生了政治效能感，或者更具体地说，产生了佩特曼所谓的"广义的教育功能"，参与民主都可以向更广的空间发展。而政治效能感的关键在于利益机制，即决策对参与者利益诉求的考虑和整合程度。如果，利益是在参与过程之外交换的，政治效能感便难以形成。

值得注意的是，近年来兴起的业主参与物业管理和决策的活动，如果与居民委员会和物业公司保持基本的独立性的话，确实具备了利益启动机制和利益整合需求，可以形成培育公民政治效能感的重要参与方式。

第四节　社区参与的兴起

从现代化的理论来看，中国民主的发展是在经济改革的推动下产生的，因此它有一种渐进的、自发的、以社会自由和参与为中心内容的内在的动力和内在的发展逻辑。另一方面，包括社区建设、社区参与在内的中国基层民主发展也是一个国家政策选择的结果。因此，社区公民的参与实践总是置于"国家—社会"的双重背景下，它本身也被理解为一个"双重现象",既牵涉到市民社会的重新建构,又牵涉到国家权力的改造。这样的背景塑造了城市社区中的人的多重身份和特有的参与类型划分。

一 社区人的多重身份

社区既是基于共同利益而形成的小共同体,同时又是国家、社会结构的基本单位,与此对应,在社区生活的人便兼具了社区"居民"和国家"公民"两重身份。笔者以为,基于居民身份与公民身份的竞合,社区中的民主参与相应地可大致分为两个层面:一是,社区"居民"对社区事务的参与,属于社区自治范畴,包括政治性参与和非政治性参与;二是,社区"公民"对国家政治事务的参与,属于民主政治的范畴,包括对行政的参与和对立法、司法的参与等。

"居民参与"和"公民参与"具有相互促进的关系。一方面,阿尔蒙德和维巴通过实证调查和分析认为:公民的作用并不取代居民或村民的作用,而是增加其内容;[①] 另一方面,社区被视为推动公民参与的实验场域,居民通过对社区事务的参与,训练并培育了进一步以公民身份参与国家层次的政治决策所需要的能力和品质。可见,居民参与是公民参与的基础,公民参与则扩展了居民参与的空间范围,丰富了居民参与的内容和形式。

社区人的第三重身份是"业主"。20世纪90年代后,我国城市住宅分配制度开始改革,使得住宅市场化、私有化,在居民同时成为住宅的所有权人后,"业主"一词便流行起来。从词源分析,"业主"一词最早出现于周密《齐东野语·定行公田》中,是为了显示与佃主的区别。在《辞海》中,"业主"一词的大致含义是"产业的主人,有产者"的意思。由此类推,社区"业主",即住宅房屋及其配套设施的产权所有者。业主选举并组成对物业实施自治管理的组织:业主委员会。业主委员会是全体业主的代表,是小区公共财产全体共有人。

业主及业主委员会的性质决定了业主的参与始于,也集中于针对开

---

① 参见[美]加布里埃尔·阿尔蒙德、西德尼·维巴《公民文化——五个国家的政治态度和民主制》,徐湘林等译,东方出版社2008年版,第151页。

发商和物业公司的维权活动。维权性参与是旨在保护业主自身合法利益的保护性参与，很难直接与社区居民参与和公民参与形成心理效应和政治效能感。但是，维权性参与培育了业主的民主自治的能力和信心，近年来业主委员会委派代表参与物业公司的决策过程，或者直接取代物业公司，自行实施物业管理和决策的例子时有发生。业主、业主委员会对物业管理和决策过程的参与，超越了单纯的财产权益，具有社会性参与的性质，因此可以与居民参与、公民参与形成互为裨益的心理效应和政治效能感。

二　社区参与类型

对于社区公民参与，可以有许多不同的分类方法。这里仅列举一些比较能反映中国城市社区参与特点的类型划分。①

1. 根据参与对决策的影响力大小的不同，维巴将参与分为三种形式：假参与、部分参与和充分参与

假参与是一种徒具形式的参与，它对决策的结果不产生任何实质性的影响；部分参与指参与对决策过程和决策结果具有"影响力"，但并不分享最终的决定权；充分参与是指参与者具有平等的"权力"的参与，即参与者平等地享有决定决策结果的权力。

2. 根据参与的动机和运行逻辑的不同，可分为群众参与和公民参与

这一分类可与上面的"假参与—部分参与—充分参与"对应。群众参与是指最终的决策权掌握于一方，不享有决策权的另一方在参与过程中表达自己的意愿和意见，但参与对决策过程和决策结果可能产生影响力，也可能不产生影响力；公民参与则指充分的参与，即分享决策权力的参与。从运行逻辑来看，群众参与往往具有国家动员的被动参与色彩，公民参与是自发自愿的参与。萨托利认为自发的参与是参与论的本意，因为"参与论者赋予参与的一切品德——自主、自我实现、自我教

---

① 参见姜振华《社区参与与城市社区社会资本的培育》，中国社会出版社 2008 年版，第19—20 页；于燕燕《社区自治与政府职能转变》，中国社会出版社 2005 年版，第 176—178 页；王维国《公民有序政治参与的途径》，人民出版社 2007 年版，第 104—106 页；陈雅丽《城市社区发展中的居民参与问题》，《科学·经济·社会》2002 年第 3 期；《公民参与、群众参与与社区参与》，《社会》2005 年第 5 期。

育——使参与一词有了明确无误的含义"。① 他的观点构成了当代西方参
与理论中的主流思想。

3. 根据有无公共议题和是否参与决策过程两个变项，可以划分出强
制性参与、引导性参与、自发性参与和计划性参与4 种社区参与类型

4 种参与类型分别有相应的经验代表：福利性参与、志愿性参与、娱
乐性参与和权益性参与② （见表4）。

表4　　　　　　　　　　　　　社区参与的类型

		参与决策过程	
		否	是
公共议题	无	强制性参与（福利性参与）	自发性参与（娱乐性参与）
	有	引导性参与（志愿性参与）	计划性参与（权益性参与）

不仅如此，杨敏还结合城市社区参与实践，从社会分层的角度考察
了不同阶层居民对应的参与类型，即低保居民的依附性参与、老年人的
自愿性参与、普通居民以文体活动为主的娱乐性参与、为保护住房产权
和住区环境而产生的权益性参与。

4. 根据参与程度的不同，可以把参与分为观察、表态、执行、管理
和决策

社区建设中的参与包括知情、表意、决策、执行、评价等一系列活
动，这些活动构成了责任—义务的链条，是一个全面参与的过程。实践
中，社区参与开展到或能进行到哪个层面，决定了科恩所说的社区公民
参与的"深度"。

5. 根据社区参与的范围或领域，可以分为社区政治参与、社区经济
参与、社区文化参与、社区社会参与和社区生态环境参与等类型

政治性事务的参与包括选举社区领导人、决策社区事务、讨论社区

---

① ［美］乔·萨托利：《民主新论》，冯克利、阎克文译，东方出版社 1998 年版，第
127 页。

② 杨敏：《作为国家治理单元的社区——对城市社区建设运动过程中居民社区参与和社区
认知的个案研究》，《社会学研究》2007 年第 4 期。

事务以进行管理和监督、评选先进人员和事迹，以及民评官、民评政等；社区经济事务的参与指对涉及社区居民福利或经济利益的事务进行参与，对社区资产、财务的管理和监督；社区文化事务的参与主要是参与文体娱乐活动；社区社会事务和环境事务的参与范围比较广泛，包括社区内的环境卫生、治安治理等。

6. 根据参与在过程中所处的时段分类，可分为上游参与或输入式参与、下游参与或输出性参与和全程参与

上游参与或输入式参与是指一事物或过程发生的前端；下游参与或输出性参与是指一事物或过程发生的后端；全程参与则是指参与从始至终的全部过程。输入式参与和输出性参与分别对应决策行为的消极受惠者和积极参加者。从实践观察可见，输出性参与较输入式参与更为普遍，因为"普通人很少对政治感兴趣，即便有兴趣，也更倾向于对输出感兴趣，而不是对输入过程感兴趣，也就是说，他关心谁赢得了选举，而不关心选举如何进行，他留意谁由于立法受益，而不在乎立法是怎样通过的"[①]。

7. 根据参与的基本倾向，分为支持性参与和抗议性参与

支持性参与是表示对政府当局和政治体系的支持和拥护而进行的参与，抗议性参与则是为了表示对政府当局和政治体系的不满或反抗政府的某项政策而进行的参与。一般来说，一个国家在一定时期内支持性的参与较为强烈，则该政治体系的运行就有效而且稳定；反之，如果抗议性的参与较为强烈，则该政治体系就会面临危机。在中国城市社区抗议性参与的主要形式表现为信访。

此外，社区参与还有一些比较常见，也易于理解的划分类型。举如，根据参与主体意识的强弱，分为动员性参与和自主性参与；根据参与渠道的制度化水平，分为制度化参与和非制度化参与；根据参与的形式，分为直接参与和间接参与；根据参与主体的组织形式，分为组织参与和非组织参与；等等。

---

① 参见 ［美］加布里埃尔·阿尔蒙德、西德尼·维巴《公民文化——五个国家的政治态度和民主制》，徐湘林等译，东方出版社 2008 年版，第 151 页。

三　社区参与的兴起

从总体上说，社区参与的兴起是一个"社区自治—社区建设—社区治理—社区参与"的渐进过程。

早在中华人民共和国成立时，就在全国各个城市普遍建立了居民委员会，实现城市居民对居住地公共事务管理的民主自治。20 世纪 80 年代以来，随着城市国营企事业单位的改革，城市社会经济结构及管理体制发生了急剧的变迁，城市社会组织及管理体制也进入到一个新的改造和重建过程之中。1982 年，城市居民委员会作为基层群众性自治组织首次写入宪法。1989 年，全国人大常委会制定了《城市居民委员会组织法》，为城市居民委员会和社区自治的发展提供了法律基础和制度保障。但是，在当时的政治和社会环境下：一是，发展社区自治被简化为成立并完善自治组织，所以社区自治主要体现为居民委员会的建设问题；二是，社区自治不是从社会直接发展起来，而是在国家政权建设语境中生发的，故此，居民委员会一开始就是作为与国家政权体系有深刻内在联系的组织而存在的。

如上的社区自治显然难以直接发展到社区参与，它需要经历往上的社区建设和往下的社区治理两个环节的发展。首先，社区自治恰逢国家基本构建好了农村基层政权建设的框架，并将工作重点转向城市基层政权建设的春风。社区建设是城市基层管理体制建设的基础，由此，民政部于 1991 年提出了推进城市社区建设的思路。一些大城市开始了对传统城市管理体制的改革，如上海市提出并实施了"两级政府、三级管理、四级网络"的构想。① 1999 年，民政部根据中央领导关于"加强城市社区建设，充分发挥街道办事处、居委会的作用"的要求，制定了《全国社区建设实验区工作方案》，第一次以政府文件形式，明确提出了社区自治概念，并强调城市基层管理体制要由行政化管理体制向法制保障下的社区自治体制转变。为实施此方案，民政部陆续在全国 26 个城区开展了社区建设的试点和实验工作，形成了诸如"沈阳模式""江汉模式""上

---

① 费孝通：《对上海社区建设的一点思考》，《费孝通九十新语》，重庆出版社 2005 年版，第 185 页。

海模式""杭州模式""青岛模式""深圳模式"等各具特色的经验。到2004年年底，全国城市已经建立了符合新型社区建设要求的71375个居民委员会。目前，城市社区建设已由点到面推进，以完善城市居民自治、建设管理有序、服务完善、环境优美、文明祥和的新型社区正在全国展开。

如前文所述，社区建设大体而言包含两个方面的内容，一是重构中国城市基层管理体制，二是完善社区自治组织的运行机制。① 城市基层政权建设与社区自治是社区建设中的一个双向运动，在实践中推动了社区自治从居民委员会的组织建设向社区直接选举的发展。2000年年底开始，广西闯关居民委员会直选，实现了我国社区自治发展进程中的一次重大突破。2002年，广州首届直选居民委员会产生。同年，北京市东城区九道湾社区首次通过直接、差额选举的方式产生了新一届社区居委会成员和社区代表会议代表。2003年，北京、上海、武汉、哈尔滨、济南、长沙、银川、宁波等大中城市渐次开展了社区直选试点工作。

当社区建设相较于基层政权建设的作用更注重社区自治时，便开始了对现代"治理"理念的引入，"社区治理"的概念取代了社区建设。在微观层面，社区居民委员会直接选举的实践，激发了居民的参与热情，居民参与的作用也逐渐凸显。"参与"和"治理"两个概念的结合便是"参与式治理"，它强调社会组织和公众个人参与社会和社区的管理过程，发展政府、企业、社会组织及公民主体间的多元参与、合作、协商关系，建立多元合作的社区治理体制。如今，参与式治理成为社区参与和社区治理领域中的新的制度安排，也为居民参与社区事务的管理、监督、决策提供了条件和途径。② 由此，"社区参与—社区治理"成为取代"社区建设—社区自治"的一对新的"双重过程"。社区参与置于社区治理的背景和结构中，社区治理内含了社区参与，并将推进参与在广度、深度和范围上的发展。

---

① 参见尹维真《中国城市基层管理体制创新——以武汉市江汉区社区建设实验为例》，中国社会科学出版社2003年版，第49页。

② 姜振华：《社区参与与城市社区社会资本的培育》，中国社会出版社2008年版，第21—22页。

综上所述，社区参与既处于与社区治理、城市基层政权建设的互动中，又是参与民主从社会领域向政治领域、从基层向更高层次发展的桥梁。因此，社区参与就理论的、宏观的层面，具有两个方面的发展目标：一是，达成居民对社区事务的自主管理和控制；二是，培育参与的技能和品质，推进社区居民参与向更广阔的公民参与的发展。在实践的、微观的领域，则希望通过完善参与的运行机制，促成社区公民参与的两个转化和两个拓展，即从形式参与到实质参与的转化，从群众参与到公民参与的转化，以及从社会参与到政治参与的拓展、从基层参与向更高层次参与的拓展。

第 七 章

城乡社区参与法治建设的实践

中国城乡社区参与的背景源于两个方面。一是宏观层面上，国家的政治体制改革和经济体制改革，一方面促使政府转变职能，把管理社会工作的职能转到社区；另一方面也促使企业建立现代企业制度，将其部分社会职能转给社区。二是微观层面上，社会的转型、市场原则的确立，改变了人们的生活方式，在一定程度上导致了人们的功利化倾向，再者城市住房体制改革，使得居民变成了业主，社区成为其维护和实现利益的载体，由此社区作为强调人际沟通与社会关系的区域性生活共同体成为人们期盼的一个目标。[1]

正是因为社区参与具有宏观和微观两方面背景，社区中的人在参与时既面对国家、面对在一定程度上代表国家的居民委员会，又是具有独立性的个人，而且还可能是拥有住房产权的业主，因此社区中的人在参与中具有公民、居民和业主三重身份。

政府自上而下的政权推动力与社区由下往上的需求拉动力汇合，促使了我国城市社区建设的迅猛发展。社区各方的广泛参与，不仅促进了社区内的民主化建设，更有可能借助参与民主产生的心理效应和政治效能感带动更广范围、更高层次的民主政治建设。城市社区参与向更广范围和更高层次的溢出效益，不只是一个停留在理论层面的理想，更已经在实践上迈出了步伐，体现在社区公民对社区自治领域外的政治决策过程的参与，包括对立法、行政和司法的参与。2010 年，中共中央办公厅、国务院办公厅印发《关于加强和改进城市社区居民委员会建设工作的意

---

[1] 王剑敏：《城市社区政治发展》，社会科学文献出版社 2006 年版，第 171 页。

见》也明确指出，城市社区居民委员会的主要职责之一是依法依规组织开展有关监督活动。社区居民委员会是社区居民利益的重要维护者，要组织居民有序参与涉及切身利益的公共政策听证活动，组织居民群众参与对城市基层人民政府或者它的派出机关及其工作人员的工作，对驻社区单位参与社区建设的情况进行民主评议，对供水、供电、供气、环境卫生、园林绿化等市政服务单位在社区的服务情况进行监督。指导和监督社区内社会组织、业主委员会、业主大会、物业服务企业开展工作，维护社区居民的合法权益。

从1999年民政部开展"全国社区建设实验区"试点工作以来，经过二十年的建设和发展，社区自治和社区参与的范围不断扩大，参与的途径和层次不断拓展和提高，参与的体制环境也逐渐得以改善。成绩不容否认，但由于历史文化传统和现行体制等各方面的原因，城市社区参与仍面临着一些困境，有待于从参与机制及其法治保障的视角，探寻扩大城市社区公民参与的广阔空间。

考察社区参与现状的研究成果很多，主要是对一定地域内社区参与机制或模式的梳理和分析。举如以世界与中国研究所所长李凡主编的系列《中国基层民主发展报告》中，对北京市九道湾社区、广西社区直选的观察，对沈阳市社区对接人大代表制度的分析，对武汉市江汉区社区评议政府制度的考察和分析等；北京市社会科学院于燕燕主编的系列《北京社区发展报告》，对北京市社区民主发展的跟踪调研；林尚立对上海社区民主、社区选举的实证分析；王敬尧对武汉市江汉区社区建设的实证研究；王剑敏对苏南城市社区政治发展的考察；尹维真以武汉市江汉区社区建设实验为例所作的研究；郑杭生对武汉市百步亭社区建设经验的社会学分析；黎熙元等的珠江三角洲城市社区调查报告；傅剑锋对宁波市海曙区社区体制改革和社区直选模式的研究等。此外，还有大量对沈阳模式、北京模式、上海模式、江汉模式、青岛模式等的研究，这些成果细致展现了我国城市社区民主和社区参与的现状，更不乏有见地的分析。笔者正是在这些研究的基础上，企图进一步超越以地域为标界的研究范式，打算对社区参与现象做一个更为抽象和宏观的梳理。这主要基于两点考虑：一是，近年来我国城市社区参与在国家政权的支持和拉动下取得了迅猛的发展，需要进行一个总体的回顾和小结；二是，以地域为标界的研究往往局限于考察居民对社区事务的参与，即社区自治中的参与行为，忽视了社区公民对更高层次的政治领域的参与，而这样的参与，无论在理论上，还是在实践中，都是社区参与对于探讨中国民主政治建设可行路径的重要贡献。

第一节　社区公民参与立法

一　社区公民参与立法的背景

这里对社区公民参与立法中"立法"的内涵，采用行为主体的方式予以界定，指设区的市以上人大及其常委会的立法活动，而将行政机关的委托立法行为放在"社区公民参与行政"中考察。

中国民主政治的发展是在两条路径上并行推进的，即自上而下的，以健全和完善人民代表大会制度为核心的政治体制改革，与由下往上的，以直接选举村民委员会和村民自治为发端的基层民主制度改革。

根据党的十七大报告"坚定不移发展社会主义民主政治"一节中，对基层民主的界定，基层民主的范围主要包括城乡社区自治、企事业单位民主管理制度、乡镇政权建设和社会组织参与。而根据宪法、组织法和选举法的规定，乡镇一级的人大代表的产生，一直以来都应当是，也确实是，采取直接选举的方式；且根据宪法和立法法的规定，乡镇一级的人大只能制定"其他规范性文件"，其创制规则的行为并不属于严格的"立法"活动。因此，人大制度改革与基层民主制度改革，作为中国发展民主政治的两个基本生长点，在相当长的一段时间里是并行但不相交的。然而随着改革的深化和社会的发展，民主发展的这两条路径不断扩展，终于于 2006 年年底，交织出了一种实现参与式民主的新形式：社区公民参与立法。①

首先是基层民主的"溢出效益"。从事基层民主制度改革研究和实践的人士大多认为，民主一旦运作起来，就具有很强的生长性，会自觉地

---

① 2006 年 12 月 11 日，《上海市绿化条例（草案）》（修改稿）社区听证会在徐汇区召开。详情参见程贤淑《沪立法听证首次走进社区》，东方网，http：//xwwb. eastday. com/x/20061214/u1a228686. html，2020 年 2 月 29 日访问。

寻求新的生长空间，从而逐渐蔓延到基层农村之外，进入更高、更广的发展空间。①事实上也的确如此。1998 年 12 月 31 日，四川省遂宁市步云乡进行了乡长直接选举的试验，其后，又有了重庆市城口县坪坝镇的镇长直接选举、浙江省温岭市的民主恳谈制度、安徽省舒城县干汊河镇的"小城镇公益事业民营化"、上海市南汇区惠南镇的"实事工程"等等。②农村地区的基层民主由村民自治组织到乡镇政府的"升级"，大大拓展了我国基层民主政治的生长空间，亦为城市的基层民主由居民自治向参与立法的延伸提供了参照。

其次，更为关键的是，高层民主制度改革的"下渗效应"。民主是社会主义的本质属性和内在规定，而发扬人民民主是坚持和完善人民代表大会制度的本质要求、重要基础和根本动力。随着政治体制改革的深化，人民代表大会制度不断健全和完善，其中一个重要的内容和趋势就是扩展公民有序参与法律制定和重大事项决策的途径和形式，增强立法的民主性、科学性和实效性，方法便是从各个层次、各个领域最广泛地动员和组织公民有序参与立法。近年来，人大公布立法草案向公众征求意见的"开门立法"已形成制度，其对中国民主立法、科学立法的积极作用自不待言。此外，在全国人大及其常委会扩大公民有序参与立法的精神引领下，为了让更为多元的层次和领域的公民参与到立法中来，地方人大纷纷探索更为广泛和有效的公民参与立法的新形式，社区公民参与立法便是基于这样的探索和实践而生发出来的。

社区公民参与立法的缘起，虽然同时受益于自下而上的基层民主制度改革的扩展和由上往下的高层民主制度改革的深化，但前者仅是间接地提供了一种可能性，后者对社区公民参与立法的动员和组织才是直接的推动力。概言之，完善人大制度中推行的扩大公民有序参与立法的举措，在社区公民参与立法的起源中发挥了主导作用，正是这一背景决定了社区公民参与立法的途径、程序及其特点。

---

① 参见林尚立主编《社区民主与治理：案例研究》，社会科学文献出版社 2003 年版，第 322 页。

② 参见陈奕敏《基层民主化与民主基层化》，《中国改革杂志》2007 年第 9 期。

二　社区公民参与立法实践

以实证的观察，社区公民参与立法有直接和间接两种形式，各举两例予以分析。

事例 1：《上海市绿化条例（草案）》（修改稿）社区听证会①

2006 年 12 月 14 日，上海市人大法制委员会、上海市人大常委会法制工作委员会，就"关于居住区树木修剪、迁移、砍伐的规定是否妥当"和"关于建成绿地内部布局调整的规定是否妥当"两项议题，在徐汇区玉兰园居民区居委会会议室，召开了具有开创性意义的首次社区公民参与立法听证会。包括普通居民、业委会成员和物业公司人员的 21 位社区公民参加了听证会。

听证会程序：12 月 11 日，上海市徐汇区玉兰园居民区张贴了"立法听证会公告"，欢迎年满 18 周岁、具有完全民事行为能力的居民申请听证或旁听；居民报名（13 日下午 5 点截止）；市人大从中选择了 21 位居民担任立法听证的陈述人；14 日下午 2 点，立法听证会召开。

事例 2：《武汉市燃放烟花爆竹安全管理规定》社区民意调查②

2005 年，国务院颁布施行了《烟花爆竹安全管理条例》。而武汉市原有的规定在执法主体、处罚对象、违规行为和处罚额度等方面，与国家条例产生了抵触，为此，武汉市人大常委会将禁鞭规定的修订列入了 2006 年的立法计划。2006 年 4 月，市民政局、统计局对 300 个社区的 13600 户居民展开民意调查。同时，市政府法制办也征求部分市人大代表、政协委员意见。结果显示，赞成燃鞭"禁改限"的与反对的比例分别约为：社区群众 52%：47%；人大代表 54%：46%；政协委员 55%：45%。6 月 21 日武汉市第十一届人民代表大

---

① 程贤淑：《沪立法听证首次走进社区》，东方网，http://xwwb.eastday.com/x/20061214/u1a228686.html，2020 年 2 月 29 日访问。

② 《燃鞭〈禁改限〉的背后》，《湖北日报》2006 年 11 月 7 日。

会常务委员会审议通过；7 月 21 日湖北省第十届人民代表大会常务
委员会予以批准。

　　事例 1、2 属于直辖市、省会城市的人大及其常委会主导的制度内的
社区公民直接参与立法模式。其中的社区立法听证会和社区立法民意调
查是实践中社区公民参与立法的主要途径，具有四个方面的特点：
　　一是直接性。直接性是指社区居民或居民组织直接向立法机关提出
意见、建议或要求。
　　二是被动性。从参与的组织方式上来分析，社区公民参与立法具有
被动性特点以及政治动员色彩。无论是上述的立法听证会，还是立法民
意调查，都是根据人大及其常委会的部署安排的，而非社区根据自己的
实际需要组织的。因此，哪些立法活动应该有社区公民的参与，参与采
取何种途径和程序，都是由人大及其常委会"视情况而定"，社区公民只
是被动地响应，故而社区公民参与立法缺乏制度保障，且随意性大。虽
然参与的被动性是当前所有类型的社区参与共同面对的亟待解决的现实
困境，① 但就社区公民参与立法而言，从其生发的背景来看，人大、人大
常委会的主导地位与社区公民的被动地位可谓是与生俱有的。故此，作
为一项方兴未艾的公民参与立法的新形式，其被动性是符合事物发展的
客观规律的。
　　三是参与途径比较单一。在一些地方行政立法中出现了社区立法论
证会、座谈会等形式，为扩展社区公民参与立法的途径和形式提供了可
资借鉴的经验，但现有的社区公民立法参与途径仍集中于立法听证会和
立法民意调查。尽管参与途径有些单一，但听证会和民意调查作为民主
立法的途径，不仅在西方国家有坚实的理论基础与丰富的实践经验，在
中国的民主改革进程中，听证会和民意调查亦是自上而下的民主制度改
革的轴心，经过多年的发展已经相对成熟，并有比较规范的运行机制和
程序。因此，首先将二者引入社区公民参与立法中，既契合中国民主发

----

　　① 参见李凡主编《中国基层民主发展报告：2006/2007》，知识产权出版社 2007 年版，第
277 页；王常宇、李燕梅《社区居民参与的问题与对策》，《科技资讯》2007 年第 2 期；熊辉
《城市社区居民参与不足的理性思考》，《黄冈师范学院学报》2007 年第 4 期。

展进程，又与立法法的规定相符合，是推进立法民主化和社区公民有序政治参与的适当形式。

四是参与程序尚待完善。立法以及行政立法、决策领域的听证程序具有同一性，包括信息公开、参与代表的遴选以及意见的表达、吸纳、反馈等环节，目前听证程序尚缺乏具体规范，在选择听证参与人和意见反馈机制上亦有欠缺。民意调研也同样面临缺乏规范性的问题，包括实施调查的主体资格、调查的范围、调查的项目类别、数据分析方法、调查结果吸纳、反馈机制等都尚待规范。

事例3：沈阳市社区对接人大代表制度①

1998 年沈阳市和平区为了进一步发展社区居民的民主，开始进行人大代表联系选民的改革，并形成了《和平区人大代表联系选区（社区）选民制度（草）》。1999 年 9 月，对这个制度进行了修改以后，由区人大常委会正式下发实行。这个制度规定，区人大代表要和社区联系，全区 144 个社区都要至少有 1 名人大代表进行挂钩，并尽量与原选区挂钩，每年人大代表要深入社区不少于 4 次。代表联系社区的方式包括建立代表接待日、代表公示板、代表信箱、代表联系卡、代表进社区的工作手册、举行代表与选民的座谈会等多种形式。

1999 年 11 月，沈河区发展了新的对接方案，即根据《关于聘请社区人民联络员办法》聘请社区人民联络员。办法规定每一个社区产生一名人民联络员，联络员的产生方式可以是社区居民选举也可以是协商议事会推荐，报请区人大常委会批准。区人大常委会向他们颁发聘任证书。社区人民联络员制度的建立，实际上在社区和区人民代表大会之间进行了更加直接的沟通，可以比较通畅地反映社区居民的意见。

---

① 李凡：《极具前瞻性的改革探索——沈阳市的社区对接人大代表制度》，《背景与分析》第 37 期。

事例4：全国人大代表听取社区各方意见，准备立法议案①

2005 年中央九号文件把充分发挥代表作用作为坚持和完善人民代表大会制度的重要内容。要求人大代表密切联系群众，反映人民的意见和要求，提高意见建议的质量。2006 年两会即将召开之际，2 月 18 日下午，北京市海淀区和谐社区发展中心主办立法研讨会，会上由全国人大代表、全国人大委员会委员罗益锋组织居民代表、业主代表、物业公司代表以及社区专家学者，就当前社区中存在的热点难点问题进行研讨，为两会提议作准备。

事例 3、4 是指社区公民通过人大代表间接参与立法，其中事例 3 属于制度性参与，事例 4 则为非制度性参与。制度性参与是指，人大代表与社区居民的对接、联络是健全和完善人大制度的举措之一，而且往往有专门且具体的法律规范其工作机制和工作程序。制度性参与中人大代表的职责是强制性的。非制度参与则是人大代表根据中央 9 号文件的精神，自行于社区考察、收集公民关于立法的相关意见和建议，并在此基础上形成法律议案的立法参与方式。社区公民通过人大代表参与立法亦具有四个方面的特点：

一是间接性。社区公民不是自己直接向立法机关表达意愿或建议，而是向人大代表反映参与立法的诉求，再由作为立法机关组成部分的人大代表间接将其意愿反映在立法决策过程中。

二是半主动半被动性。半主动性是指制度性参与为社区公民主动向社区的人大代表联络员反映有关立法的意见、建议或需求提供了平台。然而，这种立法参与的程度是很弱的，因为从参与的效果，即参与诉求的吸纳与反馈层面来看，是否以及选择将哪些社区公民的立法诉求反映到立法过程中，完全由人大代表决定，社区公民实质上仍处于被动的局面。简言之，民意表达具有一定的主动性，但在民意吸纳的层面，社区公民参与立法仍具被动性。而在非制度性参与中，则无论是民意表达还是民意吸纳，人大代表都处于主导地位，社区公民往往是被动地参与。

---

① 冯金磊：《人大代表关注社区立法》，《现代物业》2006 年第 4 期。

三是参与形式灵活多样。仅就沈阳市社区对接人大代表制度而言，《和平区人大代表联系选区（社区）选民制度》规定的代表联系社区的方式就包括建立代表接待日、代表公示板、代表信箱、代表联系卡、代表进社区的工作手册、代表向选区选民的报告工作制度，以及举行代表与选民的座谈会、代表联系选民活动月等。此外还有各地兴起的人大代表到社区"坐堂"以及人大代表巡回工作室制度，① 人大代表在社区挂牌履职制度党的十八届四中全会后兴起的基层立法联系点制度等。非制度性的代表联系社区公民的方式更是可以采行一切可行和有效的方式。

四是民意吸纳和反馈程序尚付阙如。制度性参与中虽然详细规范了代表联系社区公民的方式和程序，但这些往往着眼于民意表达，更进一步也只是对公民维权、信访等领域规定的公民诉求的收集、批转、处理和反馈程序，对社区公民参与立法方面的意见和建议的吸纳与反馈程序则尚待完善。非制度性参与则没有亦无须强制性的程序规范。

由上可见，早期社区公民参与立法实践的途径和程序，总体上是符合民主发展进程的客观规律的，其特点亦契合了社区公民参与立法发生的路径与背景，但社区公民参与立法应多层面、多渠道、多形式、全方位地展开，以适应不同类型社区公民的多元化需求，激发他们的参与兴趣和热情，调动他们各自的创造性和积极性，使他们在参与中既获得实现自身价值的满足，又能推动立法的民主化、科学化发展。

从各地近年来的立法实践来看，除立法听证会和立法民意调查外，社区公民参与立法的途径在以下方面得到了逐步的扩展与完善：一是向社区公民、社团组织公开征求立法项目、立法草案意见。在立法程序中，首先是确立立法规划、计划和立法议题。而社区公民也应当有相应的平台参与这一具有实质意义的立法前置程序。二是社区立法咨询会、座谈会、论证会。咨询会、座谈会、论证会比听证会形式更灵活，程序更便捷，是各公民参与领域中广泛存在的参与形式。实践中，座谈会更是早于社区立法听证会，成为社区公民参与行政立法的有效形式。② 并且，公

---

① 周智敏、何秦江：《绍兴：人大代表社区"坐堂"听取百姓呼声》，《浙江日报》2006年4月6日。

② 《问政于民：基层干部群众共议"低保新规"》，《重庆日报》2006年11月30日。

民参与不同领域和层次的咨询会、座谈会、论证会已经形成了相对成熟的制度，为采纳这些参与途径来推进社区公民参与立法奠定了基础。三是建立社区立法联系点制度。以社区社团组织，或居民委员会，或有社区活动能力和影响力的社区公民为依托建立立法联系点，立法联系点可以主动或被动地向立法机关反映、交换立法信息，并可以对接听证会、咨询会、座谈会、论证会后期的信息反馈和结果评估机制。上述事例3中，沈阳市沈河区早在1999年便推行的"聘请社区人民联络员"制度，即为建立社区立法联系点的形式之一，但后者的范围要比前者宽泛。社区立法联系点制度实质上是以社区公民或社区社团组织、自治组织对接人大代表和人大机关，因此还可以与实践中已经存在的人大代表制度化或非制度化的社区对接制度，相互衔接，形成双向互动的良性运行机制。四是建立立法顾问、立法助理、立法研究员与社区对接制度。这是人大代表对接社区制度的一种补充和延伸。立法顾问、立法助理、立法研究员具有专业知识背景，具有较高的吸纳、整理民意的能力，其收集、接转社区公民的立法参与意见和建议，可以单独推行，也可与人大代表社区对接制度并行。五是建设社区公民参与立法的民意表达、交流网络平台。在这里，网络仅是利用科技手段拓展了社区公民参与立法的场域。社区公民通过网络平台参与立法可以与现场的各种参与途径并行不悖，甚至可以通过网络平台承载以上所有的社区公民参与立法途径。由此，网络平台与其说是一种新的参与途径，不如说是其他所有现实存在的社区公民参与立法途径的集合器与放大器。

社区公民参与立法的途径还应当是一个开发的体系，需要根据社会的发展、民主的进步以及公民参与意识、参与能力的提高做适时的调整与扩展。与此同时，制度的有效运作离不开程序的规范，因此，还应把社区公民参与立法的如上途径予以规范化、制度化，使其变成一种长效机制。

第二节　社区公民参与行政决策

如同社区公民参与立法是"自上而下"与"由下往上"两个发展趋势的交汇一样，社区公民对政府行政决策过程的参与也是上下两个需求拉动的结果。一方面，"人们怀疑自由主义的一部分信条导致近年来人们对地方政府更深入的研究，并且许多这类研究将重点放在政权上，政权的基础、政权的分配、政权的行使以及政权的影响等。"[①] 研究的结果加强了地方政府权力运作过程对公民参与的需求。另一方面，人们生活更为直接的是受到政府行政权力运行的影响，而社区公民参与的溢出效益也往往倾向于与人们生活息息相关的领域，如此便衍生出社区参与向行政参与发展的需求和趋势。

　　基于"群众参与—公民参与"的体制背景和参与逻辑，社区公民参与行政也有"较多被动色彩"和"更具自发性"两种参与形式。下文结合实证事例，分别予以评述。

事例5：北京酒仙桥拆迁票决实验[②]

　　酒仙桥危改是一项北京城新中国成立以来规模最大的单个拆迁项目，涉及土地面积42万余平方米，2万多人口，5437户居民。其中，拥有产权房者有707户，单位公房产权4211户，无产权住户555户。为有效杜绝"钉子户"，首次采用"同步拆迁"的办法，即只有在同意拆迁的居民达到一定比例时，才开始动工拆迁。

　　——2003年酒仙桥地区列入市危旧房改造范围。

　　——2005年10月朝阳区政府发布《酒仙桥地区危旧房改造拆迁补偿安置实施细则》。

　　——2006年9月该地区半数居民签订《回迁安置房预定书》。

　　——2007年5月项目实施单位公布《酒仙桥危改工作补充意见（草案）》；街道办事处组织《酒仙桥危改区居民意见调查》；5月31日，入户发放了"补充材料"和选票，定于6月9日进行投票。

　　2007年6月9日，北京市酒仙桥危改地区居民就是否同意"危

---

　　① 乔治·S. 布莱尔：《社区权力与公民参与》，伊佩庄、张雅竹编译，中国社会出版社2003年版，第62页。

　　② 陈万颖：《北京酒仙桥拆迁投票之后居民反目》，《青年周末》2007年06月14日；柴会群、吉国强：《酒仙桥危改，公投背后的"阶层斗争"》，《南方周末》2007年7月5日；《"酒仙桥拆迁"如何做公平与民主范本》、《北京酒仙桥危改拆迁再延一年》，《新京报》2007年06月11日、2007年8月29日。

改拆迁"进行了"公投"。北京市公证处对投票结果进行了公证：共有 3711 户居民参加投票，占全部 5473 户的 67.8%；其中赞成票 2451 张，占总票数的 66%，占所有居民的 44.8%；反对票 1228 张，占总票数的 33%；无效票 32 张。

因为赞成票没有过半数，危改拆迁第三次延迟。8 月 28 日，朝阳区房管局在酒仙桥地区公示"（续）朝建房拆字〔2005〕第 037 号"，称自其公布之日起至 2008 年 8 月 25 日止，在拆迁范围内暂停办理新建、改建、扩建房屋，房屋租赁及改变房屋、土地用途的事项。

投票的最终结果：北京酒仙桥危改拆迁再延一年。

酒仙桥危改拆迁，从"同步拆迁"方案的出台，到"民主拆迁"的实施，留给我们的思考非常丰富。拆迁是涉及公民重大切身利益的行政行为，因拆迁过程中政府的行政侵权而引发的纠纷和上访事件，一直是社会关注的现象。因此，在拆迁的过程中，引入"公投"的民主参与形式，不论效果如何，这一举动本身就反映了政府执政理念的转变，更体现了民主参与理念的深入人心。酒仙桥危改拆迁过程中的公民参与表明，经过富有成效的社会主义民主政治建设和社区参与式治理，已经在政府和居民中营造了一种民主的氛围，参与民主正成为政府探索新的工作方式时的重要考虑参数。"民主票决拆迁"，被视为"民主范本"，积极意义自不待言。

但是，不可忽视，民主和参与都是含义极其广泛的概念，几乎可以涵盖任何一种程度上的交往得以发生的情况：从"说服"的技巧，到决策"影响力"，再到决策的"权力",① 都可以打上民主和参与的标签。如此，在欣喜于酒仙桥"民主票决拆迁"形式的同时，还应对这一参与民主实践的实质和效果做出理性的解读。

首先，参与具有国家动员的性质。参与可分为动员性参与和自主性参与，如前所述"国家动员—群众参与"的机制、逻辑和技术，是基

---

① ［美］卡罗尔·佩特曼：《参与和民主理论》，陈尧译，上海世纪出版集团 2006 年版，第 66—67 页。

于历史背景和具有中国特质的参与模式。尽管，这种模式不为主张参与在本意上是自发自愿的参与的西方学者所认可，但是从参与民主是一个渐进的发展过程的角度来说，动员性参与在当前的中国仍具有历史的合理性和进步性，它至少构建了民主的修辞并营造了民主的氛围。

酒仙桥危改拆迁，不是居民自己想换住房，主动找城市规划部门和/或政府房产管理部门表达拆迁意愿。而是经北京市朝阳区房屋安全鉴定站鉴定，这一地区破旧的三、四类房屋占房屋总数的70%以上，而按照原建设部《城市危险房屋管理规定》，三类房屋应停止使用，四类房屋应整体拆除。因此，政府部门在决定拆迁后，就是否同意拟定的拆迁方案，请居民投票。在这个过程中，是否请居民参与，对什么事项进行参与，参与程度如何等关键性问题，都是由政府部门主导的。此外，在决定采取"票决拆迁"的方式后，街道办事处和开发商多次给居民做工作，以促进拆迁方案的通过。即便在被居民投票否决后，开发商的总结仍是，"拆迁方案不会改变，下一步要做的，只是加大宣传力度让大家更接受，并且在一些细节上再做调整。"动员参与的色彩明显。

其次，参与具有形式性。酒仙桥危改拆迁的选票上明确写着"投票结果将决定酒仙桥危改的进程"：投票决定的仅是拆迁的"进程"，不涉及是否拆迁、如何拆迁的问题。投票的效果正是使拆迁"延长一年"。且不说，此次延期是否符合《城市房屋拆迁管理条例》第12条的规定;① 单表延期对"参与"具有什么意义。延期意味着此次参与是"可延不可否"的参与，延期是为进一步的"说服"争取时间。在政府部门和开发商的头脑中，已经有了特定的目标，参与在很大程度上是作为促使居民接受其目标的手段，这样的参与已经不是一种决策的方法，而蜕变为了一种说服的技巧。

---

① 2001年《城市房屋拆迁管理条例》第12条规定，拆迁范围内暂停新建、扩建房屋等活动的期限最长不得超过一年，经房屋拆迁管理部门批准后，最多可延长一年。而酒仙桥拆迁此前已经有过两次延期。

事例6：北京市5号线地铁规划调整：
天通苑创造社区民主运动奇迹①

2007年10月前，天通苑只有一个地铁站："天通苑北站"。

2005年，纵贯北京南北的交通大动脉5号线动工。按照5号线的原有规划，人口稠密的天通苑，只设了一站。这样的运载能力，显然无法满足数十万人上下班的需求。于是，"加站"便成了社区网上论坛里的话题。后来，10多位天通苑居民在网下自发成立了一个"加站推动小组"。加站，由虚拟到现实，变成了一项有组织的社区公益行动。

牵头的阮亚占写了一份《行动指南》，呼吁天通苑的居民，用下列方式，迅速行动：1.打电话，"在本周内给下列单位打至少1次电话"。他列出了市长热线、市规划委、市人大、市交通委等部门的电话号码。2.寄信，"在本周内给下列单位寄一封信"。除了列出详细地址外，他还写好三四种信的模板，从网上直接打印就行。3.发邮件。邮件内容也写好了。4.登门拜访，"有时间的老同志，请直接到有关部门面谈"。5.发动亲朋好友，动用各种社会关系，想尽办法把意见反映到政府相关部门，一定要让政府知道，让领导知道。

很快，无数天通苑居民的电话打到了北京市政府各相关部门。两周过去了，但政府方面始终没有什么反馈。通过记者打听得知：政府正在论证能否加站。

2005年9月3日，"加站推动小组"策划组织了一个"万人签名"活动，收集到签名8310个，并将签名册送到了市信访办。

随后，北京市政府专门召开了市长交通工作专题会，指示市规划委对"天通苑南、北站之间增加站点进行可行性分析"。经过多次研究论证，市规划委组织的专家小组得出了"技术上可行"的结果。市规划委在报告市政府后，在市规划委网站上对5号线增设"天通苑"一站进行了公示。最后，政府花7000万元，在地铁5号线增建

---

① 《冰点》特稿第713期：《北京天通苑10年成长记：创造社区民主运动奇迹》，《中国青年报》2009年7月1日；《5号线加站：过程与结果都应尊重民意》，《新京报》2008年1月3日；徐英：《北京地铁5号线多花7000万建天通苑便民站》，《青年周末》2007年10月11日。

了"天通苑"站。

首先，天通苑社区的参与是精英主导下的自主性参与，不仅取得了很好的实际效果，也具有一定的"累积性心理益处"[1]。成功的自主性参与，提高了天通苑社区居民的政治效能感，他们更加关注城市规划与天通苑社区建设的互动关系，积极参与对天通苑生活环境的改进和维护，并且又有了不少成果：2009年7月，天通苑入住首个公立重点高中，昌平区第一中学；一所高水平的大型综合性三级甲等医院开始建设。可以说，天通苑社区参与已经形成了一个良性运行的"自系统"，并在促进参与从群众参与向公民参与的转型上，具有重要的示范意义。

其次，天通苑社区的参与属于部分参与。有学者和媒体将天通苑的此项参与视为"维权"活动，笔者认为不太准确。维权是指维护自己已有的合法权益，不使其遭受非法侵害。天通苑社区的参与是在向政府争取一项新的权益，而且是在对立的利益关系中争取权益，结果是使政府增加了7000万元的财政投入，是把纳税人的钱花在了天通苑。此外，从天通苑社区参与的过程来看，是通过向政府反映民意诉求的方式，"影响"政府的决策，而不是分享"决策权"，所以它还是属于"部分参与"，而非享有平等决策权的"充分参与"。

最后，从城市社区公民参与行政的范围来看，天通苑社区参与的是城市规划的调整。这一切入点，与西方国家城市社区参与行政的范围相似，即集中于都市计划的研究、审议与检查；都市的开发；都市环境改造与发展计划等项目。

综上，城市社区公民参与行政，从酒仙桥拆迁到天通苑增站，已经萌发了自主性参与的成功范例，可以寄望天通苑的参与实践能够累积更多的心理效应和政治效能感，产生更多的示范影响，推动社区参与民主的发展。

---

[1]　[美] 卡罗尔·佩特曼：《参与和民主理论》，陈尧译，上海世纪出版集团2006年版，第45页。

第三节 社区公民参与司法

从法理上说，司法更多的与法治、宪治、正义等理念相关，被视为"维护社会公平正义的最后一道防线"和"宪政的守护者"。司法作为权利救济机关，是对多数统治的民主原则的牵制和平衡，因此它与参与民主的理论基础和运行逻辑可谓大相径庭。

另一方面，司法既不握剑也不掌钱，是一种软权力，是作为公平正义的象征，依靠理性的技艺，而获得民众的心理认同和信任，因此它必须营造并依靠一种牢固的民意基础。尤其是在为重获信任而进行的司法改革过程中，民意成为构建正当性和公平正义感的核心要素，因为民意是通向民众心理认同感的最直接、最有效的桥梁。

正是在这样的司法改革背景下，法院着力于重构自身的民意基础。社区公民参与司法，就是在法院的主导下，在法院构建自身民意基础的过程中，生发的社区参与新实践。

2009 年 4 月 13 日，最高人民法院印发《关于进一步加强民意沟通工作的意见》的通知（法发〔2009〕20 号），在"进一步加强民意沟通工作的基本要求"一节中规定："健全和创新司法决策征求意见机制。……探索建立基层司法服务网络，聘请乡村、社区一些德高望重、热心服务、能力较强的群众担任司法协理员，协助人民法院化解矛盾，代表人民群众反映意见"。

文件下发后，基层法院和街道办事处司法所，纷纷在社区聘请并培训司法协理员、司法调解员，承担社区矫正、纠纷调解、意见反映、法律宣传、法律咨询等服务工作。

司法协理员、司法调解员作为社区公民参与司法的形式，虽然有助于重构司法的民意基础，也扩大了社区公民参与的形式，但是，从发生背景和运行机制看，这种参与形式不仅具有很强的国家动员色彩，而且还带有一定的行政性，因此其产生心理效应和政治效能感的功能性较弱，难以与其他社区参与形式形成互相推动的局面。

第四节　社区公民参与公共预算

什么是参与公共预算？卡·班尼（Cabannes）所下定义是"参与式预算是一种人们可以对全部或者部分公共资源的最终用途做出决定或者对这些决定做出贡献的机制"。① 也就是说，这里的参与特指有政治效能感的参与。联合国人居署从广义角度所下的定义范围更宽泛，游说、听证会、市政厅普通会议和针对特定预算项目的全民公投都能包括在其中。② 还有学者从以下三个角度来看待参与式预算："第一，从行政角度来看，参与式预算是通过公民和人大代表审查预算分配，对项目重要性进行排序；第二，从政治改革的角度来看，参与式预算是引入地方民主的工具；第三种定义认为，参与式预算是一个公民和非政府组织通过它来决定预算的原则、程序和过程，人民参与预算是决策过程中的一个重要阶段。"③ 也有学者认为，参与式预算是一种致力于实现公共预算、民主预算的制度，其建立在平等参与、协商对话、理性辩论、偏好转换、达成共识的基础上。④ 笔者认为，参与式预算是建立在平等参与、协商对话、理性辩论、偏好转换、达成共识的基础上，一种致力于实现公共预算、民主预算的制度。温岭的参与式预算经历了十多年发展，为基层参与民主与基层人大制度的衔接，为基层民主溢出效益的发挥积累了经验。

1. 浙江温岭的民主恳谈模式

催生温岭民主恳谈会的契机是 1999 年浙江省在全省开展的农业农村现代化教育活动。为了使活动真正取得实效，温岭市委宣传部和松门镇在该镇举办的"农业农村现代化建设论坛"上，尝试采用了一种干部和

---

① Cabannes, *Participatory budgeting: a significant contribution to participatory democracy*, Environment and Urbanization, 2004, p. 16.

② 联合国人居署编著：《参与式预算 72 问》，城市社区参与治理资源平台编译，中国社会出版社 2010 年版，第 5 页。

③ 何包钢：《近年中国地方政府参与式预算试验评析》，《贵州社会科学》2011 年第 6 期。

④ 任勇、许琼华：《基层协商民主中的参与式预算：困境与出路》，《公共管理与政策评论》2015 年第 3 期。

群众面对面沟通交流的教育形式。出乎意料的是，群众参与的积极性很高，150多名群众自发前来参加会议，镇领导对群众提出的问题现场作了解释、答复，有的问题当场予以解决，有的问题则承诺了具体的解决措施和时间。1999年年底，温岭市委及时总结推广了松门镇的做法，各镇（街道）、村出现了形式多样、名目繁多的民主沟通、民主对话活动。2000年温岭市委将此前已经在各地开展的"民情恳谈""村民民主日""农民讲台""民情直通车"等活动形式统一更名为"民主恳谈"，并将活动范围由镇（街道）、村两级向非公有制企业、社区和市级政府部门延伸。因此，民主恳谈最初源自于思想政治工作的需求，是作为思想政治工作的创新载体提出来的，这一阶段的民主恳谈实质上是一种对话机制，即群众提问题，干部作解答，恳谈的议题数和议题内容呈发散状，属泛主题阶段。

2001年6月，温岭市委开始把民主恳谈由思想政治工作的载体转向基层民主。在这一阶段，民主恳谈与基层重大公共事务的决策过程相联系，同时保留了初期的对话形式，着重探索如何扩大基层民主，引导和组织群众广泛、有序参与对公共事务的决策、管理和监督。并以市委文件的形式将民主恳谈会的议题范围、参加对象、基本程序以及实施和监督环节进行明确规定，同时将民主恳谈会召开次数和绩效列入政绩考核。民主恳谈的内容，也由原先较多涉及一家一户的权益纷争，进而转变为城镇规划、村庄整治、校网调整等较多涉及全局性、长远性的公共事务。村级民主恳谈主要是通过村民主议事制度对全村重要的村务做出决策。由村两委提出需要决策的事项和初步意见，经村民代表和其他村民共同讨论、修改后，由村民代表以适当的方式表决，做出符合多数村民意愿的最终决策。对涉及全村村民利益的重要事项，则召开由全体村民（或每户派代表）参加的恳谈会进行公议公决。①

2. 民主恳谈向预算参与的发展

从2003年下半年开始，温岭市委开始探索民主恳谈与基层人大结合的可行性以及结合的有效途径。通过民主恳谈与镇人大的结合，将游离

---

① 朱圣明：《从原生到孪生：基层民主政治建设的现在进行时——温岭民主恳谈和参与式预算之比较研究》，《甘肃行政学院学报》2007年第3期。

于体制外的民主恳谈纳入现行的制度框架之内，并使之逐步走向制度化、程序化、规范化，将这一具有原创性的基层民主形式导入可持续发展的轨道。2004 年《中共温岭市委关于"民主恳谈"的若干规定（试行）》第 5 条规定："民主恳谈的下列议题应由镇人大主席团召集人大代表审议，依法做出决定：（一）未列入当年人代会讨论又确需要做出决定的重大事项；（二）民主恳谈会上意见分歧较大，难以协商确定的重大事项；（三）镇人大主席团认为需要提交人民代表大会讨论决定的重大事项；（四）镇政府认为需要提交人民代表大会讨论决定的重大事项；（五）五分之一以上人大代表联名提出要求召开人民代表大会表决做出决定的重大事项。"这一阶段的民主恳谈充分利用了现有的政治资源，与我国的基层人大制度相结合，为从体制外自发生长到体制内有机融洽的发展阶段。

　　2005 年至 2007 年连续三年，新河镇将民主恳谈引入政府的预算编制，开中国乡镇预算改革之先河。如果说通过民主恳谈的形式，将公众的意见与政府决策对接，这在温岭市属首创的话，那么将民主恳谈引入公共预算，则是新河镇的探索。2006 年 3 月 8 日，在新河镇第十四届人民代表大会第七次会议上，正式制定并通过了《新河镇财政预算民主恳谈会实施办法（草案）》，这一实施办法对预算报告初审民主恳谈、人民代表大会预算民主恳谈、修改并通过预算报告及预算执行与监督这四个过程都做了具体的规定，从而使得新河人大预算民主恳谈会有了制度化的基础。

　　新河镇的改革在公共预算中突出了人大的作用，人大不仅成了温岭市民主恳谈改革中真正代表民意的方面，而且这个改革又将原来民众只是可以恳谈，但没有权力的角色地位转化为和政府进行对话中的有权力的部分。这样一来，这个公共预算的改革就将民主恳谈演变成了中国政治体制内部的改革，加大了公众在政府体制中的发言权和决策权。[1] 由此，学者总结了新河镇试验的四个特点：一是，采取民主恳谈与人大制度相结合；二是，以政府预算为恳谈的重点，而且是全部政府预算；三是，在镇党委的领导下，通过在政府官员、人大代表和公民

---

　　① 李凡：《中国公共预算改革的突破——对浙江温岭新河镇公共预算改革的观察》，《人大研究》2005 年第 12 期。

之间展开对话的形式，让大家充分交流，然后对政府预算进行修正；四是，设计了相应的程序，确保人大代表和公民的预算参与是有序的。[①] 更有学者指出，在实践意义上，温岭的民主恳谈内含着对中国基层民主政治建设，特别是中国基层权力结构战略思维的认识，并拓展了公民参与的场域，扩大了乡村治理结构内部与外部之间的广泛交流和联系。[②]

第五节 社区参与法治建设的困境 及原因分析

中国城市社区参与是在政府推动并主导的基层民主改革过程中发展起来的，既是一种社区治理的方式，又被纳入到国家基层政权建设的范畴。因此，实践中，社区参与在自治与政府主导的张力之中，经历了一系列发展的过程：从居委会直选，到门栋自治、楼群自治；从业主维权，到竞选区人大代表；从社会性参与，到政治性参与；从对社区事务的参与，到对国家立法、行政、司法的参与。这些积极变化，反映了中国城市社区参与稳步推进的事实。在充分肯定这种发展趋势和成效的同时，还必须正视，在自治与行政主导张力下，社区参与遭遇的瓶颈和存在的问题。

一 参与形式具有被动性，"国家动员—群众参与"的传统影响依然存在

杨敏博士从公民参与的视角观照中国城市社区参与的实践，认为中国的城市社区参与仍然只是一种出于国家治理需要的自上而下的制度安排，社区参与具有很强的革命时期形成的国家动员、群众参与的传统色彩。[③] 这是对中国城市社区参与实践的深刻反思，彰显了社区参与最大的困境：参与的被动性。

---

① 胡念飞：《新河试验是中国式的公共预算——访中山大学政治与公共事务管理学院副院长马骏教授》，《南方周末》2006 年 3 月 16 日第 5 版。

② 朱圣明：《从原生到孪生：基层民主政治建设的现在进行时——温岭民主恳谈和参与式预算之比较研究》，《甘肃行政学院学报》2007 年第 3 期。

③ 杨敏：《公民参与、群众参与与社区参与》，《社会》2005 年第 5 期。

被动性参与的形成有三层原因。一是，参与往往与一个国家的历史传统有关。在自由、平等、享有自治传统的国家里，居民对社区生活的参与是一个自发的形成过程；而在专制、等级、集权为历史传统的国家里，居民的参与是一个被动的形成过程。① 中国是一个有着 2000 多年集权主义传统的国家，很难自发形成参与的氛围。二是，由行政主导，通过发动群众运动的方式实现的政治参与属于动员型的参与，优点是政治过程和结果具有可控性，缺点是参与者自身的偏好、能力不能得到有效体现。② 在中国城市社区建设过程中，政府的推动和领导起了主要的作用。三是，参与的工具价值。如果城市社区参与，在很大程度上是一种出于国家治理需要的自上而下的制度安排，那么基层政府动员居民参与的目的便在于将群众纳入到国家治理体系之中，支持现有的体制和政权，而不是赋予群众参与政策决策的权利、形成监督与制约国家权力的能力。③ 汤森德对共产主义中国政治参与的研究也表明，这种参与的首要功能是组织群众自觉自愿地执行党和政府的政策，而不是培养民众参政议政和表达利益的能力。

在被动式的参与中，居民能够参与什么样的政治活动，参与的程度有多深，往往不是自身主观愿望所能决定的，而是由政府筹划的，居民要做的就是按照指定的方式和方法去完成既定的活动。社区工作行政化已成为社区难以自主发展的桎梏。政府往往只用行政标尺来度量它，对其自治功能缺少绩效考核，导致社区成为基层政权的"细胞"，结果是居民参与社区事务不够。而且，这种参与形式难以培育和提升居民参与的政治效能感，弊端显而易见。

论析社区参与具有被动性，不是忽视了社区中国家与社会关系正趋向于合作互动的共生关系，片面认为社区参与只是国家控制和管理基层社会的一种动员方式。上文所提及的门栋自治、业主竞选区县级人大代表、天通苑社区参与城市规划的事例，表明居民社区参与的实践形式正

---

① 参见王剑敏《城市社区政治发展》，社会科学文献出版社 2006 年版，第 182—183 页。

② 王义：《中国城市社区居民政治参与的特点》，《攀登》2003 年第 3 期。

③ 刘岩、刘威：《从"公民参与"到"群众参与"——转型期城市社区参与的范式转换与实践逻辑》，《浙江社会科学》2008 年第 1 期。

日益丰富多彩，除了适应国家的社会动员，对自身自主利益的诉求和追逐的色彩正日益浓厚。① 因此，在发展社区参与的过程中，分析社区参与所具有的被动性特点，目的是提示社区参与主体对"国家动员—群众参与"的传统影响保持谨慎，并寄望通过完善参与运行机制，削弱社区参与中的国家动员色彩，为自发自愿的社区参与创造制度环境。

二 参与内容逐步向政治性参与发展，但仍以非政治性参与为主

粗略地说，社区事务是由权力组织（社区代表大会）、执行组织（社区委员会、居委会）和议事监督组织（社区协商议事委员会）协作共管。本文将社区居民对这三类组织的产生、运行、监督和评估过程的参与称为政治性参与。

中国城市社区参与范围表现为一个渐进的过程。在社区建设的初期，传统的街居制度和整个社会环境决定了居民对社区事务的参与以一般性的社会事务如环境、卫生、治安等为主，政治活动很少。随着社区变革的深入，居民参与范围逐步扩展到选举社区代表大会代表、居委会成员、业主委员会委员、社区人大代表；民主评议街道干部；监督社区事务等领域，面越来越广，初步形成了民主选举、民主决策、民主管理、民主监督的崭新格局，反映了中国社区建设快速发展的事实。② 但是，这些社区政治参与也具有局限性③：第一，社区选举大都带有国家动员的色彩，属于被动性参与，难以形成进一步扩大参与的心理效应；第二，根据《居民委员会组织法》的有关规定，驻社区单位不能参与居民委员会选举；第三，许多街道办事处和居民委员会没有跳出旧的框框，社区内大量的事务仍然是以行政化的方式来得以完成，居民很少参与社区事务的决策、管理和监督过程；第四，政治性参与不具经常性，因而不可能在社区参与中占据主要位置。

与此对应，日常性的、自发性的社区参与往往以门栋自治、楼群自

---

① 姜振华：《社区参与与城市社区社会资本的培育》，中国社会出版社 2008 年版，第 21 页。

② 王义：《中国城市社区居民政治参与的特点》，《攀登》2003 年第 3 期。

③ 杨荣：《论我国城市社区参与》，《探索》2003 年第 1 期；姜振华：《社区参与与城市社区社会资本的培育》，中国社会出版社 2008 年版，第 23 页。

治等邻里互助形式，集中于有关社区环境、治安、卫生、文体娱乐等方面的事务。由是，托马斯·海贝勒通过对中国城市社区的调研认为，目前的社区参与的内容主要属于社会性参与，而不是政治参与。①

三　参与意识淡薄，参与率不高

中国城市社区建设过程中，积极推行以居民委员会直选为核心的社区参与活动，培育了社区居民的参与意识和参与能力。但是，由于社区参与的体制环境和传统文化的影响，其所具有的国家动员色彩和被动性，使得社区居民参与效能感的提升受到阻力，进而阻滞了居民积极参与意识的形成。一些理论研究和社区实践表明，各地的社区参与效果不尽人意。唐忠新在天津市和平区新兴街的调研发现，相当一部分居民的社区参与意识比较淡薄；② 雷洁琼对北京市基层社区参与状况的调研表明，不同社区主体的参与频度不同；③ 陈万灵在广州市的南华西街社区的问卷调研也表明，对社区建设很关心的居民占 30.43%，一般关心居民占 64.23%，不关心的居民占 5.34%；在关心社区建设的居民中有 59.71% 向街道办事处和居委会反映意见，有 40.29% 的居民并不反映意见；对民主选举积极参与占 66.24%，不积极（不愿参与）的居民占 33.76%；④ 上海市社科联对上海市南京东路街道社区的调查表明，50% 的被调查居民从来没有参加过社区活动，在 41% 曾经参加过的居民中，20.5% 的人仅参加过 1—3 次。⑤ 此外，由于居民委员会自治能力的有限，也影响了居民参与的信心。孙柏瑛等对北京市区居民参与社区决策情况的调查表明，当居民维护自己的权利不受侵犯或希望解决有关社区问题时，首选

---

① ［德］托马斯·海贝勒：《中国的社会政治参与：以社区为例》，鲁路译，《马克思主义月刊》2005 年第 3 期。

② 唐忠新：《天津社会结构的变革对社区建设的新要求——来自和平区的调研报告》，《中共天津市委党校学报》2000 年第 3 期。

③ 雷洁琼主编：《转型中的城市基层社区组织——北京市基层社区组织与社区发展研究》，北京大学出版社 2001 年版，第 193 页。

④ 陈万灵：《城市社区变迁的研究——基于南华西街社区的实证考察》，暨南大学博士后出站报告，2003，第 81 页。

⑤ 上海市社科联：《上海社区发展报告（1996—2000）》，上海大学出版社 2000 年版，第 418 页。

途径是向有关主管职能部门提出诉求，占 56.3%；其次是利用私人关系，占 15.6%；通过居民委员会这一社区群众性自治组织的仅占 14.2%。①

　　为什么社区居民参与意识普遍淡薄？政治学认为是政府体制问题，即权力运行机制和决策机制问题；社会学认为是社区归属感的问题；经济学认为是参与效用或利益配置的问题。如果从法学，从民主与法治的视角看，则是一个构建居民利益诉求表达与吸纳机制和程序，保障参与权利和参与效果的问题。就根源而言，参与意识淡漠在于动力缺失。利益是参与最重要的驱动力，当居民感到社区与他的利益息息相关，参与能够有效维护其利益时，自然就会萌生参与社区事务的动机与期望。现实中，单位制度消解了社区居民的共同利益，导致了居民对参与社区事务的冷漠；居民委员会的行政化以及由此带来的自治功能的缺位，致使居民与居民委员会之间出现利益分歧，难以形成信任关系，减损了居民的参与热情。此外，动员型参与制约了居民的参与积极性，传统制度孕育的臣民意识和“私民”意识影响了居民社区参与的主动性和价值取向，这些因素也导致了居民参与意识的淡薄。②

四　参与程度不深，目标层次较低

　　当前城市居民社区参与呈现出了表层化特征，即参与主体以弱势群体为主、参与内容以非政治性参与为主、参与形式以非制度性和被动式制度性参与为主。弱势群体参与，往往不是为了追求自由和自信的心理感觉，也不是为了分享决策权力，而是通过自愿性的义务劳动，如打扫楼道、治安巡逻、参加文体比赛等，与居民委员会形成“庇护关系”，以获得或维持基本的社保福利和政策性福利。参与程度不深不仅体现在弱势群体中，整个社区居民参与都有“搭便车”的惰性和心态，而不是坚定于对政府权力和居民委员会工作的监督和约束。

　　造成此现象的原因，一是参与中的利益机制的扭曲：一方面，单位制改革的不彻底，使大部分有工作单位的人与社区的利益相关度低，因

---

　　①　孙柏瑛、游祥斌、彭磊：《社区民主参与：任重道远——北京市区居民参与社区决策情况的调查与评析》，《国家行政学院学报》2001 年第 2 期。

　　②　张宝锋：《城市社区参与动力缺失原因探源》，《河南社会科学》2005 年第 7 期。

此不用参与社区事务；另一方面，社会保障体制还不完善，居民委员会通过调配社保资源，半强制性地要求社区中的失业人员参与指定的事务。二是政府政务公开的程度不高，民众的知情权很难保障，也影响了参与的程度。包括政务公开的内容范围狭窄，政务公开的手段落后等。

五　参与对决策的影响力低，政治效能感不高

政治效能感与参与对决策的影响力呈正相关关系。参与对决策的影响力分为三个等级，分别对应三种参与类型：没有影响力——假参与、具有影响力但不享有决策权——部分参与、具有平等的决策权力——充分参与。如前所述，目前中国城市社区参与具有"国家动员—群众参与"的色彩，多属于前两种类型，居民的政治效能感不高。

美国学者唐（Tang'W.F.）对中国城市居民政治效能感的考察表明，在政府推进基层民主建设的同时，居民的政治效能感不但是不高，而且具有下降的趋势。他指出，"如果说政治效能感的下降源于政府缺乏回应性，那么就很有可能出现群众意见表达和政府回应性两种都低的并存局面。"[①] 也就是说，如果居民通过参与表达意见后，政府的回应性很低，居民就会感觉自己的参与对决策没有什么影响力，是没有意义的无效参与，因此在今后的类似活动中，就更倾向于对自己的意见引而不发，也就是不再参与。加之一种普遍的心理现象：普通人很少对政治感兴趣，即便有兴趣，也更倾向于对输出感兴趣，而不是对输入过程感兴趣，也就是说，他关心谁赢得了选举，而不关心选举如何进行，他留意谁由于立法受益，而不在乎立法是怎样通过的。[②] 如此，那些有过前两种类型的参与经历的居民，就会从一个潜在的社区事务的积极参加者，下降为一个消极的旁观者。

可见，参与对决策的影响力，或者说政府、社区组织对居民参与时的意见表达的回应性，在"培育政治效能感，发挥参与的教育功能，促

---

① ［美］唐（Tang'W.F.）：《中国民意与公民社会》，胡赣栋、张东锋译，中山大学出版社2008年版，第112页。

② 参见［美］加布里埃尔·阿尔蒙德、西德尼·维巴《公民文化——五个国家的政治态度和民主制》，徐湘林等译，东方出版社2008年版，第151页。

进参与向更高层次的拓展"的整个环节中发挥着关键的作用。

综上，城市社区参与不足，虽然存在诸多问题，但最为核心的就是参与的被动性和低政治效能感，究其原因有三个方面①：第一，在宏观方面，社区建设中的行政化导向使得社区自治缺乏完善的制度环境，导致居民缺乏参与的主动性和参与意识；社区行政化的管理方式使居民委员会无法充分发挥自治功能，导致居民缺乏社区参与的机制和渠道；社区工作者的整体素质偏低，缺乏创新的工作方法、内容远不能满足个体化、个性化、多元化的需求，造成居民社区参与热情不高。第二，在居民个体方面，居民与社区的利益相关程度不高；缺乏社区意识和社区归属感；参与能力不强；参与效能感低。第三，在文化方面，中国传统的臣民文化和家本位思想影响犹在；官本位文化对社区的建设与管理也产生了深刻的影响；虽有减退但依然存在的单位意识造成居民不热心于参与社区事务。

虽然文化和居民能力、心理，是造成城市社区参与不足的重要原因，但是如前所述，学会参与的最好方法就是参与，我们只能通过参与来提高居民的参与能力，培育社区参与文化。因此，社区参与面临的这些困境，不是要通过对居民的教育或训导来解决，有效的对策应该是建立和完善参与机制，而且从长远看，要使居民参与不断持续发展，就必须将其推向规范化、法治化阶段。

---

① 参见姜振华《社区参与与城市社区社会资本的培育》，中国社会出版社 2008 年版，第 23—28 页。

第 八 章

健全社区参与机制的路径

公民参与有一个"物质—行为—制度—文化"的发展过程。[①] 其中制度是控制行为，产生意识的阶段，因此当社区参与发生以后，便要努力促使其从行为层面上升到制度层面。目前所进行的各种宣传教育活动，各种政策法规的逐步出台，公众参与制度化建设，社区自治组织的扶持和培育等，正是为了实现从"行为"向"制度"的转变。

第一节　健全社区自治组织

戴维·赫尔德在深刻反思民主的现状后指出："民主要想繁荣，就必须被重新看作一个双重的现象：一方面，它牵涉到国家权力的改造；另一方面，它牵涉到社会的重新建构。只有认识到一个双重民主化过程的必然性，自治原则才能得以确定：所谓双重民主化即是国家与社会相互依赖着进行的转型。"[②] 同样，中国社区民主建设也应当是一个"双重革命"或"双重民主"的过程。一方面，广大居民通过创新和健全民主选举、民主决策、民主管理和民主监督的运行机制，直接地参与社区公共事务的治理和公益事业的建设，这需要社区"自我革命"；另一方面，社区居民自治需要具备良好的体制环境，需要逐步实现政府部门与社区自治组织关系的协调化，探寻政府依法行政与社区依法自治相结合的互动

---

① 参见蔡强《社区公众参与可持续发展的微观过程研究》，《求索》2005 年第 10 期。

② ［英］戴维·赫尔德：《民主的模式》，燕继荣等译，中央编译出版社 2004 年版，第396 页。

机制，这需要政府"自我革命"，向社区自治组织"放权让利"，使社区自治组织在社区公共事务治理中真正做到权、责、利对等。① 由此，实现社区参与从"行为"向"制度"的转化，首要的就是重构城市基层政府与社区自治组织的关系。

1. 居民委员会

现行《宪法》在"国家机构"一章，"地方各级人民代表大会和地方各级人民政府"一节，第111条，规定居民委员会是"基层群众性自治组织"。这样的结构安排表明，居民委员会的自治是放在地方政权建设中来理解的，为自治性组织的行政化预留了空间。《居民委员会组织法》秉承宪法的精神，一方面规定，城市居民委员会是中国城市居民实现自我管理、自我教育、自我服务的基层群众性自治组织。确立了居民委员会的"自治性"，使居民委员会成为推进社区居民自治的组织载体。另一方面，考虑到我国的历史传统和现实情况，为了使国家的各项方针政策在基层得到落实，又规定"不设区的市、市辖区的人民政府或者它的派出机关对居民委员会的工作给予指导、支持和帮助。居民委员会协助不设区的市、市辖区的人民政府或者它的派出机关开展工作"。由此，居民委员会既要办理群众自治事务，又要办理当地人民政府及其派出机关交办的一些事项；既要对居民负责，为本居住区居民搞好服务，又要对上级人民政府及其派出机关负责，办理好一些交办事项；既要把居民的一些意见、要求和建议及时地反映给上级人民政府及其派出机关，又要及时把党的方针政策、国家的法律法令及时传达给居民。

总之，居民委员会具有双重属性，即在性质上是自治组织，但在承担的任务和功能上具有行政性。如今的社区建设，也是在基层政权建设与社区参与式治理的双重目标下推行的，因此居民委员会仍需承担部分委托行政职能。虽然社区自治、社区民主代表着发展的趋势，但这是一个渐进的过程，就现阶段而言，我们只能转变政府职能，理顺政府与基层自治组织的关系，逐步提高社区的自治性。

---

① 李雪萍、陈伟东：《近年来城市社区民主建设发展报告》，载李凡主编《中国基层民主发展报告：2000—2001》，东方出版社2002年版。

（1）居民委员会的自治性

居民委员会是居民自我管理、自我教育、自我服务的基层群众性自治组织。因此，居民委员会的自治权也主要是围绕这三个方面展开的。①

居民委员会的自治事务主要有五项。第一，财产和财务自治。《居民委员会组织法》第 4 条明确规定，"居民委员会应当开展便民利民的社区服务活动，可以兴办有关的服务事业。居民委员会管理本居民委员会的财产，任何部门和单位不得侵犯居民委员会的财产所有权。"这一条包含三层含义：一是，居民委员会对自己兴办的生产、生活服务设施所取得的利润，除依法交纳国家税收外，可以自由支配；二是，居民委员会兴办公益事业所需费用，经居民会议决定，可以根据自愿的原则向居民筹集，经受益单位同意，也可以向本居住地区的受益单位筹集；三是，居民委员会对自己的财产拥有所有权，任何单位和部门都不得侵犯。不过，居民委员会的收支项目要及时公开，接受居民监督，真正体现居民自治的原则。

第二，选举自治。即根据《居民委员会组织法》第 8 条和第 10 条第 3 款的规定："居民委员会主任、副主任和委员，由本居住地区的有选举权的居民或者由每户派代表选举产生；根据居民的意见，也可以由每个居民小组选举代表二至三人选举产生。"并且，"居民会议有权撤换和补选居民委员会成员"。实践中，居民委员会直选从 1998 年试点以来，至今已经在全国不少城市社区推行。

第三，管理自治。《居民委员会组织法》第 3 条第 3 款、第 10 条、第 18 条都是关于居民委员会管理自治权的规定。例如，居民委员会必须向居民会议负责并报告工作。凡涉及全体居民利益的重要问题，居民委员会必须提请居民会议讨论决定，由居民委员会监督执行。全体居民必须遵守居民会议的决议和居民公约。居民委员会要及时调解民间纠纷，化解矛盾，建立新型的人与人之间的关系，维护居民的合法权益等。

第四，教育自治。《居民委员会组织法》第 3 条第 1 款、第 5 条、第 12 条规定：居民委员会要教育居民遵守宪法、法律、法规和国家各项政

---

① 汪大海、魏娜、郇建立主编：《社区管理》，中国人民大学出版社 2006 年版，第 266—267 页。

策，教育居民履行依法应尽的义务，爱护公共财产，开展多种形式的社会主义精神文明建设活动；多民族居住地区，居民委员会要教育居民互相帮助，互相尊重，加强民族团结。这是居民自我教育的很好途径。

第五，服务自治。在了解居民的需要，并经过居民代表大会或居民代表协商议事会的同意后，居民委员会可以根据当地的实际情况，创办适合本地特点和居民需要的生产、生活服务事业，开展多种形式的社区服务活动，方便居民生活。

（2）居民委员会的行政化

20 世纪 80 年代中期以来，人们的生活与所在社区的关系开始趋向广泛和密切，居民投入了较高的热情参与社区的各种事务，但居民委员会的行政化还是在一定程度上削弱了这种参与的自治性。

社区治理结构的行政化取向，着眼于加强基层政权建设；认为基层社会功能紊乱的根源在于，街—居体系的资源配置不够导致的行政能力不足；提出要将城市管理权力下放，扩大基层政府的权能，进一步强化街、居组织的地位；主张通过街道行政权力渗透和行政功能扩展，吸纳所有社会组织，进行自上而下的社会整合，形成"纵向到底、横向到边"的纵横交错的行政网络。[1] 在实践中，20 世纪 90 年代北京、上海、石家庄等地的试点，实际上都是将街道办事处作为一级政府管理的实体来强化。从"两级政府、三级管理"试点，到进一步推行"两级政府、三级管理、四级落实"，"一街多所、联合执法"的管理模式，街道完成了行政权力的一次整合，街—居初步形成了一个完整的网络。

居民委员会的行政化体现在组织结构和功能任务两个方面：第一个方面是居民委员会组织结构的"次行政化"。目前，从各地推进城市社区建设的实践来看，政府在构建社区组织体系的过程中，大多从管控的角度出发，使社区在职能设置、人员配备、运行方式等方面与上级政府组织的相关职能部门形成对应关系，形成垂直权力网络。[2]

居民委员会组织结构的行政化表现在两个层面：一是，居民委员会

---

① 黎昕主编：《中国社区问题研究》，中国经济出版社 2007 年版，第 135 页。

② 陈伟东、李雪萍：《社区行政化：不经济的社会重组机制》，《中州学刊》2005 年第 2 期。

的组织机构，不是根据居民委员会的职能和任务来确定，而是成为与政府机构——对应的"小政府机构"。例如北京市有些居民委员会的机构就与街道办事处有对应关系，街道办事处有十几个科室，在居民委员会中也有八九个委员会，且是对应关系。例如街道办事处的司法科对应居民委员会的人民调解委员会；民政科对应居民委员会的社会福利委员会；城管科对应居民委员会的公共卫生委员会；街道办事处的计划生育委员会对应居民委员会的计划生育委员会等。[①]

二是，在社区自治组织形式上，普遍存在着形成领导层的"小党委"（社区党组织、总支、支部）、形成议事决策层的"小人大"（社区居民代表大会）、形成执行层的"小政府"（社区居民委员会）和形成协商层的"小政协"（社区协商议事会）。这种"仿权力机构模式"，是目前大部分城市自治组织的基本形式，包括因政府职能转变做得比较好而闻名全国的"沈阳模式"和"江汉摸索"。这一组织模式虽然适应了社区规模扩大、社区事务大幅增长的新形势，一定程度上满足了社区各类组织和居民参与社区事务的需求，但其模仿或复制上级行政组织的现象也导致了社区组织的"次行政化"，即政府将社区组织纳入行政序列，作为管理链条的末端，直接或间接对社区居民进行管理。[②]

第二个方面是居民委员会承担功能任务的行政化。根据《居民委员会组织法》的规定，居民委员会除行使自治权，负责社区内的自治事务外，还要协助人民政府或它的派出机关做好与居民利益有关的各项工作，及时向人民政府或它的派出机关反映居民的意见、要求和建议。

居民委员会承担的政府委办事务主要包括：①治安保卫工作。主要是协助公安部门做好治安巡逻，维护社会秩序，保证居民有一个稳定的工作、生活环境。②民政工作。做好拥军优抚工作，以及社会孤老的救济工作，办好敬老院，上为中央分忧，下为居民解愁。③公共卫生工作。主要是开展各种爱国卫生活动，除害灭病，使居民养成良好的生活习惯和社会公德。④计划生育工作。对育龄妇女及时进行调查登记，做出统计报表，掌握育龄妇女动向，对生育情况进行分析，并及时采取相应的

---

① 汪大海、魏娜、郁建立主编：《社区管理》，中国人民大学出版社 2006 年版，第 266 页。
② 黎昕主编：《中国社区问题研究》，中国经济出版社 2007 年版，第 122—123 页。

措施，杜绝早婚早育现象。⑤青少年教育工作。做好在校学生的课外教育工作，协助政府有关部门做好失足青年的帮教工作，努力帮助解决就业问题，促进他们尽快转化，化消极因素为积极因素。⑥社区矫正工作。协助司法执行，对矫正对象进行监督和帮教。① 这些工作在政策上都需要政府出面作决定，居民委员会往往成立对应的委员会负责这些政府委办事务，其行为具有委托行政的性质。

（3）提高居民委员会自治性面临的问题与建议

由于我国城市居民自治依附于政府主导的社区建设，而非基层社会自发形成的自主性很强的自我管理，因此目前城市社区居民自治面临两个瓶颈问题：

一是，政府主导作用过强，居委会的行政性大于自治性。在政府主导型的社会发展模式下，街道办事处及其相关职能部门，都有意无意地把居民委员会作为自己工作的"一条腿"，将自身的一些工作下派给居委会承担，于是形成了居民委员会干部常说的"下面一根针，上面千条线"的工作格局。② 社区作为承担社会工作的主要载体，却协助政府管理几十项甚至上百项的事务，与 40 多个有关部门关联。③ 自治话语与行政权力的交织使居民委员会具有一种模糊的身份，这种模糊身份和角色错位，一方面使居民委员会难以承担作为居民自治组织的职能，另一方面也为居民委员会进行"正式权力的非正式行使"和"非正式权力的正式行使"提供了便利，④ 结果是居民参与社区事务不够，社区自治、服务功能不足。

二是，街道控制社区资产，居民委员会财务自治难以落实。根据《居民委员会组织法》的规定，居民委员会享有财产和财务自治权。然而，实践中，一些街道在社区划分过程中，将社区的资产收归街道，并

---

① 参见李秀琴、王金华《当代中国基层政权建设》，中国社会科学出版社 1995 年版，第13 章。

② 梁军峰：《参与式民主研究》，河北人民出版社 2008 年版，第 265 页。

③ 参见林尚立主编《社区民主与治理：案例研究》，社会科学文献出版社 2003 年版，第11 页。

④ 刘岩、刘威：《从"公民参与"到"群众参与"——转型期城市社区参与的范式转换与实践逻辑》，《浙江社会科学》2008 年第 1 期。

以街道的名义实行托管。这在全国几乎是一个普遍现象。其方法是在街道为每一个社区设立一个账户，各社区的收入直接进各社区的账户，并设专人管理社的资产、资金。规定各社区的开支限度，超过限度则必须给街道打报告，审批通过后方能开支。① 社区资产关系不明晰，居民委员会财产自治不到位的状况，已经直接影响了居民委员会开展便民、利民的社区服务活动，进而阻碍了居民委员会自治权力的实现。《民法总则》对居委会法人资格的规定，有望在一定程度上解决这一问题。

针对居民委员会自治过程中存在的上述问题，笔者认为解决的办法分为"标"与"本"两个层面。所谓治标，即从转变政府职能的角度，还居民委员会自治权；治本则是从社区和居民的角度，改善社区自治组织机能，提高居民积极参与的意识和能力。

第一，转变政府职能，理顺政府与基层自治组织的关系。①政府积极推进社区居民自治，必须从区直部门转变职能做起，主动调整自身与社区组织之间的关系，将事实上扭曲了的领导与被领导、命令与服从的关系，调整为指导与协助、服务与监督的关系。② ②"指导与协助、服务与监督"关系必须落实到职责的划分上，即明确列举什么事项由行政部门独立承担，哪些事务由街道行政部门承担、社区组织协助，哪些事务由社区组织承担、街道行政部门指导。③通过划分职责，强化社区居民委员会的自治权。把社区干部选免权、社区事务决策权、日常工作管理权、财务自主权、不合理摊派的拒绝权等属于社区自治范畴内的权利交还给社区。对于一些适合于社区管理的行政事务，由政府委托给社区协助进行管理，并赋予社区相应的登记、管理、建议、监督等协管权。③ ④明晰社区资产关系，使社区资产、资金在街道的指导和支持下进行自主管理、自主经营。

第二，优化居民委员会组织结构，形成社区自治能力发育机制。城市基层民主不仅应当体现在社区选举环节，更应当贯穿于社区民主决策、

---

① 王敬尧：《参与式治理——中国社区建设实证研究》，中国社会科学出版社 2006 年版，第 33 页。

② 参见尹维真《中国城市基层管理体制创新——以武汉市江汉区社区建设实验为例》，中国社会科学出版社 2003 年版，第 95～96 页。

③ 黎昕主编：《中国社区问题研究》，中国经济出版社 2007 年版，第 118 页。

民主管理、民主监督的全过程。总结目前城市社区建设实践经验，社区自治机制包括：① ①社区协商议事委员会的民主协商机制；②"民评官"的民主监督机制；③居民小组自治机制；④居民公决机制；⑤居民论坛；⑥社区中介组织参与管理的机制；⑦费随事转，建立社区自治组织的财力支撑机制等。

第三，创造社区参与条件，提高居民的参与意识和参与能力。包括培育社区中介组织、社会团体等非政府组织，培育社会资本，强化信息公开，深化单位体制改革，完善社会保障体系等。后文将对此进行详细阐述。

2. 业主委员会

随着我国城市住房体制改革的推进，住宅日趋商品化和市场化，居民越来越多的成为房屋的产权所有者，他们对房屋的质量、周边的生态环境、居住人文环境也越来越关心，更加注重维护自己对于房屋和居住社区的权益。在这种背景下，作为业主和业主权益代表的业主委员会应运而生。2003年9月1日《物业管理条例》正式实施，其中明确规定了业主委员会作为小区内自治组织的产生和存在方式，形成事实上的业主自治。根据《物权法》和《物业管理条例》的规定，业主委员会是代表全体业主和非业主使用人利益，反映其意愿和要求，并监督物业管理公司管理行为的群众性自治机构，旨在维护业主和非业主使用人的合法权益，支持、配合、监督物业管理公司的工作，创造良好的社区生活环境。②

虽然，根据《物业管理条例》第10条的规定，业主委员会应当在相关政府部门的指导下选举产生，但是作为建立在财产共有共管基础上的社区自治组织，相较于居民委员会具有更好的自治环境：一是，业主委员会的自治范围虽然比较单一，但其治理的都是与业主的利益密切关联的事务；二是，业主委员会的自治事务主要是经济性的事务，所以政府对其的行政性渗透不强。正是因为，业主委员会较少具有行政性质，使

① 参见尹维真《中国城市基层管理体制创新——以武汉市江汉区社区建设实验为例》，中国社会科学出版社2003年版，第98—113页。

② 吴鹏森、章友德主编：《城市社区建设与管理》，上海人民出版社2007年版，第138页。

其成为培育和训练社区居民参与技能，促使参与从社区内事务向国家政治事务拓展的可能支点。

民主权利的实践应当从个人最实际的需要出发，从最贴近百姓日常生活的内容入手。由于社区物业管理与社区中每一个人的切身利益紧密相关，因此，以物业管理、业主委员会自治作为社区自治和公民参与实践的切入点，才会让居民感到民主并非空洞的教条，距离生活并不遥远；只有这样，人们才能逐渐在社会民主实践中由浅入深、形成经验，培育起民主的文化，奠定民主政治制度的基础。正是在这个意义上，业主委员会对社区物业的决策、管理和监督，为居民民主管理公共事务创造了一个很好的平台。实践中，北京市回龙观社区业主聂海亮走出了一条"业主—维权—利益代表"的自发性参与路径，表明业主委员会的自治不仅是居民参与社区自治和建设的有效途径，更是培育公民政治参与技能和政治效能感的最佳场域。

业主委员会下的业主自治，虽然具有克服居民委员会局限性，促进社区公民政治参与的重大作用，但是发展却并不顺利。以北京市为例，截至2009年，北京约有成熟小区4200余个，成立小区业主委员会的，只有400余个，仅占总数的10%左右，而这10%的小区，业主委员会能相对独立于居民委员会和物业公司进行自治管理的不足一半。再者，回顾《物业管理条例》的立法过程，不难看到，作为一部与每一家一户乃至每一个人切身利益密切相关的法律规范，还不如"限养""禁放"这样的法规在立法过程中体现的民主性充分。① 一个可行的，而且有成功事例示范的发展社区自治和社区公民参与的路径，却并没有调动起居民的积极性，未能获得应有的发展，这些都反衬了社区参与面临的深层困境。

第二节　发展社区组织

社区居民参与率不高，一方面是因为居民不愿参与，即参与意识淡薄，参与积极性不高；另一方面，在很大程度上是因为居民没有能力和条件参与。零散的居民即便参与社区事务的决策，其表达意见的能力和

---

① 朱丽君：《浅谈城市社区民主》，《北京城市学院学报》2006年第1期。

效果都是有限的，如果还没能掌握与决策事务有关的基本信息，如果自己还希望从居民委员会获得福利性、政策性资源，那么这样的参与剩下的也就是个形式意义了，根本无法形成和提升居民的政治效能感，自发性参与也发展不起来。自发性参与少，便由政府来动员参与，动员参与又反过来减损居民的参与积极性。目前的社区参与已经在一定程度上，落入了这样的一个恶性循环。

从宏观的视角来看，民主政治制度的良性运行有赖于一个有活力的高度组织化的公民社会为基础，因为在现代社会，个人想取得对社会公共事务的影响力，必须通过组织的力量，单个人面对庞大的社会是无力的。"要使公民在政治参与中不断保持较高的政治效能感，必须允许公民自发地组织起来进行政治参与，否则就将挫伤大多数公民的参与热情。"① 由此，发展社区参与，不仅需要健全社区自治组织建设，更应实现居民参与的组织化，即让"散"的居民通过一定的组织而不只是个体参与社区活动，以此提高居民的参与能力和参与效果。

一 社区组织的作用

一般而言，社区内的公民组织包括社区中介组织和非营利组织，以下简称社区组织。社区组织是处于政府和社区居民之间的中间社会组织，是联系各自的成员以及广大的社区居民，参与和支持社区建设的各类社会团体、各种民办非企业单位和群众为满足生活、文化等需求而建立的临时性组织，是培育社区意识，推动社区发展，构建公民社会的重要力量，具有促进社区参与，培育社区社会资本的重要作用。

第一，社区组织具有促进社区参与的作用。② 治理理论要求大力促进公民社会和社会中介组织的发展，充分发挥社会多元主体的作用，加强相互合作，实现国家、市场与社会三者之间的平衡。城市社区本身就是一个微型社会，政府、市场、社会均在其中发生互动作用。其中，社区组织担负着从政府集权式管理向政府与社区居民共同治理过渡的作用，

① 林尚立：《上海政治文明发展战略研究》，上海人民出版社2004年版，第262页。
② 唐卓：《我国城市社区社会参与的现状问题分析》，《求实》2004年第9期；吴鹏森、章友德主编：《城市社区建设与管理》，上海人民出版社2007年版，第146页。

是社区居民参与社区治理、实现民主管理的载体和纽带，是社区居民需求的代言者和支持者。

第二，社区组织有利于培育社区参与所需要的社会资本。英国社会学者吉登斯认为，社区不仅意味着重新找回已经失去的地方团结形式，它还是一种促进街道、城镇和更大范围的地方区域的社会和物质复苏的可行办法。由共同体体现的社会团结是宝贵的社会资源和社会资本，也是社区建设的重要支持因素。社区组织不仅可以加强社区居民之间的联系和沟通，培育社区居民的共同体意识和社区归属感，更能够为居民提供直接、具体和富有人性化的公共服务，其对志愿者的吸引和动员能力，是充分利用人力资源激励居民参与社区发展的重要手段。[1]

二 中国城市社区组织发展现状

我国的社会中介组织发育较晚，而且经过了一个"改革开放现代化建设需要——放松管制，培育发展社会中介组织——违规行为加剧——加强管制——社会中介组织缺乏制度保障，难以承担政府转移的职能——回归放松管制，培育发展社会中介组织"的循环。如今社会中介组织虽然获得了资源与社会、制度空间，其作为"公民社会组织"的意义也逐渐开始体现，但其发展仍然处于起步阶段，无论从组织内部还是从组织的生存环境来看，都还留有行政化色彩，政府主导作用还很明显。[2] 所以，目前城市社区参与中，虽然也形成了一定的兴趣组织、娱乐健身组织以及在政府和社区的指导下形成了一些福利性组织和志愿者组织，但居民的职业组织、利益组织等远未发展起来，仍呈现参与主体零散化，组织化程度不高的特点。

此外，社会组织的类型特色决定了其在社区参与中作用不明显。社区组织按其创建的途径分为自下而上形成的和自上而下建构的两种。自上而下建构的中介组织是由政府倡导、扶持成立的，如计划生育协会、市民学校等。这些中介组织的功能是组织、服务和管理；自下而上建构

---

① 汪大海、魏娜、郇建立主编：《社区管理》，中国人民大学出版社 2006 年版，第 287 页。
② 唐卓：《我国城市社区社会参与的现状问题分析》，《求实》2004 年第 9 期。

的中介组织是基于社区成员的生活需要而形成的团体式组织，它们常常带有非正式组织的特征。从目前的实际情况来看，在社区中自上而下的中介组织相对于自下而上的中介组织较为发达，但这类组织基本上是为了协助政府发挥社区管理职能而建立的，具有较多的官方性质或管理性质。自下而上的中介组织相对不发达，规模小影响低。造成这种局面的原因，既和政府政策对中介组织的限制和约束有关，也与资源短缺有关。①

三　社区组织的培育和发展

以"改革城市基层管理体制，强化社区功能"为宗旨的我国城市社区建设运动，最重要的一个目的就是动员社区居民、社区单位及社区非政府组织等力量共同参与社区治理，弥补政府在城市基层管理中能力之不足。② 其中，培育并建构多元化的社区组织体系，是推进社区建设和参与性发展的根本性措施。

培育和发展社区组织可以采取以下措施：第一，政府在对各类社区组织加强依法管理的同时，可通过适当降低准入门槛，在社区组织内部实行更加灵活多样的收入分配政策等手段，加速社区组织的培育和社区参与活动的多层次、多元化发展。第二，要逐步实现部分政府机构、部分企事业单位向社会中介组织的转制。第三，培育和发展现有的社会团体，充分发挥它们在社区建设过程中的作用。③ 第四，培育新的社区组织。正规的社区服务需要与非正规"社会支持网络"系统有机结合，形成互补，从而更有效地促进社区成员参与社区发展活动。④ 因此，建立具有灵活性、及时性、弹性等服务特点的非正规服务系统，并将其与正规的社区服务有机结合，形成互补，可以更有效地促进社区居民参与社区发展活动。

---

① 唐卓：《我国城市社区社会参与的现状问题分析》，《求实》2004 年第 9 期。

② 凤英华：《社区发展中的居民参与问题研究——以上海市浦东新区浦兴路街道部分社区为例》，硕士学位论文，同济大学，2008 年。

③ 吴鹏森、章友德主编：《城市社区建设与管理》，上海人民出版社 2007 年版，第 148 页。

④ 叶南客：《中国城市居民社区参与的历程与体制创新》，《江海学刊》2001 年第 5 期。

第三节　拓展社区政治参与方式：
以社区参与立法为例

基于本书的研究目的是考察社区自治范围内的参与实践如何通过心理效应和政治效能感，培育和训练公民参与更高层次的国家政治生活所需要的品质和技能，因此不仅要详细讨论如何扩大居民对社区内事务的参与，而且要探索如何有选择地将目前社区参与实践中发展出来的灵活多样的参与方式，拓展到社区公民更高层次的政治参与中去。鉴于政府行政事务比较庞杂，社区参与行政与社区自治范围内参与的方式差异性较大，而社区参与司法又基本上已经内化于居民委员会的自治行为里了，所以笔者选择以社区参与立法为例，来思考将社区自治中的一些成功的参与方式，拓展到社区公民更高层次的政治参与中，并以此为基础扩大社区公民参与立法的途径和程序。不仅如此，社区参与立法也是基层民主自治参与国家和政府法治建设的重要途径和直接体现。

一　扩大社区参与途径

2007 年 10 月，中共十七大报告明确指出：“制定与群众利益密切相关的法律法规和公共政策原则上要公开听取意见”；2008 年 3 月温家宝总理在政府工作报告中明确承诺：“制定与群众利益密切相关的行政法规、规章，原则上都要公布草案，向社会公开征求意见”；2008 年 4 月全国人大常委会委员长会议决定，今后全国人大常委会审议的法律草案，一般都予以公开，向社会广泛征求意见；2008 年 5 月，国务院制定的《政府信息公开条例》施行，通过保障公众的知情权、监督权等民主权利，使公众参与立法的基础更加坚实。从法律草案个案公开到常态公开，从立法单一环节的公众参与到全过程参与，中国扩大公众参与立法的改革探索与实践，在立法主体对公众民主权利的充分尊重和公众积极参与立法的良性互动中呈现出渐进式发展的良好态势，亦为公众参与立法制度的完善奠定了坚实的实践基础。[①] 然而，实践中真正在立法活动中对立法机关立法产生实质性影响的，还是那些立法机关经常性邀请参与立法论证会的各类"专家、学者"。[②] 针对这样的现象，笔者认为，社区参与立法能成为一般公众参与立法的实验和训练基地，激发并培育普通公众参与立法的心理品质和技能。

对于社区公民参与立法途径的扩展与完善，笔者采行一种简单地逻辑思维方式，即应有的（或能有的）减去已有的便是尚需扩展的。前文已经对社区公民参与立法的途径进行了实证分析，接下来需要探讨的便是社区公民参与立法应有的或可能的途径。

1. 西方经验

大致而言，西方国家城市社区参与的范围主要有：都市发展目标的确定；都市计划的研究、审议与检查；都市的开发；都市环境改造与发展计划；社区规划；行政业务的咨询与服务意见反馈；社区文化、教育以及其他公共事务的参与。与此对应，社区公民参与公共决策制定和社区公共事务处理的方式，从参与领域来讲，有立法参与和行政参与，其中听证会是最有影响力的公民参与策略之一；从参与的程度划分，有咨询层次的参与和实质层次的参与，前者指社区公民对公共事务的处理发表意见，后者是指公共政策的制定和公共事务的处理直接由非官方的组织以及社区民众组织来实施。而具体的社区公民参与途径和方式，根据罗维与弗利尔的整理，包括：公民投票、公听会、咨询、民意调查、协商机制、议题会议、市民咨议委员会、焦点团体等。[③]

"他山之石，可以攻玉。"西方的社区参与经验是比较丰富的，但是基于政体的不同，西方国家一般不涉及，也不需要，为社区公民参与代议机构的立法活动单辟途径，其社区参与中的立法参与往往是指对行政立法的参与。因此西方经验仅能提供广义的社区参与方式上的间接借鉴

---

① 汪晖：《对中国公众参与立法制度完善的思考》，《法制与社会》2008 年第 9 期（下）。

② 莫纪宏：《中国立法工作中的公众参与》，中国法学网，http：//www. iolaw. org. cn/showNews. asp？id＝19481，2020 年 2 月 29 日访问。

③ Rowe, G. and Frewer, L. J. 2000. "Pbulic Participation Methods: A Framework For Evaluation", *Science, Technology, and Human Values*, 25：3－29. 转引自汪大海、魏娜、郇建立主编《社区管理》，中国人民大学出版社 2006 年版，第 313—315 页。

资源。

2. 中国公民参与立法的途径

从各地立法实践来看，当前公众参与立法的平台和载体主要有：（1）书面征询意见；（2）应邀参加座谈会、研讨会、论证会、听证会；（3）旁听会议；（4）通过新闻媒体面向社会公开征求立法项目、立法草案意见；（5）通过人大、政府的立法基层联系点表达立法意见和建议；（6）建立立法项目委托起草、招标投标和立法联系点制度；（7）建立立法顾问、立法助理、聘请立法研究员等专家咨询制度；（8）创办立法网站、设置立法网页等；（9）立法机关和工作机构与有关科研院校和社会团体建立合作关系，共同研究立法中的理论和实践问题；（10）成立立法研究会（所）、协会及中心等。① 实践证明，这些做法是十分有效的。虽然如此丰富多样的公民参与立法的途径并非都适合于社区公民参与立法的情形，但至少能为扩展社区公民参与立法途径提供一个广泛而鲜活的参照系。

3. 扩展社区公民参与立法的可行途径

社区公民参与立法应多层面、多渠道、多形式、全方位地展开，以通过适应不同类型社区公民的多元化需求，激发他们的参与兴趣和热情，调动他们各自的创造性和积极性，使他们在参与中既获得实现自身价值的满足，又能推动立法的民主化、科学化发展。在这方面，需要搭建两个平台：一是培育社区公民参与能力的平台，如创办专门的立法杂志，设立专门的立法资料馆，建立专门的立法咨询服务机构等；二是，要积极培育和发展社区内居民社团组织，增强社团组织对社区公民参与立法的引导功能，并构建社团组织与人大、人大代表沟通联系的桥梁。如此，社区公民参与立法都可以在社区公民参与和社区社团组织参与两个层面展开。

具体而言，除已有的社区公民立法听证会和立法民意调查外，尚可考量、发展以下社区公民参与立法的途径：

第一，向社区公民、社团组织公开征求立法项目、立法草案意见。在立法程序中，首先是确立立法规划和立法议题。而社区公民也应当有

---

① 李高协、殷悦贤：《公众参与立法的路径探讨》，《人大研究》2006 年第 7 期。

相应的平台参与这一具有实质意义的立法前置程序。

第二，社区立法咨询会、座谈会、论证会。咨询会、座谈会、论证会比听证会形式更灵活，程序更便捷，是公民参与领域中广泛存在的参与形式。实践中，座谈会更是早于社区立法听证会，成为社区公民参与行政立法的有效形式。① 并且，咨询会、座谈会、论证会已经基于不同领域和层次公民参与的广泛实践，形成了相对成熟的制度，为采纳这些参与途径来推进社区公民参与立法奠定了基础。

第三，建立社区立法联系点制度。以社区社团组织，或居民委员会，或有社区活动能力和影响力的社区公民为依托建立立法联系点，立法联系点可以主动或被动地向立法机关反映、交换立法信息，并可以对接听证会、咨询会、座谈会、论证会后期的信息反馈和结果评估机制。第七章事例3中，沈阳市沈河区早在1999年就推行的"聘请社区人民联络员"制度，即为建立社区立法联系点的形式之一，但后者的范围要比前者宽泛。社区立法联系点制度实质上是以社区公民或社区社团组织、自治组织对接人大代表和人大机关，因此还可以与实践中已经存在的人大代表制度化或非制度化的社区对接制度相互咬合，形成双向互动的良性运行机制。

第四，建立立法顾问、立法助理、立法研究员与社区对接制度。这是人大代表对接社区制度的一种补充和延伸。立法顾问、立法助理、立法研究员具有专业知识背景，具有较高的吸纳、整理民意的能力，其收集、接转社区公民的立法参与意见和建议，可以单独推行，也可与人大代表社区对接制度并行。

第五，建设社区公民参与立法的民意表达、交流网络平台。在这里，网络仅是利用科技手段拓展了社区公民参与立法的场域。社区公民通过网络平台参与立法可以与现场的各种参与途径并行不悖，甚至可以通过网络平台承载或对接以上所有的社区公民参与立法途径。由此，网络平台与其说是一种新的参与途径，不如说是其他所有现实存在的社区公民参与立法途径的集合器与放大器。

社区公民参与立法的途径还应当是一个开放的体系，需要根据社会

① 《问政于民：基层干部群众共议"低保新规"》，《重庆日报》2006年11月30日。

的发展、民主的进步以及公民参与意识、参与能力的提高做适时的调整与扩展。与此同时，制度的有效运作离不开程序的规范，因此还应把社区公民参与立法的如上途径予以规范化、制度化，使其变成一种长效机制，由此便转入了完善社区公民参与立法的程序问题。

二　完善社区参与程序

目前社区参与的重要性已渐入人心，但参与制度建设存在较大的体制性弊端，参与往往仅停留在概念性阶段，缺乏可供操作的程序性规范，即公众参与的程序性问题如公众参与的主体、范围、参与方式、参与步骤、参与途径及其利益保障等尚待制度化、法治化。

社区公民参与立法的途径是多层次、多方位的，其中每项参与途径的运行机制都需要相应的程序规范予以配套。作为一项初步的、梗概式的研究，笔者难以详细考察、探究每种社区公民参与立法途径的对应程序规范，加之程序规范相对于实体规范往往具有一定程度的独立性和共性，由此本文仅是从公民参与法律案的立项、起草、审议环节中的民意表达与吸纳机制所涉及的程序规范的共性入手，讨论完善社区公民参与立法程序的几个基本问题。

1. 信息公开

公开立法信息是公民有效参与立法的基本条件和前提，因为公民只有获得了相关的信息，才能有的放矢地参与立法活动。随着政府信息公开制度的推行，公布立法规划、立法草案等作为推进民主立法的措施，已为各级人大和人大常委会广为采行，但依然存在两个方面的问题：第一，立法信息公布的信息范围和地域范围、公布的载体、方式和时间等都缺乏明确的规范，实践中往往取决于各级人大制度的自我完善程度，公民只是被动地接受立法者选择公布的立法信息；第二，立法者与公民之间存在着比较严重的信息不对称，即公民对立法的基本常识知之不多，对自己参与立法的权利认识不够清楚，对参与的途径和方法不甚了解。因此，一方面需要完善立法信息公开的法律程序，另一方面可以在社区创办专门的立法杂志，设立专门的立法资料馆，建立专门的立法咨询服务机构，以公开立法活动和立法资料，加大立法宣传，维护社区公民的立法知情权、监督权和批评权。

2. 法律案的立项

有关社区的立法需求与日俱增。仅 2006 年两会期间,来自全国的会议代表委员共呈交的 6036 件议案提案中,就涉及了六个方面的社区立法问题:一是社区、家庭建章立法问题;二是关注和谐社区建设中的"死角"问题;三是建立志愿行为国家性的法律、法规,保护社区建设的新资源;四是政府介入新建小区的物业服务问题;五是社区文化建设问题;六是社区养老与就医问题。① 具体而言,近年来有关社区矫正立法、社区安宁立法、城市管理立法、物业管理立法、养犬管理立法、社区体育设施配套建设立法等,相继成为全国各地社区立法的热点问题。在如此多层面的社区立法需求中,哪些法应该先立,哪些法可以后立,需要吸纳社区公民的意见和建议。笔者以为,可以在立法程序中规定有关社区立法项目的确立,必须通过咨询会、座谈会、论证会、民意调查等程序向社区公民、社团组织公开征求立法项目、立法草案意见;同时各省市通过完善社区对接人大代表制度、社区立法联系点制度以及立法顾问、立法助理、立法研究员与社区对接制度,鼓励并规范人大代表引导社区公民参与社区立法项目的立项讨论,收集、整理、反馈社区公民关于社区立法立项问题的意见和建议。

3. 公布法律草案以征集意见

公布法律草案向公民征求意见,是公民参与立法最具影响力、最有实效性的途径。实践中,公布法律草案,征集公众意见以 1954 年宪法为发端,之后 1982 年宪法、全民所有制工业企业法、行政诉讼法、集会游行示威法、香港特别行政区基本法、澳门特别行政区基本法、土地管理法修订案、村民委员会组织法修订案、合同法、婚姻法修订案、物权法、劳动合同法、就业促进法、水污染防治法修订案、食品安全法、消防法修订案等均采行了公布法律草案,向公众征集意见的程序。其中 21 世纪以来的法律案征集意见中,婚姻法修订案立法意见总数达到了 4600 多件,物权法收到 11543 条立法意见,劳动合同法约 8 万人参与其间,共提出

---

① 孟谦:《人大政协代表关心社区建设哪些事》,《社区》2006 年第 12 期。

191849 条立法意见，就业促进法亦收到 11020 条立法意见，[①] 这些举措和数据充分体现了人大立法的民主性，其积极意义毋庸置疑。然而，对比人大及其常委会立法总数可见，向公众公布草案，征求意见的仅占人大及其常委会立法活动的一少部分，而且公布哪些法律案，不公布哪些法律案，也没有明确的规范依据。2008 年 4 月 15 日，十一届全国人大常委会第二次委员长会议决定，全国人大常委会审议的法律草案，一般都予以公开，向社会广泛征求意见。当日，全国人大常委会办公厅向社会全文公布食品安全法草案，紧随其后，根据以公布法律草案为原则的精神，5 月 5 日人大常委会二度向社会全文公布消防法修订草案。从此，公布法律草案，广泛征求意见成为全国人大常委会立法的必要程序。基于人大常委会立法程序的示范效应，有关社区的立法项目，也应以公布立法草案为原则，而且应当明确在社区公布立法草案的载体、方式、时间，以广泛集纳社区公民的立法意见和建议。

4. 征集意见

征集意见的途径是多种多样的，可以是公民个人直接向立法机关表达意见，也可以通过听证会、座谈会、论证会、咨询会、民意调查、对接社区的人大代表、社区的人民联络员等表达意见。虽然不同的途径有不同的参与程序，但这些程序的设置面对着一个极为关键的共同问题，即参与代表的遴选程序与机制问题，包括谁有权确定参与代表，依据什么规则和条件确定参与代表，确定代表的规则和条件又由谁制定，以及对参与代表的监督等，这些方面都应该尽可能确立程序规范。

5. 意见的采纳与反馈

人们行动的激励力量与目标实现的概率有关，实现概率越大，激励力量也越大。由此，人们在参与某种行动时，都会对该行动的结果进行预期，如果预期该行动不会带来他们希望的结果他们就不会将该行动付诸实施；如果人们从事某种行动而没有实现预期的结果或价值，他们便会逐渐停止这种行动。[②] 因此，包括社区公民参与立法在内的任何立法参

---

① 关于历次公布法律草案详情，参见阿计《"立法新政"力推立法民主》，《政府法制》2008 年第 14 期。

② 熊辉：《城市社区居民参与不足的理性思考》，《黄冈师范学院学报》2007 年第 4 期。

与形式，都需要建立公民参与立法情况的说明和反馈制度，以对公民在参与立法过程中所提的重要意见和建议，是否得到采纳，给予书面答复并说明理由，借此调动和保护公民参与立法的积极性。

从立法信息公开到法律案的立项、公布、征求意见、采纳与反馈意见，只是粗线条地勾勒了公民参与立法需要应对的一些普遍而共同的问题，它们同时适用于社区公民参与立法和其他参与立法的领域。

综上所述，民主并非单纯的国家制度，它更是一种政治生活方式。长期的探索和实践表明，政治民主化必须是多方位、多途径的建设和发展。社区作为整个社会的一个"全息缩影"和人们生活的主要空间，无疑是使民主生长起来、运作起来的最好场域，亦是中国民主发展的新增长点。

社区公民参与立法是在民主改革实践中自然生发出来的。当扩大公民有序立法参与，成为健全和完善人民代表大会制度的重要指标后，人大及其常委会便于立法实践中，自主探索细化和深化公民参与立法的范围和途径的有效形式，社区公民参与立法便是这种探索的成功范例。与此同时，社区是城市社会的基本构成单位，社区公民参与立法亦暗合了中国城乡基层民主制度改革的大潮，受益于城市社区自治的基层民主制度改革的溢出效应。更具意义的是，社区公民参与立法是中国自下而上和由上往下两条民主改革路径的首个契合点，既是健全与完善人民代表大会制度和深化基层民主制度改革的成果，又将拉动上下两条民主改革路径的良性互动，推进有中国特色的民主政治建设。

社区公民参与立法作为一种新生的民主参与形式，其参与所具有的被动性、形式单一性和程序不完善性，是符合民主发展进程和事物发展的客观规律的。无论是实现从被动参与到主动参与、从单一性参与到多元化参与的转化，还是程序规则的逐步完善，都将是一个渐进的生长过程。笔者于此仅是抛砖引玉，希望引发学界和实践界对社区公民参与立法的研究和探索，推动社区公民参与立法途径和程序的规范和发展。

第四节　提高社区参与效果

随着社区建设的深入推进，社区居民参与社区事务人数的多少，即社区参与率，被纳入社区建设成效的重要衡量指标逐渐受到重视，而对于参与的深度或参与的有效性则讳莫如深，从而导致在实际工作中对社区居民参与率的片面追求，这可在各地"一浪高过一浪"的社区居民"积极"参与社区居民委员会选举的参选率（一般都在80%以上）上得到印证。①

如果把参与理解为"在场"，即仅仅意味着个人在团体活动中的存在，那么参与的人越多，代表着参与越成功。参与率正是在这个意义上，成为衡量社区建设和社区民主化成效的指标。然而，如果把参与理解为"凡是利益受到决策影响的人，都应该参与决策的过程，以使其利益和意见得到考虑"，那么参与对决策的影响力越大，表示参与的效果越好。根据萨托利的研究，参与的规模和参与的效果是一种反比例的关系，即规模会稀释效果。举如同一项决策，10个人参与与100个人参与，每个参与者对决策影响力的大小是显而易见的。

如此，一个值得反思的问题是，在参与规模和参与效果的反比例关系中，一味地追求参与率将会导致什么样的后果？或者说现有的高参选率意味着什么？

追求高参与率，意味着居民对决策结果的影响力越低，对决策的影响力越低意味着居民的政治效能感越低，政治效能感越低就越不愿参与，越不愿参与政府就越需要动员的技术来保障高参与率，如此反复。最后，抽调中介的环节，高参选率就等于被动的、空洞的参与。当逻辑被推演到这里，或许只能跳出最先的预设——追求高参与率——来重新思考参与的规模和效果问题。

笔者以为，从参与的本义来说，"在场"只是参与的形式，参与的本质目的是影响决策，而且参与对决策的影响力构成了其政治效能感的核心要素。由此，只有对决策具有影响力的参与，才符合本文的预设：社区参与实践能培育和训练公民更高层次的政治性参与所需要的品质和技能，并能通过政治效能感，可操作性地实现这一拓展。具体而言，参与对决策的影响力包括两个方面：一是利益本身的相关性大小，二是利益或意见被考虑的程度。

---

① 余坤明：《关注社区参与的有效性》，《长江日报》2005年6月11日。

一 利益相关性

马克思指出："人们奋斗所争的一切，都同他们的利益有关。"① 只有当公民感到他的参与收益大于成本，或者获得积极的效果，或者免于惩罚，他才会有参与的可能。同样，社区参与的动力主要来自居民的利益选择。

"人人都是本身利益的最好裁判者。"② 在社区领域中，居民是理性的社会行动者，其行为适用于交换理论与理性选择理论。社会行为总是具有价值取向的，以在不同程度上获取某种资源来满足人的某种需要为目标，这是交换理论的基本要义。理性选择理论认为人是理性的行动者，在可供选择的行动方案中，行动者会选择能最大满足自己需求、最具价值的行动方案。从这一假设出发，社区居民是否参与社区事业和活动，取决于"参与"行动所带来的效用和收益。如果参与效用满足了各个居民的"利益最大化"原则，该居民就会积极参与，反之就没有足够的积极性参与社区建设和公共活动。③

交换理论与理性选择理论对居民的社区参与行为具有相当的解释力，也是寻求居民社区参与动力的切入点。④ 但是，另一方面，人并非是完全理性的，个体的选择行为还会受到情感、所处情境、个人偏好等诸多因素的影响。从这个意义上说，居民对所属社区的情感认同程度和利益关联程度是制约居民社区参与意愿的两个因素。由此，有学者认为"利益"与"认同"是社区居民参与的两种动力，建议把二者结合起来考察和应对居民参与不足的问题。⑤ 这样的理解当然是较为全面的，但笔者在这里仅是从利益相关性、利益表达以及利益的被考虑程度，解读"利益"因素与社区参与政治效能感之间的关联，并希望通过构建利益相关性来提

① 《马克思恩格斯全集》（第一卷），人民出版社 1956 年版，第 82 页。
② ［法］托克维尔：《论美国的民主》（上卷），董果良译，商务印书馆 1997 年版，第 71 页。
③ 参见［德］霍克海默·阿多诺《启蒙的辩证法》，洪佩郁等译，重庆出版社 1990 年版，第 118、133 页。
④ 肖富群：《居民社区参与的动力机制分析》，《广西社会科学》2004 年第 5 期。
⑤ 万能善：《利益与认同——社区居民参与的两种动力——基于武汉市 4 个社区调查》，《科技创业》2007 年第 7 期。

高社区参与的效果。

1. 居民利益的社区化

共同利益是居民参与社区公共事务的动力，也是居民自治的物质基础。而要形成共同利益，首要的是将居民的利益予以社区化，通过居民利益社区化，以利益纽带调动居民参与的积极性，增强居民的社区参与意识。

居民利益的社区化体现在两个方面：一是，深化单位制改革。虽然通过逐步推进单位制改革，单位已经把一些社会职能转移给了社区，但是从目前社区参与主体主要是退休的、下岗的、失业的弱势群体，就表明了很多有单位的居民仍然主要依托单位获得经济和社会资源，而与社区的利益关联性比较低。单位制改革不彻底的一个最为典型的表现是，社区内的单位游离于社区管理。一方面，根据《居民委员会组织法》单位不能参与社区居民委员会的选举；另一方面，一些驻区部门和单位身处社区，对社区工作不清楚、不支持，不服从社区的统一管理。如果说，政治性权利是一切权利和利益的保障和基础的话，一个不能在所驻社区参加居民委员会选举的"单位人"与社区利益能紧密关联吗？能产生社区认同感吗？其对社区工作不清楚、不参与、不支持是可想而知的结果。

二是，完善社区福利保障制度。即提高和完善社区的保障、福利功能，使居民福利社区化。只有当居民意识到自身利益与社区利益紧密结合在一起时，才会产生参与社区事务的欲望和动力。[①]

需要指出的是，居民利益的社区化，一方面会形成共同利益，另一方面也存在利益的多元化。而且因为各自的需求不同，居民在社区参与活动中的选择以及参与态度也是不同的，因而要求所有社区居民以同样积极的态度来对待社区公共事务是不现实的。良好的社区参与并不意味着对同一社区公共事务的社区高参与率，也不要求该社区中不同能力的居民以同样积极的态度来参与社区事务。大部分社区公共事务并不是所有社区居民的事务，只是一部分在参与该事务过程中能实现其行为价值的居民的事务，只要这一部分居民能以积极的态度来参与社区事务，就

---

① 参见陈莹《中国城市社区建设中的公众参与》，《山西青年管理干部学院学报》2004 年第 2 期。

已经算是良好的社区参与效果。① 因此，建立居民与社区的利益相关性，不是以动员所有，或尽可能多的，居民参与社区事务，而是希望激发社区居民自发的参与与自身利益相关的社区事务。

2. 通过利益增长和利益分配机制，增加居民参与的驱动力

亨廷顿认为"社会、经济发展促进政治参与的扩大，造就参与基础的多样化，并导致自动参与代替动员参与。"② 这指的是民主与发展的关系，即俞可平所谓的"增量民主"。此外，通过公平的利益分配与共享，也可以增加参与的有效性和居民对参与结果的满意度，反过来促进参与文化的形成。

二　意见吸纳与反馈机制

公民参与理论的先驱安斯坦认为，"公民参与是一种公民权力的运用，是一种权力的再分配，使目前在政治、经济等活动中，无法掌握权力的民众，其意见在未来能有计划地被列入考虑。"加森（Garson）与威廉姆斯（Willianms）提出，"公民参与是在方案的执行和管理方面，政府提供更多施政回馈的渠道以响应民意，并使民众能以更直接的方式参与公共事务，以及接触服务民众的公务机关的行动"。③ 因此，我们可以概括地说，参与的程度和效果，可以通过民意机制来表述。

如果居民对个人利益的关心和追求成为社区参与的原动力，④ 那么这样的动力机制如何实现呢？首先，你要把自己的利益整合进一个具体的意见或建议中，其次把这个整合了自己利益诉求的意见表达出来，这就是"民意"，最后通过民意的吸纳和反馈情况，标示参与对决策的影响力大小。

在民意运行机制中，民意一旦表达出来了，就必须有一个落点，而

---

① 肖富群：《居民社区参与的动力机制分析》，《广西社会科学》2004 年第 5 期。

② ［美］塞缪乐·P. 亨廷顿、琼·纳尔逊：《难以抉择——发展中国家的政治参与》，华夏出版社 1989 年版，第 69 页。

③ Amstein, Sherry（1969），A Ladder of Citizen Particpation；Garson, G. D. andJ. D. Willianms（1982），Public administration；Concept, Reading, Skill. 转引自魏娜、王明军《公民参与视角下的城市治理机制研究——以青岛市公民参与城市治理为例》，《甘肃行政学院学报》2006 年第2 期。

④ 卜万红：《中国城市社区参与的新发展》，《城市管理》2006 年第 4 期。

且这个落点决定或者标示了一个政治实体的权力结构。具体而言，如果社区居民通过参与表达了意见，那么不同的民意吸纳和反馈机制可以导致三种不同的情形。一是，居民的意见被纳入决策过程中的考虑因素后，或者被吸纳，或者虽不被吸纳但反馈了理由。如此，居民会认为自己的参与取得了积极的效果，不仅该居民以后会继续积极的、自发的参与社区事务，而且参与所产生的广义上的教育功能，还会提高社区里其他居民的参与意识。在这样的良性循环中，参与机制逐渐形成一个自系统，推动整个社会的民主化发展。

二是，居民的参与在意见表达后即告结束，其意见是否被吸纳，完全由拥有决策权的另一方决定；而居民对这种"在场"意义上的参与，保持沉默。因为参与行为对决策没有影响力，参与不能产生实际的效果，因此这样的参与会阻碍居民的参与意识和参与积极性。

三是，如果居民对"在场"意义上的参与不愿保持沉默，那么民意的落点就走入了体制外。这样不仅会打击居民参与的积极性，更会破坏对居民委员会以及政府部门的认同感和信任感，从而使得居民可能采取其他更为激烈的方式来表达自己的意愿，比如信访。

由上可见，建立对参与的意见吸纳和反馈机制，不仅可以提高参与的效果和政治效能感，推动社区的民主化发展，更可以增加社会和政权的稳定性。建立意见吸纳与反馈机制，首先要有一个记录或登记制度，对社区参与中居民表达的意见进行记录和登记；其次应该在一个合理的时间内，给参与者一个书面的意见回复，并说明理由；最后，还应当将所有回复的结果登记、存档，并允许社区内的所有居民查阅这些信息。

第 九 章

社区参与的法治保障

社区参与有一个"物质—行为—制度—文化"的渐进发展过程，而当前的中国城市社区参与历经二十余年的实践，正处于从"行为"向"制度"转化的阶段。"制度"是促成从参与行为到参与文化转化，并实现社区参与民主向更高层次参与拓展功能的核心环节。构建社区参与制度，需要法治的保障，即通过制度创新，逐步完成城市基层管理体制由行政化管理系统向法治保障下的社区居民自治体系的转变。

法治代表一种特殊的治理国家的方式，即要求确立法在社会中的统治地位，严格依法办事。在现代国家，法治与宪法的结合，意味着以法律对国家与社会、权力与权利作划分，旨在划定国家权力的范围，以保护公民在社会领域中的权利与自治。社区法治建设是一个庞大的系统工程。从环节上分为立法、执法、守法和法律监督四个部分。从内容上包括三部分，一是政府部门之间社区管理权限划分，以及政府与社区组织之间的权限划分；二是政府内部的组织机构和工作机制；三是社区自治机制。本章所说的社区参与法治保障只是社区法治建设的一部分，即从立法层面划分社区自治范围，规范社区参与行为。社区法治的首要条件是有法可依。事实上，社区建设和社区治理经过多年的实践和发展，已经初步形成了依法自治、依法参与的法律法规体系。

第一节　自治行为的法治保障

按照法治的基本精神，对于政府的公权力奉行"法不授权即禁止"的原则，对于公民的自由和权利则奉行"法不禁止即自由"的原则。基层群众自治制度中的村居民自治行为，是典型的公民权利，因此只要法律不禁止，公权力不干涉，就可视为是一种实现了的状态。在村民自治和居民自治的领域，如前所述，居民委员会、村民委员会本身是基层群众自治组织的性质，但同时又具有行政化的功能，是联系村居民与政府之间的桥梁。因此自治行为的法治保障，主要是从立法上厘清居民委员会、村民委员会与基层政府机构及村居自治中的其他社会组织之间的权责关系。

一　居村民自治的法治保障

1. 城市居民委员会与居民自治

大体上说，20世纪90年代中后期，各省、自治区、直辖市人大或政府制定了《居民委员会组织法》实施办法或居民委员会工作条例后，就基本形成了"宪法、国家组织法、地方组织法"三位一体的居民委员会组织法体系。

在街道办事处的组织法体系中，尽管现行《宪法》第105—110条对乡镇、区县、省（直辖市）三级政府作了规定，第111条对作为基层群众自治性组织的城市居民委员会作了原则性规定，但对介于城市区政府与居民委员会之间、作为区政府派出机关的街道办事处却未作出任何规定。只是《中华人民共和国地方各级人民代表大会和地方各级人民政府组织法》（1995年第3次修订）在第68条规定，"市辖区、不设区的市的人民政府，经上一级人民政府的批准，可以设立若干街道办事处，作为它的派出机关。"此外，2009年6月27日通过的《全国人民代表大会常务委员会关于废止部分法律的决定》认为，街道办事处作为基层政府的派出机构，其设置、组织和工作职责通过行政法规、地方性法规加以规定更为有利；1954年的《城市街道办事处组织条例》已经不适用现阶段的实际情况，被宣布废止。由此可见，与相对完整的居民委员会组织法体系相比，街道办事处的组织法体系，一是缺乏宪法依据，二是缺少作为"基本法"的街道办事处组织法。各省、直辖市制订的街道办事处条例只能以《地方组织法》第68条的规定为依据。

除了居民委员会和街道办事处的组织法体系外，还有大量涉及社区管理和居民委员会任务的法律和文件。这些法律、文件及其条文数量庞杂，甚至给人以杂乱无章的感觉。按照法律效力等级区分，100多个相关法包括宪法、法律、行政法规、部门规章、地方性法规、地方政府规章等；这批相关性立法中，共有500多项条款涉及街道办事处和居民委员会的社区管理问题，具体涉及约50个领域的管理职责，包括社区管理、居民委员会管理、地名管理、房屋管理、规划管理、婚姻管理、集市管理、经营管理、审计管理、统计管理、金融管理、献血管理、消防管理、信访管理、园林管理、征兵管理、河道管理、归侨管理、国旗管理、收养管理、外来人口管理、教育管理、文体管理、劳动管理、招贴管理、法律服务、法制宣传、国防教育、防汛工作、计划生育、价格监督、妇女儿童保护、青少年保护、老年人保护、少数民族权益保障、残疾人保障、社会援助、民间纠纷处理、监察执法、治安防范、红十字会救助、环境保护、公用电话等。[1] 由于涉及居民委员会任务的地方法律渊源无论在数量还是内容上，都很庞杂，本章仅就中央法律渊源作文本梳理。[2]

（1）居民委员会的性质

第一，《宪法》第111条对居民委员会的性质作了规定："城市和农村按居民居住地区设立的居民委员会或者村民委员会是基础群众性自治组织。"第二，《居民委员会组织法》第2条对群众性自治组织作了更明确的定义："居民委员会是居民自我管理、自我教育、自我服务的基层群众性自治组织。"由此，确立了社区自治的三层含义：一是，社区自治的组织是居民委员会；二是，社区自治的主体是全体居民；三是，居民自治的内容包括自我管理、自我教育和自我服务。此外，《居民委员会组织法》还对城市居民委员会的性质、任务、组成、选举办法、经费来源等都作了规定。第三，《人民调解委员会组织条例》《治安保卫委员会暂行组织条例》。规定人民调解委员会是村民委员会和居民委员会下设的调解民间纠纷的群众性组织，在基层人民政府和基层人民法院指导下进行工作。人民调解委员会的任务为调解民间纠纷，并通过调解工作宣传法律、法规、规章和政策，教育公民遵纪守法，尊重社会公德。

---

① 吴志华等：《城市社会结构转型中的社区法制》，《政府法制研究》2002年第5期。

② 参见潘小娟等《城市基层权力重组》，中国社会科学出版社2006年版，第4—15页。

（2）居民委员会与基层政权的关系

《宪法》第111条仅规定，居民委员会同基层政权的相互关系由法律规定。依据宪法的授权，《居民委员会组织法》第2条，将居民委员会与基层政权的关系定位为"指导、支持和帮助"关系，同时规定了居民委员会有"协助"不设区的市、市辖区的人民政府或者它的派出机关开展工作的义务。但是，"市、市辖区的人民政府有关部门，需要居民委员会或者它的下属委员会协助进行的工作，应当经市、市辖区的人民政府或者它的派出机关同意并统一安排"（第20条）。此外，市、市辖区的人民政府的有关部门，可以对居民委员会有关的下属委员会进行业务指导。

（3）居民委员会的任务

第一，《宪法》第111条规定，居民委员会设人民调解、治安保卫、公共卫生等委员会，办理本居住地区的公共事务和公益事业，调解民间纠纷，协助维护社会治安，并且向人民政府反映群众的意见、要求和提出建议。

第二，《居民委员会组织法》第3、4、5、18条，对宪法规定的居民委员会任务予以了细化和扩充：宣传宪法、法律、法规和国家的政策，维护居民的合法权益，教育居民履行依法应尽的义务，爱护公共财产，开展多种形式的社会主义精神文明建设活动；办理本居住地区居民的公共事务的公益事业；调解民间纠纷；协助维护社会治安；协助人民政府或者它的派出机关做好与居民利益有关的公共卫生、计划生育、优抚救济、青少年教育等各项工作；向人民政府或者它的派出机关反映居民的意见，要求和提出建议；居民委员会应当开展便民利民的社区服务活动，可以兴办有关的服务事业；居民委员会管理本居民委员会的财产，任何部门和单位不得侵犯居民委员会的财产所有权；多民族居住地区的居民委员会，应当教育居民互相帮助，互相尊重，加强民族团结；依照法律被剥夺政治权利的人编入居民小组，居民委员会应当对他们进行监督和教育。

第三，其他相关法律（《居民委员会组织法》颁行至2018年4月）。

《中华人民共和国精神卫生法》（2018年4月27日）第10条规定：村民委员会、居民委员会依照本法的规定开展精神卫生工作，并对所在地人民政府开展的精神卫生工作予以协助。

《中华人民共和国反恐怖主义法》（2018 年 4 月 27 日）第 8 条规定：有关部门应当建立联动配合机制，依靠、动员村民委员会、居民委员会、企业事业单位、社会组织，共同开展反恐怖主义工作。

《中华人民共和国国防教育法》（2018 年 4 月 27 日）第 21 条规定：城市居民委员会、农村村民委员会应当将国防教育纳入社区、农村社会主义精神文明建设的内容，结合征兵工作、拥军优属以及重大节日、纪念日活动，对居民、村民进行国防教育。城市居民委员会、农村村民委员会可以聘请退役军人协助开展国防教育。

《中华人民共和国公共文化服务保障法》（2016 年 12 月 25 日）第 37 条规定：居民委员会、村民委员会应当根据居民的需求开展群众性文化体育活动，并协助当地人民政府有关部门开展公共文化服务相关工作。

《中华人民共和国人口与计划生育法》（2015 年修正）第 12 条规定：村民委员会、居民委员会应当依法做好计划生育工作。

《中华人民共和国反家庭暴力法》（2015 年 12 月 27 日）第 8 条规定：乡镇人民政府、街道办事处应当组织开展家庭暴力预防工作，居民委员会、村民委员会、社会工作服务机构应当予以配合协助。

《中华人民共和国义务教育法》（2015 年修正）第 13 条规定：居民委员会和村民委员会协助政府做好工作，督促适龄儿童、少年入学。

《中华人民共和国义务教育法》（2015 年修正）第 13 条规定：居民委员会和村民委员会协助政府做好工作，督促适龄儿童、少年入学。

《中华人民共和国安全生产法》（2014 年修正）第 72 条规定：居民委员会、村民委员会发现其所在区域内的生产经营单位存在事故隐患或者安全生产违法行为时，应当向当地人民政府或者有关部门报告。

《中华人民共和国预防未成年人犯罪法》（2012 年修正）第 3 条规定：政府有关部门、司法机关、人民团体、有关社会团体、学校、家庭、城市居民委员会、农村村民委员会等各方面共同参与，各负其责，做好预防未成年人犯罪工作，为未成年人身心健康发展创造良好的社会环境。

《中华人民共和国人民调解法》（2010 年 8 月 28 日）第 8 条规定：村民委员会、居民委员会设立人民调解委员会。

《中华人民共和国安全生产法》（2009 年修正）第 65 条规定：居民委员会、村民委员会发现其所在区域内的生产经营单位存在事故隐患或者安全生产违法行为时，应当向当地人民政府或者有关部门报告。

《中华人民共和国消防法》（2008 年修正）第 6 条规定：村民委员会、居民委员会应当协助人民政府以及公安机关等部门，加强消防宣传教育。

《中华人民共和国残疾人保障法》（2008 年修订）第 17 条规定：地方各级人民政府和有关部门，应当组织和指导城乡社区服务组织、医疗预防保健机构、残疾人组织、残疾人家庭和其他社会力量，开展社区康复工作。

《中华人民共和国禁毒法》（2007 年 12 月 29 日）第 34 条规定：城市街道办事处、乡镇人民政府负责社区戒毒工作；公安机关和司法行政、卫生行政、民政等部门应当对社区戒毒工作提供指导和协助。

《中华人民共和国就业促进法》（2007 年 8 月 30 日）第 56 条规定：法定劳动年龄内的家庭人员均处于失业状况的城市居民家庭，可以向住所地街道、社区公共就业服务机构申请就业援助。街道、社区公共就业服务机构经确认属实的，应当为该家庭中至少一人提供适当的就业岗位。

《中华人民共和国未成年人保护法》（2006 年修订）第 31 条规定：社区中的公益性互联网上网服务设施，应当对未成年人免费或者优惠开放，为未成年人提供安全、健康的上网服务。

《中华人民共和国传染病防治法》（2004 年修订）规定：城市社区和农村基层医疗机构在疾病预防控制机构的指导下，承担城市社区、农村基层相应的传染病防治工作（第 7 条）；地方各级人民政府应当保障城市社区、农村基层传染病预防工作的经费（第 61 条）。

《中华人民共和国科学技术普及法》（2002 年 6 月 29 日）第 21 条规定：城镇基层组织及社区应当利用所在地的科技、教育、文化、卫生、旅游等资源，结合居民的生活、学习、健康娱乐等需要开展科普活动。

《中华人民共和国老年人权益保障法》（1996 年 8 月 29 日）第 35 条规定：发展社区服务，逐步建立适应老年人需要的生活服务、文化体育活动、疾病护理与康复等服务设施和网点。

《中华人民共和国体育法》（1995 年 8 月 29 日）第 12 条规定：城市应当发挥居民委员会等社区基层组织的作用，组织居民开展体育活动。

第四，相关行政法规和规范性文件。这部分涉及居民委员会、村民委员会职能的就更多了。2018 年 4 月，在北大法宝数据库中选择"法律法规－中央法规司法解释"子库，以"居民委员会"为关键词，进行"全文"搜索，结果显示有 57 件行政法规、67 件国务院规范性文件和 358 件国务院各机构发布的规章、规范性文件。举例部分规范性文件如下：

关于社区医疗卫生服务的规定：国务院关于扶持和促进中医药事业发展的若干意见（国发〔2009〕22 号）；国务院关于落实《政府工作报告》重点工作部门分工的意见（国发〔2009〕13 号）；国务院关于印发医药卫生体制改革近期重点实施方案（2009—2011 年）的通知（国发〔2009〕12 号）；中共中央、国务院关于深化医药卫生体制改革的意见（2009 年 3 月 17 日）；国务院关于印发 2008 年工作要点的通知（国发〔2008〕15 号）；国务院关于开展城镇居民基本医疗保险试点的指导意见（国发〔2007〕20 号）；国务院办公厅转发发展改革委关于 2007 年深化经济体制改革工作意见的通知（国办发〔2007〕47 号）；国务院关于发展城市社区卫生服务的指导意见（国发〔2006〕10 号）；等等。

关于就业服务的规定：国务院关于做好当前经济形势下就业工作的通知（国发〔2009〕4 号）。

关于加强社区文化建设的规定：国务院关于印发 2008 年工作要点的通知（国发〔2008〕15 号）。

关于加强社区应急管理工作的规定：国务院办公厅关于加强基层应急管理工作的意见（国办发〔2007〕52 号）。

关于社区服务的规定。国务院关于加强和改进社区服务工作的意见（国发〔2006〕14 号）规定，政府公共服务要覆盖到社区，推进社区就业服务，社会保障服务，救助服务，卫生和计划生育服务，文化、教育、体育服务，流动人口管理和服务和安全服务，不断改进政府公共服务方式。

2. 业主委员会与业主自治

业主自治的法律依据是由宪法、物权法、物业管理条例和地方的实施办法、实施细则构成的规范体系。

第一，《宪法》第 13 条规定，"国家依照法律规定保护公民的私有财产权"，为业主基于住宅所有权的自治管理提供了根本法上的依据和保障。

第二，《物权法》第六章，设专章规定了"业主的建筑物区分所有权"，其中第 75 条规定："业主可以设立业主大会，选举业主委员会。地方人民政府有关部门应当对设立业主大会和选举业主委员会给予指导和协助。"可见，业主委员会接受地方政权的"指导和协助"，仅体现在"设立业主大会和选举业主委员会"这一事项上；不同于居民委员会与基层政权之间概括性的、包含广泛事项的指导与协助关系。而且，前者中"协助"体现的是政府的服务行政理念；后者中"协助"指的是居民委员会的义务。

第三，《物业管理条例》（2007 年修订）第 20 条规定了业主委员会与居民委员会、政府部门的关系。一是，业主委员会应当与居民委员会相互协作，共同做好维护物业管理区域内的社会治安等相关工作；积极配合相关居民委员会依法履行自治管理职责，支持居民委员会开展工作，接受其指导和监督；业主委员会作出的决定，应当告知相关的居民委员会，并认真听取居民委员会的建议。二是，业主委员会应当配合公安机关，做好维护物业管理区域内的社会治安等相关工作。此外，《物业管理条例》还对业主、业主大会和业主委员会的权利作了比较详细的规定，同时规定了业主大会和业主委员会的产生方式和会议机制。

在与基层政权的关系中，业主委员会比居民委员会具有更为彻底的自治性。在宪法、法律和行政法规的立法层面，业主委员会仅在两个方面发生"指导""配合"的关系。一方面，地方人民政府有关部门对选举业主委员给予的指导和协助，是政府提供服务的行为，业主没有服从的义务；另一方面，业主委员会"配合"公安机关维护物业管理区域内的社会治安，从法律文件中的措辞来看，也不属于业主委员会的义务。"协助"在法律术语上，具有一定的义务性，例如行政法上规定公民、法人和其他社会组织具有"协助行政"的义务。而"配合"在法律上仅具有引导意义。此外，业主委员会与居民委员会的关系，也是一种相互协作和配合的关系。由此可见，这些法律规定，为业主自治创造了良好的制度基础和法治保障环境。

此外，农村村民委员会与村民自治的法治保障与居民委员会的相似，故不赘述。

二 "微自治"的制度化、规范化

村民委员会、居民委员会承担了大量的行政事务，村民小组、居民小组又过于单薄和分散，而处于村居民委员会和村居民小组之间的自然村和城市社区中的楼栋，是"熟人社会"主要集聚地，是基层自治最有活力的群体。

早在 1987 年，广东连州保安镇熊屋村便在村民代表基础上，成立了村民理事会与村干部一起管理村中事务。这是村民理事会的萌芽。自 2002 年始，安徽省望江县 118 个行政村陆续建立村民理事会，主要由村民小组的老党员、老村干、老模范牵头成立，组织本小组村民参与新农村建设和本村公益事业。基于对望江、全椒、金寨、南陵等地村民理事会实践经验的总结，2013 年 8 月 2 日，省十二届人大常委会第四次会议通过了修订后的《安徽省实施〈中华人民共和国村民委员会组织法〉办法》，规定"村民小组的村民可以自愿成立村民理事会，其成员由村民推选产生"，"村民理事会配合、协助村民委员会开展工作，村民委员会支持、指导村民理事会组织村民开展精神文明建设、兴办公益事业"。"这是在全国范围内第一次将村民理事会写入村民委员会组织法实施办法"①

村民"微自治"最有影响力的是广东"云浮模式"。2011 年 6 月，广东省云浮市云安县，以自然村为基础，试点启动了培育和发展乡贤理事会，把农村老党员、老教师、老模范、老干部、退役军人、经济文化能人等乡贤，以及热心本地经济社会建设服务的其他人士吸纳到理事会，协助党委、政府开展农村公益事业建设，协同参与农村社会建设和管理。并在 2012 年 5 月 22 日专题召开了全市培育和发展自然村乡贤理事会（云安）现场会，通过参观云安县石城镇横洞村、富林镇大坪村的乡贤理事会建设情况，听取理事代表经验介绍，以点带面，进一步在全市推进培育和发展自然村乡贤理事会。截至 2012 年 8 月底，云浮市已培育自然村乡贤理事会 8196 个，基本实现全覆盖。有理事成员 68749 人，其中外出

---

① 程茂枝、陈倩：《村民理事会在全国首次入法》，《安徽日报》2013 年 8 月 6 日。

乡贤和经济能人达 35499 人，占 52%。成为村民自治的广东"云浮模式"。①

一是，在成功实践的基础上，为推动和规范自然村乡贤理事会这样一种充满活力的乡村"微自治"形式，引导自然村乡贤理事会的健康发展，首先要建章立制，将这种自治行为制度化、规范化。2014 年云浮市委、市政府出台《关于培育和发展自然村乡贤理事会的指导意见》，一是明确自然村乡贤理事会的性质宗旨是以参与农村公共服务，开展互帮互助服务为宗旨的公益性、服务性、互助性的农村基层社会组织，弥补基层政府和自治组织提供公共产品和公共服务的不足，形成有益补充。二是明确理事会的主要职责任务是协助调解邻里纠纷、协助兴办公益事业、协助村民自治。包括：协助参与自然村（社区居民小组）分类评级；协助发动群众申报和建设竞争性"以奖代补"项目、村级公益事业建设一事一议财政奖补项目；协助农业龙头企业推动现代农业经营体制机制创新，促进农民增收；协助开展信用户评定工作；协助开展弘扬优秀传统文化促进奖教助学和乡风文明；协助落实村规民约促进乡村治理；协助组织村民代表或户代表集中议事等。三是明确理事会理事成员产生方式是由自然村（村民小组）在具有独立民事责任能力的经济文化管理能人、老党员、老干部等有威望、有能力的乡贤和热心为本村经济社会建设服务的人士中推荐提名，经村（社区）党支部审核，镇（街）备案登记，由自然村（村民小组）公布后确认成为理事成员，并由理事成员会议选举产生理事长、副理事长、秘书长。使自然村乡贤理事会定好位、定好规、定好人，保证其在同级党组织的领导下，协助好镇（街）、村（居）委、自然村（村民小组）开展农村公共服务和公益事业建设。并指导各地理事会把《指导意见》转化为理事会章程，使理事会规范健康发展。

二是，与建立村规民约、促进乡村治理相结合，让自然村乡贤理事会理事有依据。引导自然村乡贤理事会协同自然村建立健全自然村村规

---

① 《云浮市培育和发展自然村乡贤理事会》，人民网，http：//leaders.people.com.cn/n/2014/0618/c382918-25167075.html，2020 年 2 月 29 日访问；卓志强：《关于培育和发展自然村乡贤理事会创新农村社会管理模式的建议》，广东人大网，http：//www.rd.gd.cn/pub/gdrd2012/rdzt/121qgrdhy/dbya/201303/t20130311_132916.html，2020 年 2 月 29 日访问。

民约，使理事会依据村规民约理事调解农村矛盾纠纷、促进社会和谐。至2012年年底，云浮市自然村乡贤理事会累计协助制定村民小组的村规民约3904个，推动制定村秩序管理相关制度2806项，成立监督小组1582个、管护小组4119个，村民捐赠公共设施管护经费达到590万元，依据村规民约调解矛盾纠纷1691宗，凝聚了广大群众，发挥群众主体作用，促进自我管理、自我教育、自我服务、自我监督的水平提升。

三是，促进了社会参与。通过自然村乡贤理事会，有效地把政府、社会、群众的力量黏合起来，增强了农民主体意识，调动了农村社会资源，形成了共建共享幸福云浮的强大合力，推动了农村公益事业发展。2012年以来，在理事会的广泛宣传和组织发动下，云浮市群众积极参与竞争性"以奖代补"项目和村级公益事业建设一事一议财政奖补项目，开展并建成项目2021个，其中群众拆除旧房、猪舍、牛棚16.8万平方米，让出土地17.6万平方米，筹资筹劳折算达到2.37亿元。2011—2012年，建成的4500多个奖补项目，以及开展的奖教奖学、扶贫济困等其他公益建设项目，显著地改善了农村生产、生活环境，受惠群众达到近110万人。

综上可见，在村民自治活动中，村民理事会尤其是村民小组理事会等自治组织的成立是对村委会的有效补充和超越。在村民自治初期，人们将自治聚焦于村民委员会，但后来发现，村民委员会很难管理一个大的村庄，尤其是由几个自然村组成的行政村，于是许多地方将视野集中在村民小组，由村民小组通过选举成立村民理事会，从而推动村民自治向"微自治"发展。不仅村民自治如此，居民自治领域也广泛开展了"微自治"的实践。前文第三章中关于湖北省武汉市门栋自治的考察就是一例。

在中国基层民主实践过程中，以村民小组、院落门栋和微小事物等形式进行的"微自治"，直接让广大人民群众成为自治主体，为参与式治理奠定了坚实的微观基础。因为只有高端设计与精英阶层形成的参与式治理，极容易远离民主自治的本质。在此，中国式"微自治"既为参与式治理提供了成功的实践范本，又是对参与式治理理论的进一步丰富和提升。"'参与式治理'就是倡导从那些与公民个人利益切身相关的微观领域入手，引入公民参与的实践，扎实地培育公民的政治认知和政治活动能力。"① 只有这样，参与式治理才能真正面向广大人民群众，找到智慧的源泉；才能解决百姓关切的现实问题，获得民众基础；才能使深奥的理论问题立于坚实的大地上，为其提升留下更广阔的空间。"微自治"可以使参与式治理理论走出空泛的精英设计，真正关注民生，尤其是更贴近普通百姓的日常生活，从而赋予这一理论更加丰富、可靠和深刻的内涵，因此尤其需要法治的规范和保障。

三 村务公开的法治保障

早在人民公社时期，村务和村账公开制度的推行，就为后来的村民自治提供了宝贵的资源和有益的经验。2010 年新修订的《村民委员会组织法》第 30 条规定"村民委员会实行村务公开制度"，并明确了村务公开的主要内容和期限，相关的地方性法规也对公开的内容、程序、形式、地点等做了更为详细的规定。但是，在村民自治运行中，村务公开难的问题仍然不同程度地普遍存在，主要表现为村务不公开、村务假公开、村务不按法律规定公开和村务无法公开等现象。除此之外，一些村庄限于相关职务人员文化和科学管理水平不高，致使集体账目建立和保存不全，账目根本就无法健全致使财务公开无法实现。② 这就意味着村务公开流于形式，在流于形式的背后很可能隐藏着违法乱纪的行为。

为保障村务公开，一方面《村民委员会组织法》第 32 条和第 33 条的规定，村务监督机构有权监督村务公开的落实情况，如果村民委员会并未按照规定公开有关的村务管理事项，村务监督机构可以通过启动能够终止村民委员会成员任职资格的民主评议进行制约，来促进村民委员会被动地实施村务公开。该项制度设计若能真正运行起来，村务监督机构在村务公开的监督中应该能发挥较好的作用。然而该法并未规定该机构的人员配置和开展工作的具体程序，易致民主评议程序难以启动，使村务监督机构的监督成为一个"虚设"的制度。2010 年《村民委员会组织法》实施后，有些地方配套出台了相关地方性规定，以便于村务监督

---

① 王锡锌：《政府改革：从管理主义到参与式治理》，《中国改革》2011 年第 4 期。
② 孙桂燕：《〈村民委员会组织法〉的不足与完善》，《河北理工大学学报》（社会科学版）2008 年第 1 期。

机构的正常运行，如 2011 年 1 月浙江省纪律检查委员会、浙江省监察厅就制定了《浙江省村务监督委员会工作规程（试行）》，对村务监督委员会的组织设置、监督程序等作了规定，但这毕竟只是地方政府规章，其约束力和普遍性仍不够。笔者认为，为了确保村务监督机构的有效运转，推动村务公开持续进行，有必要从中央立法层面上进一步对村务监督机构的人员配置、评议和罢免程序等作出明确规定。

另一方面，建议在将来修改《村民委员会组织法》时，增加依据村民个人申请公开村务信息的途径，来进一步改进和完善村务公开制度。理论和实践表明，自我推动制度变革动力模式存在着极限：当制度变革涉及对改革者原有利益的损害时，推动力将递减，从而导致动力衰竭和疲惫。动力匮乏是导致许多立法和制度在实施过程中打折扣、甚至最终形同虚设的主要原因。应当承认，由村民委员会主动公开村务信息，对于促进村民委员会权力运行的自我约束有着一定意义，但从制度实施的广度、深度以及可持续性方面看，我们需要鼓励和培育大规模的、可持续的力量来抑制村民委员会的自我约束力的衰竭，进而确保村务公开能够持久、健康地开展下去。在现代社会中，信息往往意味着利益、资源和行动能力，因此个体和组织都可能基于各种各样的利益诉求或公民精神而采取行动，要求村民委员会公开村务管理信息。[①] 2007 年 4 月颁布的《政府信息公开条例》第 13 条规定："除本条例第九条、第十条、第十一条、第十二条规定的行政机关主动公开的政府信息外，公民、法人或者其他组织还可以根据自身生产、生活、科研等特殊需要，向国务院部门、地方各级人民政府及县级以上地方人民政府部门申请获取相关政府信息"。该条例确定的政府主动公开和依公民申请公开的政府信息公开制度，为保障公民的知情权、参政权和监督权提供了必要的信息基础。村务信息和政务信息一样，也与公共利益和公共权力有密切联系。因此，在村务公开制度中，完全可以借鉴《政府信息公开条例》的做法，在村民委员会主动公开村务信息之外，开通依据村民个人申请进行村务公开的途径。

---

① 程同顺、赵学强：《村务公开的路径障碍与制度改进——兼评新〈村民委员会组织法〉的修改》，《学习与实践》2013 年第 4 期。

第二节　参与国家政治生活的法律依据

实践中，社区公民参与国家政治生活普遍体现在四个领域：业主参与区县人大代表的竞选、社区公民参与立法、社区公民参与行政和社区公民参与司法。

第一，宪法第 34 条、选举法第 3 条规定："中华人民共和国年满十八周岁的公民，不分民族、种族、性别、职业、家庭出身、宗教信仰、教育程度、财产状况、居住期限，都有选举权和被选举权。"社区中的人具有业主、居民和公民的三重身份，只要符合宪法和选举法规定的条件，按照选举法规定的程序，理论上可以参与全国和各级人大代表的竞选，行使并实现其被选举权。业主参与区县人大代表的竞选，只是应有权利向实有权利的转化，是法定权利的实现。

第二，立法法第 5 条规定："立法应当体现人民的意志，发扬社会主义民主，保障人民通过多种途径参与立法活动。"第 34 条规定："列入常务委员会会议议程的法律案，法律委员会、有关的专门委员会和常务委员会工作机构应当听取各方面的意见。听取意见可以采取座谈会、论证会、听证会等多种形式。"第 58 条规定："行政法规在起草过程中，应当广泛听取有关机关、组织和公民的意见。听取意见可以采取座谈会、论证会、听证会等多种形式。"《行政法规制定程序条例》第 12 条规定："起草行政法规，应当深入调查研究，总结实践经验，广泛听取有关机关、组织和公民的意见。听取意见可以采取召开座谈会、论证会、听证会等多种形式。"《规章制定程序条例》第 14 条规定："起草规章，应当深入调查研究，总结实践经验，广泛听取有关机关、组织和公民的意见。听取意见可以采取书面征求意见、座谈会、论证会、听证会等多种形式。"

以上法律规范对公民参与立法进行了四个方面的规定：一是，立法的参与主体是有关机关、组织和公民；二是，立法参与的途径包括座谈会、论证会、听证会等多种形式；三是，立法参与的环节主要是法律、法规、规章的起草阶段；四是，立法参与的领域包括人大立法和行政立法。

第三，由于尚未制定统一的行政程序法，社区公民参与行政的法律依据往往散见于各项单行的行政法规、规则、规定中。其中，行政许可法规定的听证程序，代表了公民参与行政的发展方向。

第四，社区公民参与司法的法律依据主要是司法解释。一是，人民法院聘请社区居民担任司法协理员、司法调解员。最高人民法院印发《关于进一步加强民意沟通工作的意见》的通知（法发〔2009〕20 号）、最高人民法院关于印发《人民法院第三个五年改革纲要（2009—2013）》的通知（法发〔2009〕14 号）、最高人民法院关于印发《2009 年人民法院工作要点》的通知（法发〔2009〕1 号）等司法文件要求：各级人民法院大力扩展民意沟通的对象范围，特别要注重深入企业、社区、乡村，及时了解最广大基层群众的意见和呼声；探索建立基层司法服务网络，聘请乡村、社区一些德高望重、热心服务、能力较强的群众担任司法协理员、司法调解员，协助人民法院化解矛盾，代表人民群众反映意见。二是，人民法院指导社区调解组织开展工作。最高人民法院、司法部关于进一步加强新形势下人民调解工作的意见（司发〔2007〕10 号）要求：结合农村基层组织建设和城市社区建设，进一步巩固和发展村（居）人民调解委员会。切实加强乡镇（街道）调解组织建设，健全完善乡镇（街道）人民调解组织，充分发挥其化解疑难复杂纠纷、指导村（居）调解组织开展工作的作用。三是，人民检察院积极探索派驻社区检察机构建设。2009 年 2 月 27 日最高人民检察院关于印发《2009—2012 年基层人民检察院建设规划》的通知要求：强化民生意识，拓宽工作渠道，把检察工作服务科学发展的阵地前移，深入街道、乡镇、社区，面对面倾听和解决人民群众的诉求，筑牢化解矛盾纠纷、维护稳定的第一道防线，切实做到工作联系在基层、调处案件在基层、化解矛盾在基层。积极探索派驻街道、乡镇、社区检察机构建设。

第三节　完善社区参与法治保障的思考

亨廷顿指出："政治稳定主要取决于政治制度化与政治参与的关

系"①。政治参与制度化水平越高，政治参与的渠道就越通畅，人们的利益需求、愿望就越能够得到满足，政治体系也就越稳定。而制度化的社区参与需要法律的引导和规范。我国的社区建设发展到现在，积累了不少有益的经验，但也出现了一些突出问题，需要运用法律来规制、引导。

一　社区参与法治建设中存在的问题

以《居民委员会组织法》为核心的社区治理法律架构，已远远不能适应多元主体和多元利益存在的社区自治，城市社区治理法律体系应做出积极的制度回应，完善社区自治的法律制度，以法律形式确认城市社区治理体制机制，确立政府与社区组织的法律关系。

（一）社区法律规范体系缺乏系统性

一是，街道办事处的组织法体系不健全。根据上文的法律文本梳理得知，居民委员会和业主委员会两个社区自治组织的组织法体系是比较系统的，但是街道办事处的组织法体系尚未建立。虽然，全国人大常委会在废止《城市街道办事处组织条例》时，认为街道办事处组织规范通过行政法规、地方性法规加以规定更为有利。但是，行政法规、地方性法规涉及街道办事处工作职责的规定庞杂、散落，更因为政府部门之间的职权交叉、权责划分不清现象，而难免形成法律条文之间的重叠与冲突。

二是，社区组织间的法律规范未进行系统整合。居民委员会、业主委员会、街道办事处以及社区中介组织，不管系统与否，都各自形成了小法律体系，分别规定其设置、组织、活动范围等，但是涉及这些社区组织之间的权利义务、权力责任划分，彼此间的相互关系的法律规范还没有得以系统整理。

（二）村民委员会、居民委员会的自治范围不清

以居民委员会为例，一是，街道办事处在社区建设中的法律地位、职责权限以及与社区居民委员会关系、功能的分工与合作，没有明确的法律界定。城市社区建设、社区民主的发展是一个渐进的过程。现阶段，

---

① ［美］塞缪尔·P.亨廷顿：《变化社会中的政治秩序》，生活·读书·新知三联书店1989年版，第51页。

无论从宪法的文本规定上，还是从实际运行机制看，居民委员会都具有半自治半行政的性质，这具有历史合理性。虽然居民委员会具有半行政性质，承担一些行政事务是不可避免的，但是从宪政与法治的角度来说，应当从立法上明确规定居民委员会协助行政的义务范围，凡是法律没有明确规定属于居民委员会协助行政义务的，都属于居民自治权的范围。这样才符合"依法行政"的理念和要求。然而，现有的法律规范并不能为居民委员会和街道办事处的行政性行为提供一个清晰的边界，不仅如此，实际操作中，居民委员会早已突破了宪法和《居民委员会组织法》所确立的"协助"行政义务，实质上完全承办了街道交给的部分行政事务，在性质上属于"委托行政"。根据现代法治理念和依法行政的要求，委托行政必须有明确的授权。

二是，规定居民委员会任务的法律条文庞杂，且内容交叉、重叠甚至冲突，有的规定已经不符合实际，有的规定太过抽象，有的甚至出现法律"真空"、行为失范，不利于社区自治和社区参与的发展。在前文的文本梳理中，《居民委员会组织法》颁行后，大量的单行法律、行政法规规定了居民委员会"应当"承担的社区事务，这些条文一方面让人感觉庞杂、无序和随意，另一方面又挂一漏万。居民委员会目前承担的行政性事务，少则几十多则上百，这些法律条文的规定看似多，实际上远远未能应对现实。

三是，基层自治组织的行政化现象依然明显。宪法规定基层群众自治组织的第 111 条，在宪法文本的篇章结构中属于"第三章国家机构"的"第五节地方各级人民代表大会和地方各级人民政府"中的最后一条，而不是作为国家基本政治制度之一规定在"第一章总纲"中。《居民委员会组织法》、《村民委员会组织法》都规定了，居民委员会、村民委员会有协助政府和街道办事处开展工作的职责。2017 年颁布实施的《民法总则》将居民委员会、村民委员会规定为与机关法人同类的"特别法人"。2018 年 3 月审议通过的《监察法》亦将居民委员会、村民委员会组成人员纳入"公职人员全覆盖"的监察范围。这些都表明在整个国家的政权框架和治理体系中，村民委员会和居民委员会的行政化功能依然存在。

（三）保障社区参与有效性的法律规范欠缺

社区参与有效性涉及参与的动力、条件以及参与意见的吸纳和反馈机制等。从现有的法律规范来看，在宏观的立法理念、立法目标和立法原则方面，没有对社区参与的效果给予重视，因此制定出来的法律规范多是关于"在场"和"意见表达"方面的规定，对参与中所表达的意见的吸纳和反馈机制的规定尚付阙如。

二　完善社区参与法治保障的几点思考

（一）明确城市社区法治建设的目标和立法原则

现代国家是建立在普遍规则之治基础上的国家治理形态，现代国家的构建，核心是实现国家的制度权威对整个社会的深入渗透和政治整合。[1] 由此，社区法治建设的目标，应该是根据"小政府、大社会"的要求，国家行政权力逐步从社区管理的领域退出，由城市居民自己管理自己的事情，最终实现社区的依法自治。而为了达致社区法治建设的目标，应该确立四个方面的立法原则。首先，我国城市社区立法应坚持以民为本原则，城市社区立法应反映和保护社区居民的意志和利益。其次，应坚持理论联系实际及总结与借鉴相结合原则，城市社区立法既要结合我国实际，注意总结我国城市社区建设的经验，又要借鉴发达国家和地区的相关立法经验，同时，还应把握一定的前瞻性，在立法上适度超前。再次，应坚持法制统一原则，城市社区各种社会关系复杂，需要法律规制的内容很多，且涉及许多部门和人员的利益，社区立法必须坚持法制统一原则，以免出现法律之间的冲突、交叉或法律漏洞。最后，应坚持城市社区立法的可操作性及循序渐进原则，城市社区立法应明确、具体，操作性强，并要有计划、有步骤地进行。[2]

（二）加强基层自治领域立法，建立和完善基层自治的法律体系

综前文所述，完善基层自治法律体系，一是要完善宪法的相关规定，主要是调整基层群众自治制度在宪法中的结构地位；二是要加快修改居民委员会组织法、适时修改村民委员会组织法，使两个法律关于基层民

---

① 刘义强：《构建以社会自治功能为导向的农村社会组织机制》，《东南学术》2009 年第1 期。

② 姚玉杰：《我国城镇社区法治建设探析》，《辽宁大学学报》（哲学社会科学版）2006 年第 3 期。

主自治的选举范围、选举制度与宪法规定衔接，打破城乡基层自治中的二元选举格局，确立居民委员会的直接选举原则；三是要研究推进"基层自治法"的制定出台，使得对基层自治的法律规范和法治保障的重心，从规范基层自治组织向规范和保护自治权利行使转移，构建以自治组织法、自治行为法为基石的基层自治法律体系；四是要推进村务公开方面的立法，包括完善中央层面立法和推进地方立法两个方面。

（三）理顺居民委员会与基层政权的关系，明确社区自治的范围

与以往相比，改革开放以来的城乡基层民主自治无疑是历史上的一大进步，它开始摆脱行政命令和管理的束缚，以村民自治和城市社区自治的方式迈开前行的步伐。不过，这种变化是相对的，在许多地方，甚至是在城乡基层民主政治得到较快较好发展的示范区，村居民自治也难以真正摆脱行政事务的困扰。2012 年对广东清远县的一份调研显示：该县一个行政村和政府签订的各类责任书就有 13 份以上，多的则有 20 多份，包括扶贫开发、计划生育、殡葬改革等，甚至连学生升学率也要签责任状。而一个村委民委员只有数人，往往难以完成乡镇交办的这些工作。有位乡干部感慨良多："各级党委政府习惯于把村民委员会当作下属机构分派工作任务，村民委员会自治功能淡化，村民自治被'悬空'和'虚置'"，很难有效发挥作用。[①]

理顺居民委员会与基层政权的关系，可以从三个方面着手。一是，进行专项的法律法规清理或整理。如前所述，居民委员会自治权范围不清在很大程度上，是因为规范街道与居民委员会职权或任务的法律条文分散在大量的单行法律法规中。此外，《城市街道办事处组织条例》已经废止，有关街道办事处职权、任务的规定也散见于各单行法律法规，模糊了街道办事处的职责权限。在暂不打算制定新的街道办事处组织法的情况下，可以先对现行法律、行政法规中的相关规定进行清理或整理。以上两项法律法规的清理或整理工作也有助于建构社区治理的法律体系。

二是，修改《居民委员会组织法》。现行的《居民委员会组织法》是1989 年颁布的，而今社区建设、社区自治已经取得了巨大的发展，《居民委员会组织法》中对于社区居民的界定、社区居民委员会的地位和任务、

---

① 赵秀玲：《"微自治"与中国基层民主治理》，《政治学研究》2014 年第 5 期。

居民委员会与驻区单位的关系等许多问题定位均较为模糊；对社区规模的规定已经不符合现实的需要；对居民委员会与政府的职责和权限的规定，既不切合实际，又不能满足扩大和增强社区居民委员会的自治属性的要求。这就需要在吸收社区建设和居民自治的成就和经验的基础上，对《居民委员会组织法》中社区居民的界定、社区居民委员会的地位和任务、社区居民委员会与政府的关系、社区居民委员会与驻区单位的关系、社区居民委员会的选举、居民会议等相关法律条文进行修订，为推进城市社区民主建设和社区治理提供完善的法律规范和制度保障。① 而且修改村民委员会组织法、城市居民委员会组织法、全国人民代表大会和地方各级人民代表大会选举法已纳入十一届全国人大常委会的立法规划。

在修改《居民委员会组织法》时，一个最值得审慎考虑的问题是，如何确立居民委员会与街道办事处的关系，是维持原来规定的"指导、支持和帮助"以及"协助"关系，还是增加"承办"或"委托行政"关系？笔者以为，应该增加对"委托行政"关系的规定，并列举其事项范围。一方面，法律必须基于现实。法律如果过多地超越现实，只会导致执法和守法的困难；如果法律得不到执行和遵守，就会减损法律的尊严和权威，阻碍法治的实现。另一方面，规定"委托行政"关系不会有损于扩大社区自治和公民参与的远景目标。第一，现阶段，居民委员会的半自治半行政性质，是符合历史发展规律的，具有历史合理性；第二，不管法律规不规定"委托行政"关系，居民委员会事实上都在承办街道交给的行政性任务；第三，明确规定"委托行政"关系及其事项，既可以规范行政权力的行使，符合依法行政的理念和要求，又可以通过"法无授权即禁止"的法治原则，将列举的委托行政关系以外的，即剩余的或保留的事项，都划归居民委员会自治的范围，这反过来有利于扩大社区自治的范围。由此可见，增加对"委托行政"关系的规定，既可以规范街道办事处和居民委员会的行政性行为，又有利于扩大社区自治的范围，更符合法治和依法行政的要求。

（四）增加有关社区参与效果的法律规范

社区参与能够成为更高层次的政治参与的培育场域，就是因为社区

---

① 　王瑾：《改革开放三十年的基层民主建设》，《当代世界与社会主义》2008 年第 5 期。

参与可以激发和提高社区居民的政治效能感，而形成效能感第一个核心要素就是参与的效果，即对参与中表达的利益、意见的考虑程度。而当前的社区法治建设，在立法的层面还少有这方面的规定。因此，在今后的立法过程中，应该从立法理念和立法的目标、指导原则上实现一定的转变，即重视有关社区参与效果方面的法律规范，推动参与向国家政治生活拓展。

第十章

法治社会建设下的社区自治

全球治理委员会于 1995 年在《我们的全球之家》的研究报告中指出，治理是各种公共的或私人的机构在管理共同事务时所采用的方式总和，也是在调和各种冲突和利益矛盾时采取联合行动的持续过程。治理的过程既包括通过权力迫使人们服从的正式制度和规则，也包括各种符合人们利益满足的非正式制度安排。治理强调政府与社会的互动和多元管理，是社会公共机构和行动者在为社会和经济问题寻求解答时形成的一套策略集合。所谓基层社会治理是指基层社会的治理主体以相对平等的身份，就基层社会公共事务进行合作共治。

英语中的"治理"一词（governance）源于拉丁文和古希腊语，原意是控制、引导和操纵。长期以来它与"统治"（government）一词交叉使用，并且主要用于与国家的公共事务相关的管理活动和政治活动中。但是自 20 世纪 90 年代以来，治理的含义有了巨大的变化，治理意味着统治的含义有了变化，意味着一种新的统治过程，意味着有序统治的条件已经不同于以前，或是以新的方法来统治社会。地方治理要求各个主体性力量的成长与自主，与国家形成适度平衡和建设性互动关系的多元结构，其内含的价值取向试图构建一个新的权力分配格局与民主政治模式。按照地方治理的分析框架，地方公共事物的有效治理决不能仅仅依赖于地方政府，需要将治理主体的视野扩展到地方政府与其横向和纵向的政府间关系、地方政府与市民、自治组织和私人部门之间的关系。政府组织已经不是唯一的治理主体，治理承担者从政府扩展到非政府公共机构和自治机构，在这一网络体系中，他们共同应对地方的公共问题，共同完成和实现公共服务和社会管理事务。① 形成一种所谓的多元治理的模式。多元治理意味着地方政府为了有效进行公共事务管理，提供公共服务，可由社会多种独立的行为主体（个人、自治组织、政府组织），基于一定的行动规则，通过相互制约、相互合作等关系，形成新的公共事务管理模式。多元治理倡导建立一种互动合作的基层自治模式，这种互动合作的基层自治模式，具备公民参与、治理的网络模式和自治组织三个特征。②

社区自治正是在我国的国家现代化治理转型下，创新社会治理；在国家法治建设下，推进法治国家、法治政府、法治社会一体建设，推进社会法治发展的重要落脚点。

第一节　村规民约与社会治理法治化

乡规民约、村规民约是乡村民众为了办理公共事务和公益事业、维护社会治安、调解民间纠纷、保障村民利益、实现村民自治，民主议定和修改并共同遵守的社会规范。一直以来，村规民约都被视为农村自治的重要表现形式，也是基层民主自治发展的重要成果。

一　作为软法的村规民约

乡规民约、村规民约实质上是一种民间法。民间法是与国家法相对应的一个概念，是一种可以弥补国家法的作用的软法。梁治平和苏力都认为民间法是在长期的社会生活中，独立于国家法（包括成文法和习惯法）之外的，在民间经过长期历史发展而逐渐形成的，得到人们普遍认可和遵守的，调整特定范围内的社会生活关系，具有一定强制力，并以此强制力予以维持的一种社会调整规范。③ 村规民约的概念可以从辞源学

---

① 徐越倩、马斌：《地方治理的理论体系及中国的分析路径》，《中共浙江省委党校学报》2008 年第 5 期。

② 殷昭举：《基层自治：纵向分权和多元治理——基于地方治理的分析框架》，《华南理工大学学报》（社会科学版）2011 年第 2 期。

③ 熊佳、庞博：《民间法适用于基层自治的可行性研究》，《法制博览》2013 年 6 月（中）期；楚向红：《村民自治制度下对村规民约问题的再认识》，《中外企业家》2014 年第 3 期。

意义上考察：规，意指画图形用的工具，引申为集体制订的供大家共同遵守、执行的规定、规则等；约，是指共同订立、共同遵守的条文。村规民约就是指村民们共同商量、共同讨论、共同制定，每个村民都必须遵守和执行的行为规范。

村规民约作为介于法律与道德之间"准法"的自治规范，是全体村民共同意志的载体，是村民自治的表现，是村民自我管理、自我教育、自我服务、自我约束的行为准则，具有教育、引导和约束、惩戒作用，对新农村建设中促进村民自治具有重要作用。具体而言，村民自治是村规民约的前提和基础，村规民约是村民自治的基石和保障，村规民约为农村法治的实现提供现实依据，农村法治是村规民约建设的重要保障。

1998 年，中共中央在《关于农业和农村工作若干重大问题的决定》中就明确指出："要全面推进村级民主管理。依据党的方针政策和国家的法律法规，结合本地实际，全体村民讨论制定村民自治章程和村规民约，把村民的权利和义务，村级各类组织之间的关系和工作程序，以及经济管理、社会治安、村风民俗、婚姻家庭、计划生育等方面的要求，规定得明明白白，加强村民的自我管理、自我教育、自我服务。"2012 年，党的十八届四中全会提出，要"发挥市民公约、乡规民约、行业规章、团体章程等社会规范在社会治理中的积极作用"。所以，软法是解决基层治理法治需求的一个优选方案。国家法因为其规范性强，立法程序严谨，稳定性高，难以适应基层自治的需求。软法则可以规避硬法在基层治理中的僵化刻板，代之以小范围共识规范，柔性约束，高度灵活性等特点，因此在基层社会治理中发挥着越来越重要的作用。比如作为软法的村规民约更加契合微自治、小社区自治的现实需要。

现行宪法第 24 条规定："国家通过普及理想教育、道德教育、文化教育、纪律和法制教育，通过在城乡不同范围的群众中制定和执行各种守则、公约，加强社会主义精神文明的建设。"《村民委员会组织法》第 27 条明确规定："村民会议可以制定和修改村民自治章程、村规民约，并报乡、民族乡、镇的人民政府备案。"村规民约的内容是由村民自治的范围所决定的。由于村民自治涉及农村基层社会生活的方方面面，所以村规民约的内容应当是十分广泛的，可涉及村民自治的一切领域。《村民委员会组织法》对具体应包括哪些内容，没有明确规定。根据实际需要，村规民约一般包括以下几项内容：一是村规民约应维护农村生产、经营秩序；二是村规民约要维护生活秩序和社会治安；三是村规民约应体现党的方针、路线和政策，履行国家法律；四是村规民约要有精神文明建设的内容。村民自治章程和村规民约是村民自治权的文本表达，集中反映了村民的自主意识，其中所包含的理念折射的是村庄基础性的组织和生活规则，这些规则构成了村庄内生的规范秩序，因此最能彰显自治色彩。①

二 村规民约的合法性

加强软法建设是我国基层民主发展的方向。近年来，在我国的村民自治实践中，村规民约和村民自治章程的制定受到了国家的鼓励和提倡，在建设社会主义新农村中发挥了重要作用，但也存在着一些明显的不足和问题，其形成原因也十分复杂。为了更好地发挥村规民约在推动村级民主、实现村民自治方面的作用，应从多方面努力，规范村规民约，促进村民自治。

1. 村规民约不得与宪法、法律、法规和国家的政策相抵触

《村民委员会组织法》第 27 条第 2 款规定，村规民约不得与宪法、法律、法规和国家的政策相抵触，不得有侵犯村民的人身权利、民主权利和合法财产权利的内容。实践中，村规民约中有相当一部分内容与现行的法律、法规、国家政策相抵触。主要表现在违反男女平等原则、违反婚姻自由原则、擅自扩大村两委的权力和土地承包方案存在违法现象等。

2. 村规民约不得侵犯村民合法权益

村规民约如果存在上述违反男女平等原则、违反婚姻自由原则、擅自扩大村两委的权力或土地承包方案存在违法现象等规定，就同时可能会侵犯村民的合法权益。而且，这些权利受到侵犯后，往往因为行为性质模糊不清、难于界定，而不能得到有力的司法救济和保护。比如《妇女权益保障法》和《农村土地承包法》等法律法规对妇女土地承包权等权利作出了规定，但对解决发展中出现的新问题，缺乏更加详尽的可操

---

① 秦小建：《村民自治立法的定位：现实检讨及未来走向——以 2010 年新〈村民委员会组织法〉为对象》，《四川师范大学学报》（社会科学版）2011 年第 4 期。

作的司法解释，以致各级法院在受理、判决此类案件时弹性很大，一些违法的村规民约无法得到及时的纠正。

3. 坚持民主原则，完善和规范村规民约的制定和修改程序

《村民委员会组织法》虽然规定了村民会议可以制定、修改村规民约，却没有规定具体的制定、修改程序，给村规民约的制定、修改程序留下了很大的空间。笔者认为，在村规民约制定和修改程序尚不完善时，应用民主原则来判断村规民约制定和修改程序的合法性。

村规民约是每个村民在日常生产生活中必须遵守和执行的行为规范，只有充分发扬民主，广泛征求群众意见，才能真正反映全体村民的共同利益和愿望。按照民主的程序和原则制定，不仅能集中全体村民的智慧和力量，制定出具体切实可行、科学合理的规范；而且可以调动村民参加自治的积极性，自觉自愿地遵守执行，使其成为名副其实的"民约"。

4. 建立行之有效的备案工作机制

《村民委员会组织法》第 27 条规定："村民会议可以制定和修改村民自治章程、村规民约，并报乡、民族乡、镇的人民政府备案。"但实践中，乡镇人民政府目前基本上还没有对村规民约进行备案，有的村规民约根本就没有报请备案。笔者认为，鉴于村规民约与村民的利益密切相关，又存在前述的一些合法性问题，而且这些合法性问题一旦侵犯了村民的合法权益，现有法治体系中的事后救济机制也不够完善，因此加强对村规民约的事前监督审查就显得尤为重要。加强乡镇政府对村规民约的备案审查，要从机构、人员和工作机制三个方面同时着力。一是乡级人民政府应建立相应的办事机构（法制办公室）；二是择优配备人员搞好备案工作；三是完善乡镇政府的备案审查机制，加强对村规民约程序合法性和内容合法性的备案审查力度。[①]

第二节　法制宣传教育进村居与法治意识培育

《村民委员会组织法》第 6 条规定："村民委员会应当宣传宪法、法

---

① 楚向红：《村民自治制度下对村规民约问题的再认识》，《中外企业家》2014 年第 3 期。

律、法规和国家的政策，教育和推动村民履行法律规定的义务，爱护公共财产，维护村民的合法的权利和利益，发展文化教育，普及科技知识，促进村和村之间的团结、互助，开展多种形式的社会主义精神文明建设活动。"村居社区是进行法制宣传教育的重要基地。我国的法制宣传教育已经进入了"七五"普法的时期，30多年的法制宣传积累的经验之一就是，法制宣传教育必须要深入基层、深入一线。特别是"六五"普法期间提出的"法律七进"活动，即法律进机关、进乡村、进社区、进学校、进企业、进单位、进家庭活动，更是提出了法律进乡村和社区的法制宣传要求。开展"法律进乡村"活动，培育村民的法治意识，要从法制宣传内容和形式两个方面同时推进。

1. 法制宣传教育的内容建设

一是，宣传宪法、法律、法规和国家政策。依法治国，建设社会主义法治国家，是我们党和国家的既定方针。依法治国，就是要做到科学立法、严格执法、公正司法、普遍守法。要想达到这一目标，不仅要使执法者知法、懂法，而且必须使广大群众都知法、懂法，提高法治观念，养成依法办事的习惯，学会运用法律武器维护自己的合法权益。村民委员会作为基层群众性自治组织，向群众宣传宪法、法律、法规和国家政策，使群众知法、懂法，并自觉地守法，既是群众进行自我管理、自我教育的一项重要内容和有效形式，也是协助人民政府开展工作的好方法。

宪法是全国人大制定的国家的根本大法，确认国家的根本政治制度和经济制度，规定公民的基本权利和义务，规范国家机关的组织和活动，集中体现了我国最大多数人民的最大利益，具有最高的法律效力，法律、法规和国家政策都不得同宪法相抵触。法律是由全国人大及其常委会制定，由国家主席公布，效力仅次于宪法的社会规范。法规包括行政法规和地方性法规。行政法规由国务院根据宪法和法律制定和公布，并不得同宪法和法律相抵触。地方性法规由省、自治区、直辖市人大及其常委会批准和制定，并不得同宪法、法律和行政法规相抵触。国家政策是国家在一定时期为实现一定的任务而规定的行动准则和依据。

村民委员会在宣传宪法、法律、法规和国家政策时，应注意以下几点：一是注意宣传的内容，应着重宣传与村民关系密切的法律，如宪法中关于公民的基本权利和义务的规定、民法总则、婚姻法、治安管理处罚条例等。政策方面，除应宣传与村民的生活和生产密切联系的各项具体的农村、农业政策外，还应重点宣传国家的基本国策及其他大政方针。二是注意宣传的形式，宣传的形式可以多种多样，如采用墙报、黑板报、广播等形式，要做到准确、生动、通俗易懂、讲求实效。三是村民委员会成员应以身作则，带头学法守法，为村民树立榜样，这是法制宣传的最好形式。同时要注意培养法律和政策宣传骨干，用榜样和骨干带动全体。四是注意抓好青少年的法制宣传和政策教育工作。青少年爱好广泛、精力充沛、求知欲强，他们的世界观又尚未形成，对他们进行法制宣传，易于培养他们的法治观念。

二是，维护村民合法权益，教育和推动村民履行法律规定的义务。我国是人民民主的社会主义国家，人民是国家的主人，国家的一切权力属于人民。为此，我国的宪法、法律、法规规定人民享有广泛的权利。村民委员会是群众自己组织起来的基层群众性自治组织，维护群众合法权益是群众自治的一项重要内容。维护群众的合法权益，首先要维护公民基本权利。我国宪法规定的公民基本权利，包括公民的民主权利、自由权利、人身权利和人格、经济、文化和社会权利等诸多方面。从现阶段我国的情况和村民委员会的特点来看，村民委员会应特别注意维护群众的土地承包经营权、人身自由权、婚姻自由权、男女平等权、劳动权、受教育权、财产权和伤老病残时获得帮助的权利等。

权利与义务是紧密联系的，没有无义务的权利，也没有无权利的义务，公民在享受权利时必须履行依法应尽的义务。因此，村民委员会在维护群众的合法权益时，也要教育群众自觉履行宪法、法律、法规等规定的义务。这些义务主要有遵守宪法、法律、法规，爱护公共财产，遵守公共秩序，尊重社会公德，保卫祖国和依法服兵役，依法纳税，实行计划生育等等。

三是，开展多种形式的社会主义精神文明建设活动。精神文明是指人类精神生活的进步状态。社会主义精神文明是社会主义的重要特征，其根本任务是适应社会主义现代化建设的需要，培养有理想、有道德、有文化、有纪律的社会主义公民，提高整个中华民族的思想道德素质和科学文化素质。村民委员会开展多种形式的精神文明建设，就是通过广播、宣传栏、群众手册、村规民约、五好家庭和星级家庭的评比、优化生活环境等活动，达到对群众进行理想教育、道德教育、法治教育、科学技术教育、文化卫生教育等方面的作用，从而促进群众形成一种向上、和谐的精神状态，推动社会主义现代化建设的发展。在社会生活中，要宣传和培育社会主义核心价值观，要大力发扬和提倡村民互相关心、互相帮助、和睦相处，大力提倡礼貌待人、互相谦让、尊老爱幼的文明新风，大力提倡维护公共秩序、保持公共卫生、爱护公共财产的良好风尚。

2. 法制宣传教育的形式建设

在农村大力加强法制宣传教育，要利用报纸、广播、电视、基层文艺宣传、墙报等一切农民群众喜闻乐见的方式进行持久的灌输，使得农民群众通过村级民主选举这一实践，增强民主法律意识，使他们知法、懂法，自觉守法。此外，还可以进行《村民委员会组织法》《农村土地承包法》等专门法律知识培训；围绕农村换届选举等工作，加强《村民委员会选举法》《村民委员会组织法》等法律法规的宣传，组织法律工作者深入农村开展"送法下乡"活动，为广大农民群众解答有关土地承包、农民外出务工、婚姻家庭、经济纠纷等方面的法律咨询。

第三节　法制副主任推进法治社会建设

广东省惠州市在省委、省政府的正确领导下，结合惠州实际，积极探索基层社会治理的新制度、新机制，从2009年起探索和推行村（居）委聘任"法制副主任"制度，推动法治惠民和基层民主法治建设，进一步提高农村（社区）依法治理和民主自治水平，形成了办事依法、遇事找法、解决问题用法、化解矛盾靠法的法治环境，真正把基层社会治理纳入法治化轨道，促进农村（社区）社会和谐稳定和经济健康发展。自从2009年该制度试点以来，人民日报、新华社、光明日报、法制日报等主流媒体都曾做专题报道。"法制副主任"制度获"粤治——政府治理能力现代化"优秀案例奖，并在全省推广；2016年全国普法办把村（居）法制副主任制度作为基层依法治理的抓手在全国予以推广。

一　法制副主任制度及其特点

村（居）委聘任"法制副主任"制度，是指在党委统揽下，动员各方力量，整合法治资源，鼓励基层村（居）委会以自主自愿为前提，聘任法制宣传志愿者为其村（居）副主任，开展法制宣传、培育法治精神，解决基层法律问题，推动基层依法治理的一项工作制度。"法制副主任"制度直接对接村民委员会、居民委员会等基层群众自治性组织，其虽然借用了村（居）委会副主任名称，工作地点设在村（居）委会机构内，但该制度实行的是聘任制、签合同，并非选举产生，也不介入原有的村（居）民自治，而只是提供法律咨询和法律服务，与相关村民委员会、居民委员会组织法的规定并行不悖。

"法制副主任"制度的设计遵循四个原则：坚持党的领导、尊重自主意愿、体现公益性质、培育法治意识。在特色上，突出专业性、公益性、社会性、规范性和荣誉性的特征。在推动上，惠州市循序渐进、因地制宜、分类指导，突出经常性、有效性、长效性的有机结合。

二 法制副主任制度的发展历程

村（居）委聘任"法制副主任"制度探索，分为试点、推广、提升三个阶段，可以说是"应运而生、适时而立、顺势而推"。2009 年 4 月，惠城区、惠阳区探索出律师等法律专业人士担任村（居）委"法制副村长"、"农村法律顾问"制度。其后，惠州市以这两区作为试点，并在江北水北社区开展示范点的培育。在取得试点经验的基础上，惠州市多次召开了由法学教授、知名律师、基层工作者、传媒人和村民等参加的研讨会，对"法制副主任"的名称、定位、职责、目标、产生的方式以及合法性、操作性等问题都进行了论证，并收集国内类似举措的资料，比较各地优势，不断提炼惠州市的探索经验。经过三年的试点实践和论证，惠州市委组织部、市社工委、市团委等部门提出了村居委聘任"法制副主任"这一制度，市委市政府领导高度重视，并将其作为加强基层民主法治建设、社会管理创新和社会基本公共服务均等化的重要载体在全市推行。

2012 年 5 月，惠州市委办公室、市政府办公室印发了《惠州市推行村（居）委"法制副主任"工作制度方案》，强化队伍建设，落实经费保障，并在当年底实现全市 1265 个农村、社区和林场办事处全覆盖。2014 年 3 月 25 日，法制日报社和惠州市法学会联合在惠州召开"深化广东省惠州市村（居）委'法制副主任'制度研讨会"，第九届、第十届全国政协副主席，北京大学教授罗豪才等来自全国的专家学者对"法制副主任"制度进行论证，进一步提升"法制副主任"制度品质。

2013 年，广东省人大常委会主任黄龙云等领导先后深入惠州五个县区，就"法制副主任"工作的探索和实践进行大范围的专题调研，充分肯定了惠州的做法，并鼓励惠州创新基层社会治理模式。2014 年 1 月，广东省人大常委会召开调研评估会，认为这项工作值得在全省推广，并形成书面报告向省委汇报。2014 年 5 月，广东省委办公厅、省政府办公厅印发工作意见，在全省推广。2016 年，全国普法办印发 2016 年工作要点，把村（居）法制副主任制度作为基层依法治理的抓手在全国予以推广。

"法制副主任"是自愿参加惠州市法制宣传志愿者服务总队的，由村（居）委会自主自愿聘请其担任副主任的法律专业人员。围绕提高基层依法治理水平，惠州明确了"法制副主任"工作职责主要有以下六个方面：一是结合实际以案说法，开展法治讲座和法制宣传，担当基层普法的宣讲员。二是免费为基层组织审查合同文件、村规民约，为基层群众起草法律文书，担当法律文件的审查员。三是引导村居民积极参加村居治理活动，动员村居民依法办理自己的事情，发挥村居民在基层社会治理中的主体作用，担当着村居依法自治的引导员。四是协助基层组织处理经济纠纷、调解各类矛盾，引导群众通过合法途径表达诉求，提供法律援助，担当化解矛盾纠纷的调解员。五是创新服务内容和服务方式，全面服务村（居）当前重点难点热点工作，为"美丽乡村·三大行动"建设、乡村建设规划、传统古村落保护、农村集体产权确认和登记、"政经分离"的乡村治理等工作提供法律服务，把各项工作纳入规范化、法治化轨道，担当幸福村（居）的建设者。六是通过广泛接触基层群众，和基层群众交朋友拉家常打成一片，了解掌握不稳定因素的苗头，及时向有关部门反馈，担当社情民意的信息员。

三　成效与反响

"法制副主任"制度形成了一套以惠民利民为目的的新型基层治理模式，创新了基层社会治理的思维模式，增强了基层组织和两委干部的法治思维方式，满足了基层人民群众的法律需求，畅通了基层矛盾纠纷的化解渠道，是探索建立基层治理体系、推进基层治理能力现代化的一种有益尝试。

截至 2016 年 5 月，惠州市"法制副主任"共解答法律咨询 169226 次，提供法律意见 6671 条，审查各类合同 5440 份，开展法制宣传讲座 10854 次，修改、完善村规民约 3820 条，调解矛盾纠纷 18673 宗，提供法律援助 3867 次。创建"全国民主法治示范村"6 个，"全省民主法治示范村（社区）"52 个。

四　经验与价值

"法制副主任"制度获评 2014 年广东省政府治理创新优秀案例奖，被媒体誉为"依法治国方略的乡土实践，基层社会治理的制度创新"，其价值意义主要体现在以下四个方面：

一是，以人民主体性定位法治惠民。法治建设的主体是民众，法治建设的服务对象也是民众。惠州市以前有过教训，政府对老百姓凡事都大包大揽，主动地把民主、法治、资金送到他们面前，结果老百姓还不买账。惠州市设计"法制副主任"制度时，改变了以往的做法，坚持民之所需，施政所向的理念，让民众成为法治建设主体，充分尊重民众的智慧和需求。政府虽然主动设置并把法制副主任制度推向全村，但是前提是村（居）委会要有这个需求。赋予村（居）委会签订聘用合同的决定权，变被动接受为主动要求，这实质上是人民主体性的突出体现。"法制副主任"制度开创了法治惠民的通道和平台，切实地将法律交给人民，把法治的思维输入到了寻常百姓家，让民众感受到法律确实能够保护权益，法律确实有用，从而让民众在运用法律的同时，对法律产生了信任和信仰。

二是，以制度创新增强普法实效。"法制副主任"制度采用了群众更加喜闻乐见的宣传方式，把法律送到了田间地头，以便捷、高效的方式满足了基层群众对法律知识的渴求，产生了良好的效益和效果，让法制宣传教育更接地气，更聚人气，更有生气。村（居）委"法制副主任"制度，起源于创新普法方式方法，在实践中不断丰富内涵，现已上升为基层治理的一个抓手，其制度创新性表现在：一是把法治元素直接导入基层治理。把"法制副主任"直接落到村居这样的基层单元、单位。二是把法制宣传深化为法治实践。即在深入开展全民普法教育的基础上，逐步深化到怎么让普法教育的成果转化为法治建设的成果，而出现的一个制度性探索。三是把法律服务延伸到基层群众。农村的法治资源贫乏，而法律服务需求逐渐增多，民主法治建设迫在眉睫，"法制副主任"直接让基层群众受益，让基层组织和基层政权也得到实惠。四是把法律人才引领到基层社会。以律师为主力的法律专业人士，志愿到广阔的农村，去熟悉、去研究中国广大的城乡基层，让法治建设真正落到最基层的村（居），实现法律人的社会担当和法治情怀。

三是，以思维法治化推进固本强基。以往，党委和政府对基层工作靠行政化手段，一方面造成了法律"有劲使不上"，另一方面，又让基层群众感到"法律很遥远"。法治意识相对淡薄的村（居）"两委"干部单靠过去的村规民约、风俗习惯，也难以在复杂的社会和市场环境中规避法律风险。"法制副主任"重要职责之一是，协助基层党委和政府用法治思维和法治方式研判社会舆情趋势，强化社会治理方面的制度性设计，统筹基层社区建设规划、换届选举、流动人口管理、生态环境保护、历史文化传承等全局性事项管理，发挥好党委政府在社会治理中的主导作用。同时，"法制副主任"积极动员居民参与基层社会治理，开展群防群治，拓宽居民参加社会治理的范围和途径，丰富居民参加社会治理的内容和形式，促进政府治理与居民自治良性互动。当民众的法治意识和法治观念增强了，村（居）实现依法自治，党在基层的执政基础得到有效夯实，乡土社会向法治社会转变，也就形成一种对政府的倒逼机制，政府本身也要用法治的思维和法治的方式去处理问题，这就能够将法治政府和法治社会建设有机地结合起来，形成法治中国建设中的双轮驱动。

四是，以公益志愿性谱写协同善治。法制副主任的身份是法制宣传志愿者，在探索初期是自掏腰包，在推广时期才有了适度成本补贴。他们用一颗公益心服务基层，贴近民众，是实实在在地为基层民众办事，在奉献中体现价值，塑造了法律人的新形象，赢得了社会的尊重。正是这种公益志愿性，衍生出法制副主任的法律服务方式具有亲和力和公信力，在基层治理和矛盾化解中找到了利益的平衡点，以法治的思维和公平公正的方式赢得了民众的信赖。从科学、依法、民主决策原则指导下的政策选择来讲，"法制副主任"制度是各方共赢的最优选择，它汇聚多元力量，包括各级党委、政府及其相关职能部门、村（居）委、村（居）民和"法制副主任"，特别是法制副主任引导村（居）中的政权族权神权法权等各种力量在法治化轨道上和谐共生，对于构建基层社会协同善治新格局具有重要意义。

结　语

对于公民参与而言，"地方共同体似乎是一个良好的出发点，因为在这里，政治的和政府的问题更加容易理解，人们与政府机关距离较小，公民个人有效参与的机会在地方层次上比在国家层次上要多些。"[①] 正是在这个意义上，城乡社区作为整个社会的一个"全息缩影"和人们生活的主要空间，无疑是使民主生长起来、运作起来的最好场域，亦是中国民主发展的新增长点。

在中国基层自治和社区建设的历史背景和政制语境下，城乡社区实质上是一种"政府行政调控机制与社区自治机制相结合、政府行政功能与社区自治功能互补"的治理网络。[②] 因此，一方面，理解当代中国基层社会的社区，应考虑国家与社会关系的交汇点和基层社会治理的两个层面；另一方面，村居民参与具有了"国家动员—群众参与"的色彩。

在推进基层民主自治的实践中，已经有实证资料支持村居民参与同更广泛的政治领域的参与之间的关联，这一关联被佩特曼称为参与的广义教育功能。即通过城乡社区参与提升村居民的政治效能感，培育和训练参与更高层次的政治参与所需要的所有品质和技能。

中国城市社区参与从自治领域向国家立法、行政、司法领域的拓展，虽有政治效能感的推动作用，但政府自上而下的民主改革仍占主导地位。因此，这些参与大多具有被动性和偶然性。"业主—维权—利益代表"的

[①] ［美］加布里埃尔·阿尔蒙德、西德尼·维巴：《公民文化——五个国家的政治态度和民主制》，徐湘林等译，东方出版社 2008 年版，第 154 页。

[②] 王敬尧：《参与式治理——中国社区建设实证研究》，中国社会科学出版社 2006 年版，第 70 页。

自发性参与模式，可以与居民参与、公民参与形成互为裨益的心理效应和政治效能感，或许能够成为中国城市社区民主发展的另一个支撑点。

中国传统文化与近现代意义的参与民主文化有很大的差异，因此我国培育公民参与能力、技巧和文化，或许要历经一个相当艰难和长期的过程。这也突显出在进一步深化民主政治改革、扩大公民有序政治参与的今天，构建参与制度的重要性和艰巨性。即便如此，基层民主自治作为中国特色民主政治建设的重要组成部分，这种新的自治和参与文化，不是对传统文化的断裂、割舍，不是对所谓西方文化的照搬照抄，而应当是对传统文化的创造性转换。因此，对中国基层自治制度和城乡社区公民参与机制的构建，要立足于中国自己的参与实践和民主政治发展道路。偶发的行为只有经过制度的提炼、引导、固化和推进，才可能形成一种新的文化，这正是加强基层自治领域法治建设的意义所在。

参考文献

一 著作类

《马克思恩格斯全集》（第 1 卷），人民出版社 1956 年版。

《列宁全集》（第 28 卷），人民出版社 1990 年版。

《毛泽东选集》（第 2 卷），人民出版社 1991 年版。

《邓小平文选》（第 2 卷），人民出版社 1993 年版。

《邓小平文选》（第 3 卷），人民出版社 1993 年版。

《彭真文选（1941—1990 年）》，人民出版社 1991 年版。

《顾准文集》，贵州人民出版社 1994 年版。

《饮冰室合集》，中华书局 1988 年版。

《三中全会重要文献选编》（上册），人民出版社 1979 年版。

《陕甘宁边区参议会》（资料选辑），中共中央党校科研办公室 1985 年版。

《国外中国近代史研究》（第 27 辑），中国社会科学出版社 1995 年版。

中华人民共和国国务院新闻办公室：《中国的民主政治建设》（2005 年）。

彭真：《关于晋察冀边区党的建设和具体政策报告》，中共中央党校出版社 1981 年版。

白锡能、骆沙舟主编：《基层社会管理与基层政权建设》，厦门大学出版社 1996 年版。

蔡禾：《社区概论》，高等教育出版社 2006 年版。

常铁威：《新社区论》，中国社会出版社 2005 年版。

范忠信、武乾、余判飞等：《"枫桥经验"与法治型新农村建设》，中国法制出版社 2013 年版。

费孝通：《费孝通九十新语》，重庆出版社 2005 年版。

付子堂：《法律功能论》，中国政法大学出版社 1999 年版。

韩延龙、常兆儒：《中国新民主主义革命时期根据地法制文献选编》（第 1 卷），中国社会科学出版社 1981 年版。

姜振华：《社区参与与城市社区社会资本的培育》，中国社会出版社年版。

孔飞力：《中国现代国家的起源》，生活·读书·新知三联书店 2013 年版。

雷洁琼主编：《转型中的城市基层社区组织——北京市基层社区组织与社区发展研究》，北京大学出版社 2001 年版。

李凡：《中国基层民主的发展报告：2003》，法律出版社 2004 年版。

李凡：《中国基层民主发展报告：2002》，西北大学出版社 2003 年版。

李凡：《中国基层民主发展报告：2006/2007》，知识产权出版社 2007 年版。

李惠斌、薛晓源：《中国现实问题研究前沿报告（2005—2006）》，华东师范大学出版社 2006 年版。

李秀琴、王金华：《当代中国基层政权建设》，中国社会科学出版社 1995 年版。

梁军峰：《参与式民主研究》，河北人民出版社 2008 年版。

林尚立：《社区民主与治理：案例研究》，社会科学文献出版社 2003 年版。

林尚立：《上海政治文明发展战略研究》，上海人民出版社 2004 年版。

刘诚：《现代社会中的国家与公民——共和主义宪法理论为视角》，中山大学出版社 2006 年版。

刘茂林：《中国宪法导论》，北京大学出版社 2005 年版。

刘小妹：《中国近代宪政理论的特质研究》，知识产权出版社 2009 年版。

黎昕：《中国社区问题研究》，中国经济出版社 2007 年版。

黎熙元、童晓频、蒋廉雄：《社区建设——理念、实践与模式比较》，商务印书馆 2006 年版。

潘小娟：《城市基层权力重组》，中国社会科学出版社 2006 年版。

浦兴祖主编：《当代中国政治制度》，上海人民出版社 1990 年版。

上海市社科联：《上海社区发展报告（1996—2000）》，上海大学出版社 2000 年版。

王剑敏：《城市社区政治发展》，社会科学文献出版社 2006 年版。

王敬尧：《参与式治理——中国社区建设实证研究》，中国社会科学出版社 2006 年版。

王维国：《公民有序政治参与的途径》，人民出版社 2007 年版。

王焱：《宪政主义与现代国家》，生活·读书·新知三联书店 2003 年版。

王义祥：《当代中国社会变迁》，华东师范大学出版社 2006 年版。

汪大海、魏娜、郇建立主编：《社区管理》，中国人民大学出版社 2006 年版。

韦克难：《社区管理》，四川人民出版社 2004 年版。

吴鹏森、章友德：《城市社区建设与管理》，上海人民出版社 2007 年版。

徐勇：《中国农村村民自治》，华中师范大学出版社 1997 年版。

徐振光：《中国共产党人大制度理论发展史稿》，中国出版集团、东方出版中心 2011 年版。

尹维真：《中国城市基层管理体制创新——以武汉市江汉区社区建设实验为例》，中国社会科学出版社 2003 年版。

于燕燕：《2007 年：北京社区发展报告》，社会科学文献出版社 2007 年版。

于燕燕：《社区自治与政府职能转变》，中国社会出版社 2005 年版。

张宝锋：《社区管理》，郑州大学出版社 2006 年版。

［德］斐·迪南·滕尼斯：《共同体与社会》，林荣远译，商务印书馆 1999 年版。

［德］马克斯·韦伯：《经济与社会》（上卷），林荣远译，商务印书

馆 1997 年版。

　　[德] 马克斯·韦伯:《儒教与道教》, 洪天富译, 江苏人民出版社 1993 年版。

　　[德] 霍克海默·阿多诺:《启蒙的辩证法》, 洪佩郁等译, 重庆出版社 1990 年版。

　　[法] 托克维尔:《论美国的民主》(上卷), 董果良译, 商务印书馆 1997 年版。

　　[美] 卡罗尔·佩特曼:《参与和民主理论》, 陈尧译, 上海世纪出版集团 2006 年版。

　　[美] 乔治·S. 布莱尔:《社区权力与公民参与》, 伊佩庄、张雅竹编译, 中国社会出版社 2003 年版。

　　[美] 本杰明·巴伯:《强势民主》, 彭斌、吴润洲译, 吉林人民出版社 2006 年版。

　　[美] 乔·萨托利:《民主新论》, 冯克利、阎克文译, 东方出版社 1998 年版。

　　[美] 科恩:《论民主》, 聂崇信、朱秀贤译, 商务印书馆 2004 年版。

　　[美] 汉密尔顿、杰伊、麦迪逊:《联邦党人文集》, 程逢如、在汉、舒逊译, 商务印书馆 1997 年版。

　　[美] 塞缪尔·P. 亨廷顿、琼·纳尔逊:《难以抉择——发展中国家的政治参与》, 汪晓寿、吴志华、项继权译, 华夏出版社 1989 年版。

　　[美] 约瑟夫·熊彼特:《资本主义、社会主义与民主主义》, 吴良健译, 商务印书馆 1999 年版。

　　[美] 罗伯特·达尔:《民主理论的前言》, 顾昕等译, 生活·读书·新知三联书店 1999 年版。

　　[美] 加布里埃尔·A. 阿尔蒙德、西德尼·维巴:《公民文化——五个国家的政治态度和民主制》, 徐湘林等译, 东方出版社 2008 年版。

　　[美] 道格拉斯·拉米斯:《激进民主》, 刘元琪译, 中国人民大学出版社 2002 年版。

　　[美] 柯文:《在中国发现历史——中国中心观在美国的兴起》, 林同奇译, 中华书局 2002 年版。

　　[美] 唐 (Tang' W. F.):《中国民意与公民社会》, 胡赣栋、张东

锋译，中山大学出版社 2008 年版。

［意］加塔诺·莫斯卡：《统治阶级》，贾鹤鹏译，译林出版社 2002 年版。

［英］戴维·赫尔德：《民主的模式》，燕继荣等译，中央编译出版社 2004 年版。

C. J. Friedrich, *Constitutional Reason of State*, Brown University Press, 1957.

McGregor, D. *The Human Side of Enterprise*, McGraw Hill, New York, 1960.

Verba, S. *Small Groups and Political Behaviour*, Princeton University Press, 1961.

C. B. Macpherson, *The Life and Times of Liberal Democracy*, London: Oxford University Press, 1977.

Paul Hirst, *Associative Democracy*: *NewForms ofEconomic and Social Governance*, Polity Press, 1994.

二　论文

陈万灵：《城市社区变迁的研究——基于南华西街社区的实证考察》暨南大学，博士学位论文，2003 年。

凤英华：《社区发展中的居民参与问题研究——以上海市浦东新区浦兴路街道部分社区为例》，同济大学，博士学位论文，2008 年。

阿计：《城市基层民主的路径选择》，《公民导刊》2006 年第 1 期。

阿计：《"立法新政"力推立法民主》，《政府法制》2008 年第 14 期。

查庆九：《民主不允许超越法律》，《法制日报》1999 年 1 月 19 日。

柴会群、吉国强：《酒仙桥危改，公投背后的"阶层斗争"》，《南方周末》2007 年 7 月 5 日。

蔡辉：《关于〈基层自治法〉的立法设想》，《岭南学刊》2015 年第 6 期。

蔡强：《社区公众参与可持续发展的微观过程研究》，《求索》2005 年第 10 期。

陈雅丽：《城市社区发展中的居民参与问题》，《科学·经济·社会》

2002 年第 3 期。

陈建新、李文彬、吴克昌：《论加强我国城市社区建设与管理的对策》，《华南理工大学学报》（社会科学版）2008 年第 1 期。

陈前：《现阶段村民自治运行的困境及其解决思路》，《东北师范大学学报》（哲学社会科学版）2005 年第 4 期。

陈尧：《民主时代的参与》，《读书》2006 年第 8 期。

陈尧：《从参与到协商：当代参与型民主理论之前景》，《学术月刊》2006 年第 8 期。

陈万颖：《北京酒仙桥拆迁投票之后居民反目》，《青年周末》2007 年 6 月 14 日。

陈伟东、李雪萍：《社区行政化：不经济的社会重组机制》，《中州学刊》2005 年第 2 期。

陈奕敏：《基层民主化与民主基层化》，《中国改革杂志》2007 年第 9 期。

陈莹：《中国城市社区建设中的公众参与》，《山西青年管理干部学院学报》2004 年第 2 期。

程同顺、赵学强：《村务公开的路径障碍与制度改进——兼评新〈村民委员会组织法〉的修改》，《学习与实践》2013 年第 4 期。

楚向红：《村民自治制度下对村规民约问题的再认识》，《中外企业家》2014 年第 3 期。

邓大才：《中国农村村民自治基本单元的选择：历史经验与理论建构》，《学习与探索》2016 年第 4 期。

邓秀华：《湖南农民工政治参与权益保障问题研究》，《湖湘论坛》2005 年第 6 期。

邓秀华：《农民工政治参与模式变迁及其实现路径选择》，《求索》2007 年第 2 期。

房宁：《现代政治中的选举民主》，《战略与管理》2000 年第 6 期。

冯金磊：《人大代表关注社区立法》，《现代物业》2006 年第 4 期。

郭于华：《解析共产主义文明及其转型——转型社会学论纲》，《二十一世纪》2015 年第 6 期。

何包钢：《近年中国地方政府参与式预算试验评析》，《贵州社会科学》2011 年第 6 期。

贺海仁：《村民自治：中国民主政治实践的重要组成部分》，《人民论坛》2016 年 9 月（中）期。

何陪根、林应荣：《引入民主恳谈机制强化预算监督效果——关于实施预算民主恳谈的几点思考》，《人大研究》2009 年第 3 期。

胡适：《我们什么时候才可有宪法？——对于〈建国大纲〉的疑问》，《新月》1929 年第 2 卷第 7 期。

胡伟：《民主与参与：走出貌合神离的困境？——评卡罗尔·帕特曼的参与民主理论》，《政治学研究》2007 年第 1 期。

胡位钧：《两种代表制理论之再评价》，《法商研究》1998 年第 2 期。

胡位钧：《20 世纪 90 年代后期以来城市基层自治制度的变革与反思》，《武汉大学学报》（哲学社会科学版）2005 年第 3 期。

江启疆：《创设村民会议常设监督机构论——以打破村委会对村民会议召集权的垄断为视角》，《广东社会科学》2014 年第 6 期。

晋振华：《当代西方参与式民主理论评述》，《四川理工学院学报》（社会科学版）2008 年第 2 期。

李凡：《中国政治体制改革的途径分析》，《领导文萃》2003 年第 3 期。

李凡：《中国公共预算改革的突破——对浙江温岭新河镇公共预算改革的观察》，《人大研究》2005 年第 12 期。

李元书：《政治现代化过程中的基层群众自治》，《学习与探索》2000 年第 4 期。

李高协、殷悦贤：《公众参与立法的路径探讨》，《人大研究》2006 年第 7 期。

李开钦：《我国村民自治制度的演进》，《濮阳职业技术学院学报》2014 年第 5 期。

李龙：《中国基层自治的研究路径》，《教学与研究》2016 年第 2 期。

李晓玲：《公民参与的扩大与基层民主的发展》，《中共云南省委党校学报》2014 年第 1 期。

林尚立：《基层群众自治：中国民主政治建设的实践》，《政治学研究》1999 年第 4 期。

刘春明：《城市农民工选举权保障问题探析》，《三明学院学报》2011年第 3 期。

刘强、马光选：《基层民主治理单元的下沉——从村民自治到小社区自治》，《华中师范大学学报》（人文社会科学版）2017 年第 1 期。

刘思扬：《把九亿农民的事情办好——李鹏委员长关注村委会组织法修订纪实》，《紫光阁》1998 年第 10 期。

刘岩、刘威：《从"公民参与"到"群众参与"——转型期城市社区参与的范式转换与实践逻辑》，《浙江社会科学》2008 年第 1 期。

刘义强：《构建以社会自治功能为导向的农村社会组织机制》，《东南学术》2009 年第 1 期。

刘义强：《村民自治发展的历程、经验与机制探讨》，《华中师范大学学报》（人文社会科学版）2008 年第 6 期。

柳伍氏：《民主化模式探微》，《云南行政学院学报》2005 年第 1 期。

吕振羽：《北方自治考察记》，《村治月刊》1929 年第 1 期（创刊号）。

秦小建：《村民自治立法的定位：现实检讨及未来走向——以 2010 年新〈村民委员会组织法〉为对象》，《四川师范大学学报》（社会科学版）2011 年第 4 期。

任勇、许琼华：《基层协商民主中的参与式预算：困境与出路》，《公共管理与政策评论》2015 年第 3 期。

姚玉杰：《我国城镇社区法治建设探析》，《辽宁大学学报》（哲学社会科学版）2006 年第 3 期。

于海青：《当代西方参与民主理论评析》，《国外社会科学》2009 年第 4 期。

孟谦：《人大政协代表关心社区建设哪些事》，《社区》2006 年第 12 期。

郝彦辉、刘威：《转型期城市基层社区社会资本的重建》，《东南学术》2006 年第 5 期。

彭兰红：《中国基层民主发展概述》，《民主与科学》2005 年第 6 期。

卜万红：《中国城市社区参与的新发展》，《城市管理》2006 年第

4 期。

孙柏瑛、游祥斌、彭磊：《社区民主参与：任重道远——北京市区居民参与社区决策情况的调查与评析》，《国家行政学院学报》2001 年第 2 期。

孙桂燕：《〈村民委员会组织法〉的不足与完善》，《河北理工大学学报》（社会科学版）2008 年第 1 期。

孙伟、杨玖炼：《农民工的流动与选举权的流失》，《襄樊学院学报》2007 年第 12 期。

唐鸣：《关于村委会选举选民登记的几个法律问题——对省级村委会选举法规一个方面内容的比较与评析》，《华中师范大学学报》（人文社会科学版）2004 年第 1 期。

唐鸣：《城镇化背景下基层民主的发展——对居委会组织法修改的一点意见》，《探索与争鸣》2013 年第 11 期。

唐忠新：《天津社会结构的变革对社区建设的新要求——来自和平区的调研报告》，《中共天津市委党校学报》2000 年第 3 期。

唐卓：《我国城市社区社会参与的现状问题分析》，《求实》2004 年第 9 期。

［德］托马斯·海贝勒：《中国的社会政治参与：以社区为例》，鲁路译，《马克思主义月刊》2005 年第 3 期。

吴自斌：《政治参与：社会主义政治文明的重要内容》，《西南民族大学学报》（人文社会科学版）2004 年第 5 期。

吴志华等：《城市社会结构转型中的社区法制》，《政府法制研究》2002 年第 5 期。

韦朝烈、唐湖湘：《业主委员会：城市社区民主发展的可能载体——广州嘉和苑业委会调查》，《广东行政学院学报》2007 年第 2 期。

王锡锌：《政府改革：从管理主义到参与式治理》，《中国改革》2011 年第 4 期。

王常宇、李燕梅：《社区居民参与的问题与对策》，《科技资讯》2007 年第 2 期。

王义：《中国城市社区居民政治参与的特点》，《攀登》2003 年第 3 期。

王瑾：《改革开放四十年的基层民主建设》，《当代世界与社会主义》2008 年第 5 期。

汪晖：《对中国公众参与立法制度完善的思考》，《法制与社会》2008 年第 9 期。

万能善：《利益与认同——社区居民参与的两种动力——基于武汉市 4 个社区调查》，《科技创业》2007 年第 7 期。

魏娜、王明军：《公民参与视角下的城市治理机制研究——以青岛市公民参与城市治理为例》，《甘肃行政学院学报》2006 年第 2 期。

吴桂龙：《晚清地方自治思想的输入及思潮的形成》，《史林》2000 年第 4 期。

肖富群：《居民社区参与的动力机制分析》，《广西社会科学》，2004 年第 5 期。

肖立辉：《基层群众自治：中国基层民主的经验与道路》，《中国行政管理》2008 年第 9 期。

向德平、华汛子：《中国社区建设的历程、演进与展望》，《中共中央党校（国家行政学院）学报》2019 年第 3 期。

项飚、宋秀卿：《社区建设和我国城市社会的重构》，《战略与管理》1997 年第 6 期。

解红晖、陈雯翠：《社区直选制度：推进城市基层民主建设的重要路径——"宁波模式"的实践与分析》，《三江论坛》2011 年第 1 期。

熊辉：《城市社区居民参与不足的理性思考》，《黄冈师范学院学报》2007 年第 4 期。

熊佳、庞博：《民间法适用于基层自治的可行性研究》，《法制博览》2013 年 6 月（中）期。

熊文钊：《农民工选举权状况的报告》，《新农村建设的制度保障》2005 年。

徐勇：《伟大的创造从这里起步——探访中国最早的村委会的诞生地》，《炎黄春秋》2000 年第 9 期。

徐越倩、马斌：《地方治理的理论体系及中国的分析路径》，《中共浙江省委党校学报》2008 年第 5 期。

铉玉秋、胡志宏：《社区法治在法治进程中的价值》，《行政与法》

2007 年第 10 期。

杨敏：《公民参与、群众参与与社区参与》，《社会》2005 年第 5 期。

杨敏：《作为国家治理单元的社区——对城市社区建设运动过程中居民社区参与和社区认知的个案研究》，《社会学研究》2007 年第 4 期。

杨荣：《论我国城市社区参与》，《探索》2003 年第 1 期。

叶南客：《中国城市居民社区参与的历程与体制创新》，《江海学刊》2001 年第 5 期。

殷昭举：《基层自治：纵向分权和多元治理——基于地方治理的分析框架》，《华南理工大学学报》（社会科学版）2011 年第 2 期。

于海青：《当代西方参与民主理论评析》，《国外社会科学》2009 年第 4 期。

余坤明：《关注社区参与的有效性》，《长江日报》2005 年 6 月 11 日。

赵鼎新：《民主的生命力、局限与中国的出路》，《领导者》2007 年第 10 期。

赵公弼：《改革开放四十年中国基层民主建设进程》，《宁德师专学报》（哲学社会科学版）2009 年第 1 期。

赵秀玲：《"微自治"与中国基层民主治理》，《政治学研究》2014 年第 5 期。

赵秀玲：《中国城市社区自治的成长与思考——基于与村民自治相参照的视野》，《江苏师范大学学报》（哲学社会科学版）2013 年第 6 期。

张宝锋：《城市社区参与动力缺失原因探源》，《河南社会科学》2005 年第 7 期。

张景峰：《村民委员会民主选举国家法规范研究》，《河南科技大学学报》（社会科学版）2015 年第 4 期。

郑梦熊：《村民自治实践中存在的问题和出路——兼论〈村民委员会组织法〉修改》，《东南学术》2010 年第 4 期。

郑传贵：《农民工政治参与的边缘性不可忽视》，《理论与改革》2004 年第 5 期。

郑建君：《公共参与：社区治理与社会自治的制度化》，《学习与探索》2015 年第 3 期。

周庆智：《基层社会自治与社会治理现代转型》，《政治学研究》2016 年第 4 期。

周庆智：《论基层社会自治》，载《华中师范大学学报》（人文社会科学版）2017 年第 1 期。

周智敏、何秦江：《绍兴：人大代表社区"坐堂"听取百姓呼声》，《浙江日报》2006 年 4 月 6 日。

朱贵平：《论政治文明视域中我国公民政治参与的有序性要求》，《理论探讨》2005 年第 3 期。

朱丽君：《浅谈城市社区民主》，《北京城市学院学报》2006 年第 1 期。

朱圣明：《从原生到孪生：基层民主政治建设的现在进行时——温岭民主恳谈和参与式预算之比较研究》，《甘肃行政学院学报》2007 年第 3 期。

《北京天通苑 10 年成长记：创造社区民主运动奇迹》，《中国青年报》2009 年 7 月 1 日。

《北京地铁 5 号线多花 7000 万建天通苑便民站》，《青年周末》2007 年 10 月 11 日。

《5 号线加站：过程与结果都应尊重民意》，《新京报》2008 年 1 月 3 日。

《问政于民：基层干部群众共议"低保新规"》，《重庆日报》2006 年 11 月 30 日。

《燃鞭"禁改限"的背后》，《湖北日报》2006 年 11 月 7 日。

后　记

　　本书是在博士后出站报告基础上扩展而成的。时光荏苒，想来已有十年；却很惭愧，未磨得一剑。这十年从而立进不惑，家庭角色多了，社会事务杂了，还好，初心未变。

　　这本书承载着许多的关爱和帮助。首先要感谢我的博士后合作导师莫纪宏教授。莫老师博学广识，常勤精进，温润如玉，对我的教导受益终生。在博士后进站答辩、开题答辩、进展汇报、中期考核等阶段，李林学部委员、张庆福教授、陈云生教授、冯军教授、周汉华教授、吴新平教授、张明杰教授、苏亦工教授都给予了许多有益的批评、意见和建议。这些指导和点拨对我是最宝贵的财富。本书所使用的实证材料，大多是随法治国情团队、法治智库团队调研的过程中获得的，在此特别感谢田禾教授、李忠教授，更要感谢各调研单位，其中四川什邡、广东惠州、山东济南、云南昆明的换届选举、法制副主任制度、村规民约建设、立法联系点建设的经验为本书提供了丰富素材。最后要真诚地感谢王茵副总编辑和喻苗编辑，感谢她们为本书提供的帮助和付出的所有辛劳。

　　感恩的心常在。

刘小妹

2018 年 4 月 10 日